目次

はじめに

地方都市にとって、「敗戦後」とは何だったのか。

本書は国際的な温泉都市として知られる大分県別府市を舞台に、戦後ゼロ年代の地方戦後史を考察する試みである。別府の「被占領時代」「引揚げ者時代」を再照明する現代史ルポルタージュである。

戦前の温泉都市BEPPU（別府）は、軍事保養都市として諜報活動も盛んな国際的なモダニズム都市であった。敗戦後、温暖な温泉都市には三万人以上の引揚げ者や復員者が殺到した。別府は「引揚げ者都市」だった。初代民選市長・脇鉄一は京城（現在のソウル）からの引揚げ者である。戦後の一〇年間は米軍キャンプが置かれた「被占領都市」だった。朝鮮戦争が起きると、日本人労働者が半島に動員された。

戦前からの別府近現代史を貫流する「国際温泉都市」を縦軸とすると、戦後期には「引揚げ者都市」「被占領都市」という二本の横軸があった。これが本書の基本骨格であり、忘却された地域戦後史の真相である。

一九四五年以後の国際的民族移動は現在の難民問題の原点であり、激化する民族間憎悪《ヘイト》状況の淵源である。引揚げ・復員・帰還は東アジアと日本の戦後史の出発点である。「日本最強の引揚げ者都市」（島村恭則・関西学院大学教授）だった別府の戦後史を考察することは、戦後史を日本国民の生活空間から再照明する作業である。

敗戦の八月一五日夕。別府の繁華街ではモンペを脱ぎ捨てて、通りを闊歩する若い女たちの姿が見られた。「大東亜戦終結の御聖断を下し給わった一五日の夕刻、スカートを履き派手な浴衣を着て、コッテリ白粉をつけて平然と漫歩する数人の若い女性を見て、私は愕然《がくぜん》としました」。大分合同新聞の投書欄（一九四五年八月二〇日）で、ある婦人は彼女たちを糾弾したのだが、私にはいかにも「国際的なモダン保養都市」だった別府らしいエピソードだと思われる。

一九四五年九月二五日、「高砂丸」が南洋のメレヨン島から別府湾に帰着した。これが日本の復員第一船である。民間人の引揚げ者約三五〇万人、軍人の復員者約三二〇万人。彼らは敗戦時の日本内地の総人口約七二〇〇万人の約一割を占めた。これらの人々が被占領下の列島に流入し、日本の戦後が始まった。日本から外地への帰還者は約一六〇万人いたが、約七〇万人が残留した。

別府の近現代史は「温泉都市」としての歴史が語られてきたが、そこには戦後期の「被占領都市」「引揚げ者都市」の空白がある。戦後史の空白を埋めなければ、現代の意味を理解できない。「朝鮮戦争と日本」という空白は、依然として解明されていない。日本国内で米国と北朝鮮、韓国はどう策動したのか。朝鮮戦争での日本人死者は七〇人近くに達し、北朝鮮工作員の日本流入もこの時期から始まった。本書『占領と引揚げの肖像・ＢＥＰＰＵ　１９４５―１９５６』の取材と執筆を通じて、私には戦後史の空白が見えてきた。

本書は四つの部分に分割できる。

第一章「戦後史へのアプローチ」は、現代史研究が「敗戦」で途絶えていることを指摘した。別府は「米軍空襲の対象になっていなかった」という言説を〝都市伝説〟として否定した。復員第一船「高砂丸」の帰港が黙殺されている事実を指摘し、真相の一端を考察した。第二章は戦前史である。別府が計画されたモダニズム都市であるとともに、国際的な諜報活動も盛んな軍事保養都市であったことを記述した。

第三章と第四章が「被占領都市」の考察である。佐賀忠男の個人出版『別府と占領軍』（一九八一）を手がかりに「占領期のＢＥＰＰＵ」を再現し、「朝鮮戦争と別府」をテーマに、①日本人労働者の戦争動員　②在日韓国人の参戦　③北朝鮮工作員の潜入などを掘り起こした。

第五章と第六章が、浮浪児や混血児、引揚げ者に関する記述だ。彼らの援護に尽力した小郷虎市親子などの功労者を発掘するとともに、元京城高等法院判事だった初代市長・脇鉄一について詳述した。彼は戦後の別府に「煉獄の鐘」を鳴らした引揚げ者エリートである。

第七章「阿南綾《あなみあや》の戦後」は奥豊後・竹田市を舞台に「もう一つの地方戦後史」を記述した。綾は敗戦時に自決した阿南惟幾陸相の妻である。第八章「『新生』の別府女性史」は、満洲からの引揚げ者である山田洋次監督の母・寛子の戦後を発掘し、さらに作家・水上勉の妻・叡子《えいこ》の貢献を高く評価した。

現在の別府は国際都市の性格を失っていない。立命館アジア太平洋大学（ＡＰＵ）は外国人留学生数二七二一人であり、早稲田大学をしのいで全国一である（二〇一八年現在）。インバウンド観光の活性化によって、「ＢＥＰＰＵ」が改めて脚光を浴びている。その近現代史を振り返れば、別府の未来が「癒しの再生都市」構築にあるのは必然的な帰結であると理解できるだろう。

筆者は二〇〇六年以来、大分県立芸術文化短期大学（大分市）教授として八年間を過ごした。本書はここ一四年間の現地での知見のほか、大分県立図書館などでの資料探索、関係者インタビューなどによって得られた新事実を加えて、地域の戦後通史として記述した。

「通史」とは本来、多くの歴史研究の成果をもとに骨太の時代史として書かれるべきものである。しかし本書の前提になる地域戦後史の先行研究は、二、三の例外を除いて貧弱だった。本書は自ら史実を探索し群像史、時代精神史として再構成した戦後史考察の「入り口」としての通史試論である。筆者は元新聞記者であり、学術的アプローチというより、足で稼いだ戦後群像史ルポに近い。

「戦後史の穴」から先人たちの営為を救出し、歴史の教訓を引き出したい。

私は既刊『忘却の引揚げ史　泉靖一と二日市保養所』（二〇一七・弦書房）のまえがきで、このように書いた。その思いは本書でも貫徹した。執筆にあたっては、歴史的用語であることを重視し「満洲」「鮮人」などの表記を修正せずに使用した。引用文は基本的に旧漢字を常用漢字に、カタカナ表記はひらがなに修正し、読みやすさのために句読点を補完したことをお断りしておきたい。

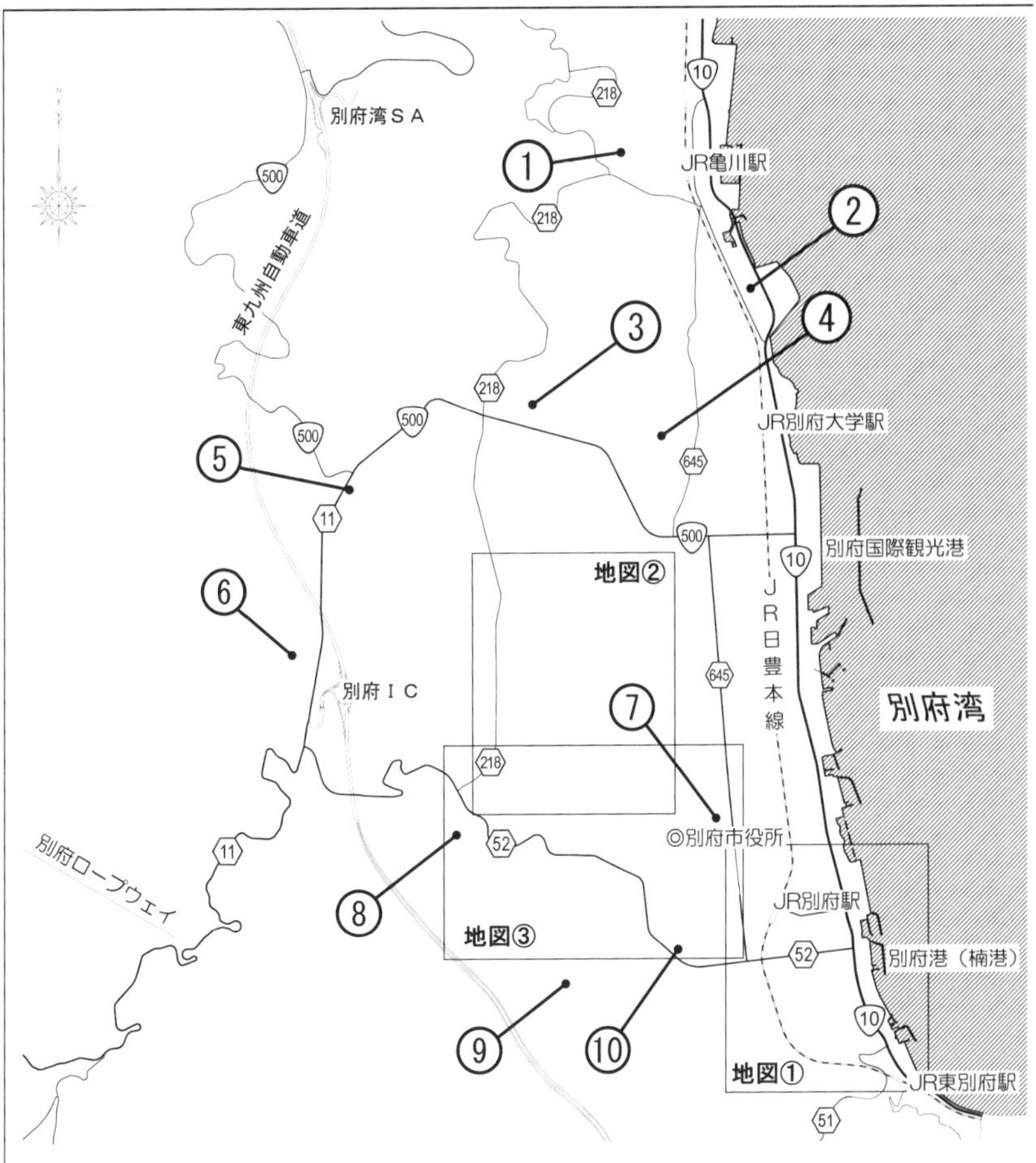

番号・施設名

①	旧：亀川海軍病院
②	別府競輪場
③	ひょうたん温泉
④	旧：華北交通療養所
⑤	旧：原子爆弾被爆者別府温泉利用研究所
⑥	陸上自衛隊　別府駐屯地
⑦	旧：別府大仏
⑧	旧：旅館杉乃井
⑨	旧：ケーブルラクテンチ
⑩	旧：赤銅御殿　旧：連合軍司令部宿舎

　0　500m　1000m　2000m　1:30000（A3）　別府市　主要部

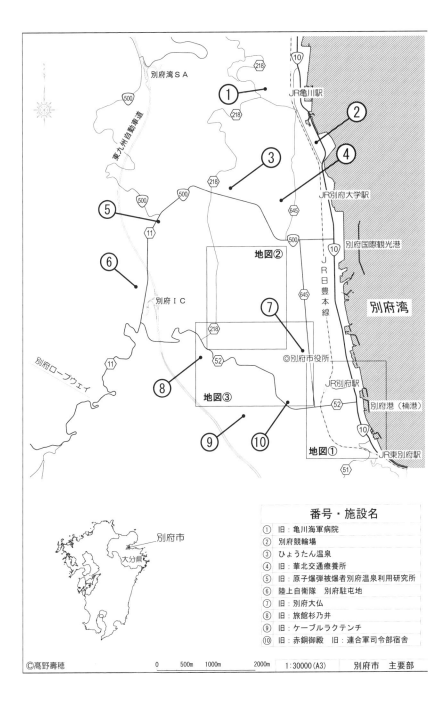

地図①

番号・施設名

① 旧：錦水園	⑩ 波止場神社	⑲ 旧：料亭なるみ
② 海門寺	⑪ 竹瓦温泉	⑳ 秋葉神社
③ 海門寺公園	⑫ 旧：天然砂湯	㉑ 旧：MPステーション・南風荘病院
④ エッチ美容室	⑬ ゆめタウン	㉒ 旧：別府市役所（現：サザンクロス）
⑤ 大陸ラーメン	⑭ 旧：別府楠港（別府港）	㉓ 旧：住宅詳細案内図刊行会・善隣出版社
⑥ 旧：清風荘	⑮ 不老泉	㉔ 松原公園
⑦ 旧：立花ダンスホール・花菱ホテル	⑯ 旧：亀の井旅館	㉕ 朝見病院
⑧ 旧：八坂ホテル	⑰ 中村病院	㉖ 旧：グリーンハウス
⑨ 旧：鶴田ホテル	⑱ 旧：日名子旅館・日名子グリル	㉗ 浜脇温泉

※印は、現在の施設名。

1：6000（A3）　地図①　別府駅　周辺図

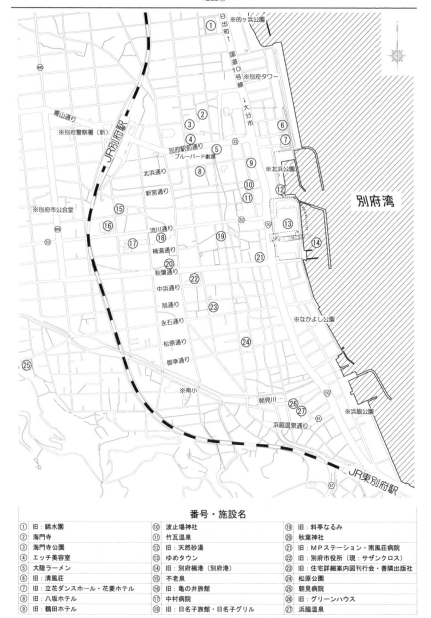

番号・施設名

①	旧：満洲電電別府療養所	⑤	旧：陸軍病院
②	旧：満洲製鉄所別府療養所	⑥	旧：九州帝国大学温泉治療研究所
③	別府発達医療センター　別府整肢園	⑦	旧：傷痍軍人別府温泉療養所
④	旧：児童養護施設　光の園白菊寮	⑧	児童養護施設「栄光園」

※印は、現在の施設名。

0　100m　200m　300m

1:6000 (A3)

地図②　荘園　周辺図

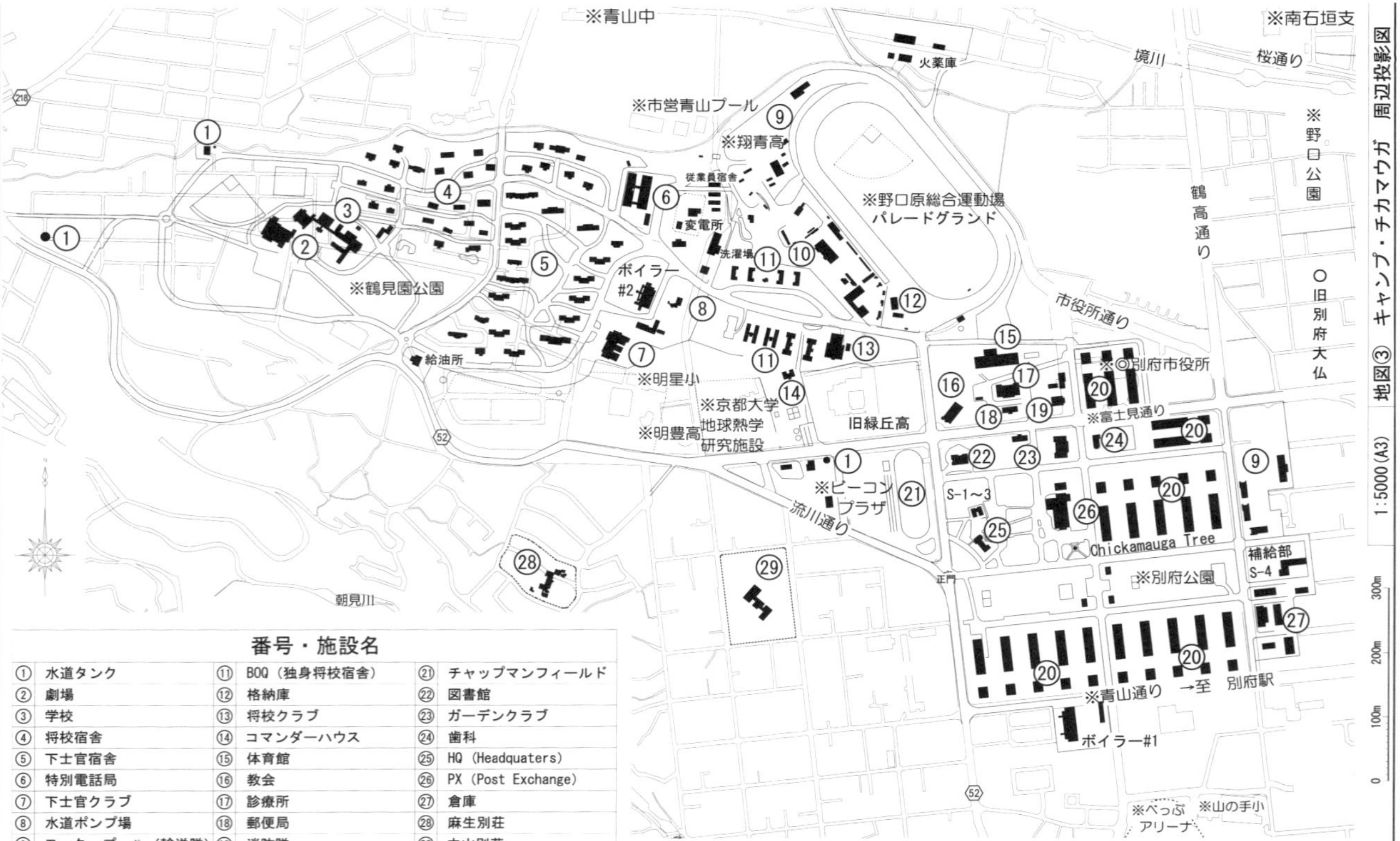

地図③　キャンプ・チカマウガ　周辺投影図

1:5000 (A3)

番号・施設名

①	水道タンク	⑪	BOQ（独身将校宿舎）	㉑	チャップマンフィールド
②	劇場	⑫	格納庫	㉒	図書館
③	学校	⑬	将校クラブ	㉓	ガーデンクラブ
④	将校宿舎	⑭	コマンダーハウス	㉔	歯科
⑤	下士官宿舎	⑮	体育館	㉕	HQ (Headquaters)
⑥	特別電話局	⑯	教会	㉖	PX (Post Exchange)
⑦	下士官クラブ	⑰	診療所	㉗	倉庫
⑧	水道ポンプ場	⑱	郵便局	㉘	麻生別荘
⑨	モータープール（輸送隊）	⑲	消防隊	㉙	中山別荘
⑩	技術隊本部	⑳	兵舎		

※※キャンプ内施設名称は、佐賀忠男著『別府と占領軍』及び、大分県『別府キャンプ跡地転用計画図』資料による。

※印は、現在の施設名。

第一章

戦後史へのアプローチ

「戦争が終わった時に、私は一五歳だったことに大きな意義がある。一五歳とは初めて世の中に眼を開く年齢であり、まだ柔らかい蝋のような精神の中に、時代の精神と事件が刻み込まれる時だからである」（ポール・ファン・デン・ボッシュ『われら不条理の子』）

われら不条理の子

佐賀忠男は一五歳だった。

戦争末期、大分市の上空には気球がいくつも浮かんでいた。気球には水素ガスが詰まっており、敵機が触れると、爆発する仕掛けになっていた。だが、それはいち早く見破られ、米軍機は射的を楽しむかのように、気球めがけて機銃の雨を降らせた。

佐賀は旧制別府中学（県立別府鶴見丘高校の前身）の動員学徒として、大分市高城の大分海軍航空廠のエンジン工場に通っていた。「風船が空にいくつも浮かんでいた。遊園地にいるような、何だかお祭りが始まるような。（中略）アブは勝ち誇ったように、羽音を響かせて立ち去っていった」。

佐賀は工場の横穴から見た風船と米軍機の光景をこう書き留めた。

佐賀は『ドキュメント戦後史　別府と占領軍』（一九八一）を書いたホテル従業員（当時）であり、元パンパンハウスの経営者である。同書は別府の占領軍時代を伝えるほぼ唯一の書籍だ。奥付に「編集・発行『別府と占領軍』編集委員会」とあるが、その住所は佐賀の自宅と同一だ。いわゆる「自費出版本」だが、三〇一ページの分量があり、冒頭に三〇ページの口絵写真がついた充実した記録集である。


「戦争が終わった時に、私は一五歳だったことに大きな意義がある」


冒頭に掲げたボッシュの警句は、同書第二章「天と空と米兵と」の余白に「メモ帳よりの抜粋」として引用されている。佐賀はよほど気に入っていたに違いない。

本書は、この無名の男の真価を発掘し、再評価する著作である。

寺山修司「祖国はありや」

寺山修司もボッシュ『われら不条理の子』を引用した。一九五八（昭和三三）年に刊行した第一歌集『空には本』のあとがきにある。

「われわれは、古くなり惨敗したのではない。ゼロから出発するのだ。われわれは廃虚の中で生まれた。しかし崩れ去った周囲の建物は、われわれに属していたわけではない。生まれた時、すでに黄金は瓦石に変わっていたのである」

佐賀が引用した部分よりも、さらに挑戦的だ。ボッシュは一九二九年六月、ベルギーで生まれたフランス人である。一八歳でパリに行きラテン区の大学街で学んだ。『われら不条理の子』は一九五七年、加藤周一訳で紀伊國屋書店から出版された。

青森県津軽で生まれた寺山は敗戦時、数え年で一〇歳だった。警察官だった父は召集され、セレベス島で戦病死した。母は戦後、福岡県芦屋町の米軍キャンプに働きに行った。寺山は青森市内の大叔父の家に預けられ、孤独な少年時代を過ごした。母親が働いた「キャンプ芦屋」とは、どんな場所だったのか。

「マッチ擦るつかのま海に霧ふかし　身捨つるほどの祖国はありや」

この有名な秀歌は『空には本』の最終章「祖国喪失」の冒頭にある。一〇歳の寺山少年にとって「祖国」とは何だったのか。一五歳の佐賀にとって「天と空と米兵」は何を意味しているのか。

ボッシュ（パリ）、佐賀忠男（別府）、寺山修司（青森）。

早熟だった寺山を含めて、私はこの三人を同時代人とみなす。共通するのは、関与なき時代（戦争期）への喪失感である。いずれも敗戦期に少年時代を送り、立ち上がり、挫折した青春である。

別府はいかなる「敗戦後」を送ったのか。

温泉都市として有名だが、別府は同時に「米軍占領都市」であり、「引揚者都市」であった。これが本書の基本構図である。同時代を生きた多くの日本人の軌跡とともに記録し、回顧するつもりだ。

私は別府を舞台に、現代日本の「地方戦後史」を考えたい。

陸相自決と最後の特攻

大分県の戦後史は、「自決と特攻死」から書き始められるのが通例だ。例えば、大分合同新聞社『おおいた戦後五〇年』（一九九五）の年表は、次の記述から始まる。

「一九四五（昭和二〇）年八月一五日」

「未明。阿南惟幾《あなみこれちか》陸相（竹田市出身）が『一死』ヲ以テ大罪を謝シ奉ル」との遺書を残して陸相官邸で割腹自殺」

「大分市の大分海軍航空隊基地から、第五航空艦隊司令部長官の宇垣纏《うがきまとめ》中将らが戦闘機一一機に搭乗して沖縄へ飛び立ち、最後の特攻機攻撃を行う」

二つともに有名な事件である。

阿南の自決は現代史に弱い若者でも、少しは知っている。映画『日本のいちばん長い日』（岡本喜八監督、半藤一利《はんどうかずとし》原作）などで描写された。戦後七〇年目のリメイク作品（原田眞人監督）は、史実とはほど遠い内容が多々含まれている。

「大罪」とは戦争に敗北したことだ。阿南の自決と昭和天皇の「玉音放送」によって、日本人は「大東亜戦争の敗北」を衝撃とともに受け止めた。

阿南の胸像が二〇一五（平成二七）年八月、大分県竹田市の広瀬神社境内に建立された。阿南の生誕地は東京・牛込箪笥《たんす》町であるが、竹田市玉来に阿南家の本家があるのだ。阿南の妻・綾《あや》は一九四六（昭和二一）年から三年間、幼い三男一女を連れて東京から疎開し、苦難の時期を過ごした。

一九四九（昭和二四）年六月、九州巡幸中の昭和天皇は大分市で綾に面会した。天皇は「苦しいでしょうが、しっかりやってくださいね」と、雨中に立ち尽くす綾に声をかけた。綾はその感激を「思いきやつくしの果の賤が身に　み声親しくたまはらんとは」と歌に詠んだ。大分戦後史の重要な一コマだが、今では忘れ去られている。

「特攻死」の宇垣中将の行動は、非難されるべきである。彼は天皇の玉音放送後に、部下二二人を引き連れて、沖縄特攻に旅立った。仮官邸（現在の参議院前庭）でひとり自決した阿南とは、対照的な軍人の最後である。中津の作家・松下竜一が書いた『私兵特攻―宇垣纒長官と最後の隊員たち』（一九八五）のほか、地元の大分放送も何度かテレビ番組にしたが、この事実すら意外と知らない人が多い。

「歴史」から疎外

しかし、従来の「大分戦後史」冒頭の記述は、ここまででおしまいだ。『大分県史』現代編Ⅰ（一九九二）も、「終戦処理」「占領軍の進駐」から始まり軍事史、行政史中心の記述に終始している。

敗戦後一〇日以内に三人の陸海軍将校の自決事件があったが、通史には記載されず、断片的な記述が個別的な書籍に残るのみである。多くの庶民史を統合した大分の戦後史は、敗戦後七五年が経ったにもかかわらず、依然として書かれていない。そのありように私は強い疑問を感じる。

戦後の青年将校三人の自決は、①八月一九日／細田留喜陸軍中佐・三重農学校図書室　②八月二一日／吉田正良中尉・海軍戸次基地（秘密飛行場）　③八月二五日／松尾秀輔中尉・海軍第二特攻戦隊大神基地（日出町）である。

細田中佐の自決は、毎日新聞社『激動二十年・大分県の戦後史』（一九六五）などに記述がある。同中佐は、三重町大原飛行場の建設部隊長だった。松尾中尉は、海軍の人間魚雷「回天」搭乗員として訓練中に敗戦を迎えた。「敗戦は俺達軍人の責任たるに思ひを致し、その責を負ふべし」との遺書を残し、手榴弾で自殺した。享年二一。大神回天会『青春の賦　嗚呼大神回天会』（一九九〇）に記述がある。

ここでは海軍戸次基地における吉田中尉の自決について詳述したい。多くの資料が残され発掘されているのに、包括的に記述されたことがないからだ。

秘密飛行場の自決

大分市・戸次《へつぎ》本町の廣瀬孝三（七一）が言う。「ここに秘密の飛行場があり、敗戦直後に飛行機整備担当の海軍士官が自殺したことなんてことは、今や、このあたりの人も知らないでしょう」。戸次は、大分市中心部から南南東一三キロの住宅地だ。

廣瀬は戸次小学校の元校長である。彼は秘密飛行場の造成工事に使われたセメント製の転圧ローラーが、小学校の校庭に埋もれていたのを掘り返した。それを学校近くの「戸次ふれあい広場」に

海軍戸次航空基地の造成工事に使用された弾圧ローラー（戸次小学校近くの広場にある）

展示した地元有志のひとりである。現在では、このモニュメントが秘密飛行場の存在と海軍中尉の自決を知るための、唯一の手がかりだ。

新潟県出身の吉田正良中尉は、当時二〇歳の若さだった。彼の自決の経緯を「海軍機関学校出身戦後殉国者遺芳録」（一九八四）が伝える。エンジニアを養成した海軍機関学校（舞鶴）の関係者が編纂した。戦後殉国者というのは、戦争終結後に自決したり、戦犯裁判の判決によって刑死した人たちのことだ。同書によると海軍機関学校出身の自決者は七人、刑死者が四人いた。吉田中尉はその中で、もっとも若い。

遺芳録によると、吉田中尉は一九四五（昭和二〇）年八月二一日午前三時ごろ、旧海軍戸次基地に並んだ偵察機「彩雲」の前でピストル自殺（異説あり）した。第一種軍装、白いシャツ、真新しい飛行靴などを着衣していた。遺書こそなかったものの、覚悟の自決だった。

吉田が大戦末期に配属されたのは鹿児島県鹿屋基地である。本土決戦用の第一線部隊として、第五航空艦隊第一七一海軍航空隊第一一飛行隊があった。彼は一一飛行隊の分隊長付き士官だった。高速偵察機「彩雲」の整備を指揮していた。「彩雲」には新鋭の誉《ほまれ》型エンジンが装填されていた。

しかし、その材質や構造などの技術面で問題を抱えており、事故や故障が頻発した。整備作業の指揮監督に当たる吉田の労苦は、並大抵のものではなかった。昭和二〇年六月になると、偵察一一飛行隊には一機の稼働機もなくなるほど損耗していた。責任感の強い若い士官は、新鋭機の整備に苦悩し、追い詰められた。大半の搭乗員を失った偵察一一飛行分隊は、七月中旬には急造の戸次基地に移って部隊を再建した。

戸次基地は大分市を貫流する大野川沿いの桑畑の中に、砂利敷の滑走路一本（長さ一六〇〇メートル、幅八〇メートル）を作った秘密飛行場である。孟宗竹の林に「彩雲」を隠す名ばかりの急造飛行場だったが、米軍機にたちまち探知された。状況は悪化の一途をたどるばかりだ。整備作業は進捗せず、吉田は焦燥に明け暮れるばかりだった。

八月一五日、天皇の玉音放送。同夜、吉田は軍刀で自刃を企てた。同室の鮫島豪太郎（中尉）に制止されたが、二一日朝、ついに覚悟の自決を果たした。吉田は鮫島に「下士官兵は一日も早く故郷に帰そう。われわれには敗戦の責任がある。自分は戦いに敗れて、再び家郷に帰ることはできない」と語っていた。

戦争体験者の述懐

吉田は早くして父親を亡くし、母親と姉二人のもとで育てられた。一九八四年に吉田らの「遺芳録」が編纂された時、姉のひとり美枝は、次のような手紙を関係者に寄せた。

「四〇年近い歳月を経て平和と繁栄の中、世相も変わり人の思想もまた、すっかり変わりました。

正直のところ（遺芳録の）趣意書を拝見しまして、迷いがございましたが、日本の敗戦という一つの史実の中の出来事として残していただけるのでしたら、という気持ちで、お受けさせて頂くことに致しました」

弟の死が神聖化されることへの戸惑いが感じられる文章だ。しかし遺芳録を読んだ私に、そういう印象はない。「敗戦の中の史実」を忠実に伝承していると評価できる。戦友たちの文章は、同時代を生きた人々の悲しみに満ちている。歴史の教訓をいかに継承するのか。それが戦後生まれの私達にとって最も重要である。そのためにも、関係者が書き残した記録を丹念に読む必要がある。

戸次基地にいた安永弘という人物の戦記『予科練魂』（一九八九）の文末には、次の一節がある。「学徒出身の若い整備科の中尉が自殺したことが伝わる。生命を粗末にする人だ。だが、純粋で立派な人だったのだろう、という評だ。これまで死ぬような目に遭わなかった人だからだ、という意見に、みなは賛意を表し黙る、俺達の反対だ、と思いながら」。冷ややかで、矛盾に満ちた感慨だ。

安永は一九二一（大正一〇）年生まれの飛行予科練卒であり、吉田の四歳年上だった。一九四四年一一月以降、偵察一一飛行分隊の「彩雲」パイロットになり、海軍少尉として戸次基地で敗戦を迎えた。

のちに歴史学者になる永原慶二《ながはらけいじ》（一九二二〜二〇〇四）も戸次基地にいた。マルクス歴史学を中世の荘園研究に応用した一橋大学名誉教授だ。家永三郎（東京教育大名誉教授）の教科書訴訟を支援した。彼は一九四三（昭和一八）年一〇月、東京帝大国史学科三年の時に徴兵された。翌年七月一日、一七一航空隊の通信兵（少尉）として海軍鹿屋基地に赴任し、同月一二日に戸次基地に移駐した。

永原が記録した「八・一五前後」が、彼の追悼文集『永原慶二の歴史学』（二〇〇六）に収録されている。永原によると、当時の戸次基地は混乱していた。「隊長は天皇の放送にもかかわらず、少年兵に徹夜で防空壕掘りのピッチをあげさせよと命じる一方、海兵出の若い将校の中には愛機の上でピストル自決する人もありました。脱走する兵、将校が身近にも現れるかと思うと、飛行機を私物化し朝鮮から郷里に近い霞ヶ浦に帰るから給油してくれという豪傑も現れました。月末には解散ということになると、隊の通信機械品や、トラック、落下傘用の白布などの分配競争が目に余る状況を現出しました」。永原は吉田の自決場所を「愛機の上で」と書いている。

永原が戦後、マルクス歴史学者の道を歩んだことと、戦争体験がどう関係したのか。その経緯を記述した文章は、彼の『著作選集』（二〇〇八）や追悼文集には見つからなかった。

敗戦時の模様をもっとも詳細に記録したのは、吉田の部下だった宮入《みやいり》巳年《みとし》（兵長、一九二九年生まれ）の戦争体験記『茜雲の果に』（自費出版、一九九二）である。飛行隊の兵員は小学校の校舎に、士官たちは近在の民家に分宿していた。吉田は「滑走路が悪いので離陸時に浮力がつかず、着陸時には安定を失う」と語っていたという。学校の校庭で女教師のオルガン伴奏で、低学年の子供たちが「同期の桜」「ラバウル小唄」を歌ってくれたこともあった。

玉音放送後、若い兵隊が下士官に食ってかかったり、パイロットが窓ガラスを叩き割ったりした。午後三時、全員が滑走路に集合。飛行分隊司令が部隊の解散を告げ、軍旗に火が放たれた。宮入は吉田の自死を「愛機のプロペラで首をはね自殺した」と記録し、「職業軍人として敗戦の汚名に苦しみ、祖国の前途に希望を失ったのだろう」と推測した。

宮入は除隊に際して、俸給を積み立てた預金通帳、一時金支払いの証明書、旅費などを渡された。宮入はその整然さに驚いたという。永原が書いたような混乱は記述していない。同じ現場にいたのに、永原と宮入の証言はかなり食い違う。戦史理解にも複合的な視点が必要な所以だ。

七五年後の現場

吉田中尉の自死が地元でクローズアップされたのは、一九九四年四月になってからだ。吉田中尉の実姉が嫁ぎ先の台湾から「弟の最後の地を一目みたい」と戸次を訪ねてきたのである。旧姓・吉田葉子（当時七四歳）。台湾大教授と結婚した彼女は「黄葉」という名前になっていた。当時の大分合同新聞に関連記事がある。

戸次にある大南公民館長・安藤英次や岡本億太郎（当時八一歳）らが出迎えた。吉田中尉の世話になった十時太一（当時六〇歳）もいた。彼は敗戦時、小学六年生だった。「私の家の前が司令部だった。吉田さんはそこによく来ていた。自転車に乗せてもらったこともある。家に双眼鏡を置いていかれたこともある」と語った。地元との濃密な交流を示すエピソードだ。

弟が自決した場所に立った彼女は「ここに来ないことには、私自身が『何かをし残した』『弟に何かしてあげていない』『すまない』と思っていた。ここに来てよかった」と感激し、声を詰まらせた。

彼女は弟の死地で「時代が変わっても、山や川、空気はそこにある」と語った。私はその言葉に強い感銘を覚える。先人が生きた場所で、彼らの苦闘を思い教訓を未来に活かす。そこに歴史を学ぶ意義があるからだ。

廣瀬によると、飛行場の造成にあたっては小学生たちも動員された。「大野川で砂利をすくい飛行場に運んだ」という。廣瀬は宇佐市に講演に来た永原慶二に会った。永原の記憶をもとに戸次周辺を調べたが、彼が滞在したという民家は確認できなかった。

廣瀬は校長を退職後も、中学一年生向けに「講話」を続けている。彼は吉田中尉の写真を生徒たちに見せながら「『日本が戦争に負けたのは、我々軍人の責任だ』と言い、ピストルで自分を撃ちました。どうして二〇歳の若者に責任があるでしょうか」と語りかける。「戦争が終わって一〇年、二〇年後には、人々は自決現場を通りかかると、手を合わせていました。しかし年が経つと、そんなことを知っている人はいなくなりました。だから今、皆さんにこの話をしているのです」

吉田中尉の自決現場は、現在の県道大南・坂ノ市線の一角（東和運送駐車場前）であるという。戸次小中学生の通学路であり、大分支援学校スクールバスの待機所だ。廣瀬は力説する。「そこには掩体壕《えんたいごう》になった竹林が残っています。かつて戸次《へつぎ》の子どもたちに楽しい思い出を作ってくれた吉田中尉。今の戸次の子どもたちを見守ってくれていると信じます。皆さん、この話をおぼえていてください」。廣瀬の語りは、現在を生きるすべての人々への問いかけである。

秀逸な『町誌「湯布院」』

大分県内の戦後地方史は、未整備であるようだ。敗戦までの記述はそこそこ充実していても、それ以降の記述がはかばかしくない。だが、例外がないわけではない。

『町誌「湯布院」』（一九八九）は読み応えがある。町議、住職、教員、商工会長、病院長など多彩な職歴の編集委員一四人が、六年がかりで取材、会議、執筆を進めた。中核になる温泉史「クアオルト（療養地）への途」は病院長、文化財調査委員、前町長、旅館主が書いている。

戦後史を描いた第五章「出発　湯布院町」第一節のタイトルは、「進駐軍と売春婦」である。こんなストレートな記述の官製史は見たことがない。「カノン砲の道」は米軍日出生台《ひじゅうだい》演習場の整備工事を描き、「厚化粧と闇景気」は進駐軍相手の売春婦（パンパンと呼ばれた）の大量流入（五〇〇人から七〇〇人）を活写した。

圧巻は別巻の「戦争で亡くなった人々」である。日露戦争（八人）、シベリア出兵（一人）、日中戦争・太平洋戦争（三九八人）での戦没者四〇七人全員の氏名、階級、戦没年月日、年齢、地区が記載されている。日清戦争での町内戦没者はゼロであり、戦死者数の変遷だけを見ても「先の大戦」被害の凄まじさが分かる。

戦死者リストは、大分県護国神社に合祀されている戦没者の名簿をもとに作成した。担当者が確認のため二回にわたり各戸に回覧して、欠落のないように補充したという。本籍が湯布院町でない戦没者についても、町内に住んでいる遺族や縁故者の申し出により掲載されている。町誌における稀有な「墓碑銘」と言うべきだろう。

別府の「都市伝説」

誤解を与える現代史記述もある。「戦後になって、別府は爆撃目標地にされていなかったことが判明した」。これは『別府市誌』第一巻（二〇〇三）の記述だが、間違いである。別府も爆撃目標になっていたとの米軍文書が残っているからだ。

米軍空襲の研究者・奥住喜重（八王子市在住）が一九九九年に発見した。米軍第二〇航空軍司令部が作成した日本の都市爆撃計画書（極秘）に、別府は人口規模から見て、七七番目の都市として登録されていた。第一位は首都東京であり、二位が大阪、三位が名古屋である。昭和二〇年七月一六日に大空襲を受けた大分市は、六三番目だった。

別の米軍秘密資料（一九四五年七月一六日）によると、別府は「大分の軍需工場のための重要な労働力供給源である」と認定されていた。「労働者たちの家をなくすことは、工場の生産活動と輸送活動を一層混乱させるに違いない。大分を焼夷弾空襲した後は、住居を提供する上で別府が担っている重要性が、増大するはずである」と記されている。

藤田洋三『別府ゲニウス・ロキⅡ（上巻）』（二〇一八）が賢明にも指摘したように、「別府は温泉休養都市だったので米軍による空襲を免れた」という風説は、戦後の「都市伝説」に過ぎないのである。

　私は別府の女性（八六歳）から、機銃掃射の体験談を聞いたことがある。その証言によると、彼女は別府の山の手の住宅に住んでいて、米軍機が自宅周辺から繁華街の流川通り付近を、山側から海側にかけて、機銃掃射する爆音を聞いた。自転車に乗っていた人が被害にあったという。

　この証言を裏付ける記録が、別府市立図書館にあった。別府市立南立石小学校の『創立百周年記念誌』（一九七五）である。「昭和二〇年三月一八日、はじめて上空に米軍機襲来、近傍に投弾、掃射を受く」と記録されていた。

『別府商工会議所設立五〇年記念誌』（一九七九）の座談会で、梶原三郎（東洋印刷社長）は「扇山（別府市北西部）には爆弾を落とされましたね。あそこは陸軍の軍用地になっていた」と証言。大分合同新聞社編『大分年鑑・昭和二四年版』には、別府市も大分県内の空襲被害都市として明記されている。

　決定的な証拠は県立図書館での資料検索で見つかった。大分合同新聞の記事が、空襲による別府市の「死者三人、負傷者九人」という決定的な事実を伝えていたのだ。一九四五年九月二六日付けの紙面である。同記事によると、空襲による大分県内の死者は四八五人、負傷者七一八人である。戦争終結がさらに遅れた場合、別府も大分市（死者一七七人、負傷者二七〇人）と同様な焼夷弾爆撃の大被害に遭っていただろう。それが容易に想像されるのに、いつのまにか爆撃・機銃掃射の記憶が薄れてしまい、歴史が美化されていたのだ。

「別府は爆撃目標でなかった」という風説は、なぜ広がったのだろうか。

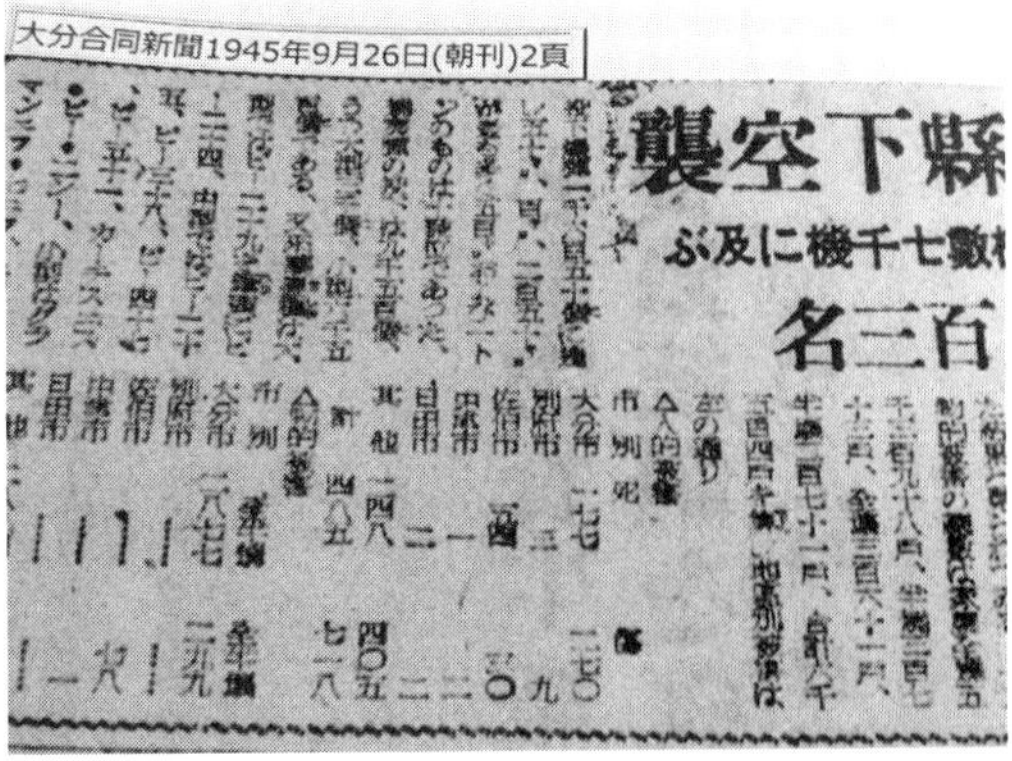

米軍空襲の被害規模を報道した大分合同新聞（1945年9月26日）

別府の作家・小郷穆子《おごうしずこ》の回顧録『MY WAY 私の歩んできた道』（二〇〇〇）に、その疑問を解くヒントがある。彼女の父親は別府市の初代観光課長だった。「戦後、『どうして爆弾を落とさなかったのか』と父が米兵に聞くと、キャプテン・チャンバースという方が、『どうせこの戦争には勝つ。勝ったら別府にキャンプを作る。キャンプを造らねばならない街をどうして焼こうか』と答えたらしい。それを聞いて父はショックを受けていた」

優越感に満ちた米兵の答えは、空襲対策のために市街地の建物を取り壊す「強制疎開」に応じた別府市民に衝撃を与える一方、温泉都市住民としての自尊心をくすぐるものでもあった。だが、米戦略爆撃空軍の秘密計画を、別府に進駐した米地上軍の末端が知るはずがない。それにもかかわらず別府市民は米兵の言葉を頼りに、原爆投下を免れた古都・京都になぞらえ始めた。

大分市のような大規模空襲の被害が別府でなかったのは、本土決戦（米軍の九州上陸）を免れた、いわば「時の運」と言うしかない。それを「別府は爆撃目標地にされていなかった」（『別府市誌』）と記述するのは、被害事実の忘却を誘導する米側の巧言に翻弄されたと言うべきか、軽率のそしりは免れないだろう。地元紙に記録された「証拠」をもとに、空襲被害を個別具体的に故意か偶発かを含めて、米軍史料などを再検証すべきである。

実際には京都市内でも五回にわたる空襲があり、一〇〇人近い死者が出た（京都空襲を記録する会『かくされていた空襲―京都空襲の体験と記録』一九七四）。京都はもともと原爆投下目標であり、対象から外されたのは土壇場の一九四五（昭和二〇）年七月になってからであるのは、すでによく知られている史実だ（吉田守男『京都に原爆を投下せよ・ウォーナー伝説の真実』角川書店一九九五・のち朝日文庫）。

戦後初の復員船「高砂丸」

毎日新聞社『一億人の昭和史・日本占領①降伏・進駐・引揚』（一九八〇）に、別府温泉の浴場で写した写真がある。「飢餓の島メレヨンから別府に上陸した陸海軍一七〇〇人は外地復員の第一陣」との写真説明。温泉旅館の狭い浴槽に入り、背中を流し合う兵士たち一五人の笑顔が弾ける写真だ。戦後の「生の充実」が感じられる写真である。

一九四五（昭和二〇）年九月二五日。戦後初の復員船「高砂丸」が別府湾に帰ってきた。船上には疲れ果てた陸海軍兵士一六二八人が乗っていた。南方洋上のメレヨン島からの帰還兵である。

一九四五年九月三日に釜山港から「福寿丸」が博多港に帰着した。これが公式の引揚げ第一船だ。九月二五日に別府湾に姿を表した「高砂丸」は、復員第一船である。引揚げ者（民間人）約三五〇万人、復員者（軍人）約三一〇万人、合計六七〇万人は当時の日本総人口の約一割を占めた。これらの人々が外地から米占領下の国内に流入し、日本の戦後が始まった。日本から外地への帰還者は

復員船「高砂丸」。戦後初めて別府港にメレヨン島から帰港した。

一六〇万人いた。引揚・復員・帰還を考えることは、東アジアと日本の戦後史を考察する出発点である。

メレヨン島は「飢餓死の島」だった。敗戦までに守備兵六四二六人のうち、四四九三人が飢餓のために病死した。爆撃などによる戦死者は三〇七人に過ぎない（防衛研究所調べ）。日本兵の飢餓死という歴史の汚点を代表する戦場だ。

メレヨン島の窮状は、九月初めに日本に進駐した占領軍と日本政府の間で協議され、病院船「高砂丸」（九三四七トン）が急きょ、現地に派遣された。

大量餓死は戦時中の大惨事である。かつて別府―大阪航路に就航していた「高砂丸」が病院船として別府に帰港し、戦後初めての復員船となった。別府には陸海軍病院があったからだ。『別府市誌』は最新版（二〇〇三）のコラムで、復員第一船『高砂丸』とメレヨン島について言及したものの、メレヨン島での餓死には触れなかった。脚注で「現ミクロネシア連邦のウォレアイ島。人口五〇〇人の小さな環礁島」と書いているだけだ。

「地域の戦後通史」は現代史をリアルに考察するための「入口」である。身近な場所で起きた戦後史の基礎史料を提供し、リアルな地理感覚の中で歴史の真実を理解するための基礎文献である。

大分県の戦後史記述は、そういった意味で不十分である。

残された資料をもとにメレヨン島の悲劇を少し考察したい。大分県関係者が予想以上に多く、戦後史から抹殺されたまま放置しておくには、あまりに重大な事柄であり、そこからくみ取るべき歴史的教訓が多いからだ。

雑誌「世界」の衝撃記事

「メレヨン島」というのは、実は、日本軍が便宜的につけた名称に過ぎない。正式名称は「ウォレアイ環礁」である。東西八キロ、南北四キロの小環礁だ。ミクロネシア連邦ヤップ州にある。グアム島の南、パラオ島の東各五〇〇キロ以上離れた環礁である。ここに派遣された日本軍は、サイパン島陥落（一九四四年七月）とともに兵站が途絶え、食糧が枯渇して兵士の大量餓死を招いた。

「メレヨン島の悲劇」は、戦後日本でスキャンダラスな波紋を描いた。雑誌『世界』（一九四七年二月号）で、文部大臣の安倍能成《よししげ》（元京城帝大教授・元第一高等学校校長）が遺族からの手紙をもとに、大量餓死事件の背景に「将兵差別」があったのではないかと問題提起したからだ。

その手紙は、遺族宅を訪れた某伍長の言い分を書き連ねたものだ。「将校は缶詰・乾燥食品を専有し、兵の飢餓を知らぬ顔」「椰子の実も将校らが食べて、兵に取ることを禁じた」「将校はひとりでも多く兵が死することを欲し、無理な訓練を実施した」などと糾弾する内容だった。手紙には

「六〇〇〇余人の守備隊のうち、生還者は八〇〇人」「将校はフグに中毒した二人らを除き元気で帰ってきた」と書いてあった。

安倍の告発は一方的である、と私には思える。安倍は第一復員省（旧陸軍省）次官らにゲラ（試し刷り）を見せており、元現地部隊幹部と接触を図った節も伺われるが、安倍自身も手紙の内容には確信が持てず「これが虚伝ならば、私は日本国民のためにこれを喜ぶ」と頼りないのだ。

記事に憤慨した独立混成第五十旅団（メレヨン島守備隊）の北村勝三元少将ら三人が、安倍や編集部に抗議に出かけた。同行した参謀の伊藤清元中佐は旅団ナンバー二であり、のちの大分県社会福祉協議会事務局長である。

『世界』編集部は四か月後の同年六月号の巻末で乾真一（高射砲小隊長）からの反論を紹介しつつ、「事実をもっと確かめたかったが、さしあたりその便宜と暇を持たないので、（中略）そのまま発表したのであった」と説明した。当時の混乱期では元将軍の所在すら確認できなかった（最後の陸相・下村定《しもむらさだむ》の証言）事情があるものの、『世界』編集部が拙速かつ扇情的に記事化する必要がどこにあったかは疑問である。

約七割が病没死

「メレヨン島の悲劇」の真相は、いかなるものだったのか。

防衛庁防衛研究所戦史室編『戦史叢書・中部太平洋陸軍作戦②』（一九六八）によると、メレヨン島部隊六四二六人のうち、死没者は四八〇〇人であり、死亡率は七四・七％に達する。死没者のうち、戦死者は三〇七人（死没者の六・四％）にすぎない。伝染病や脚気、栄養失調、結核、デング熱などによる病没者が、四四九三人（同九三・六％）を占める。これらの背景には、圧倒的な飢餓がある。「餓死の島」と呼ばれたゆえんだ。

陸海軍別では陸軍が総数三二〇五人に対して、戦死者一三二人（四・一％）、病没者二二八七人（七一・四％）、生還者七八六人（二四・五％）である。海軍は総数三二二一人のうち戦死者一七五人（五・四％）、病没者二二〇六人（六八・五％）、生還者八四〇人（二六・一％）だ。戦死率、病没率ともに、陸海軍に大差はない。

階級別ではどうだろうか。陸軍の場合、将校の病没者は五七人（将校一八八人の三〇・三％）である。准士官八人（三九人中の二〇・五％）、下士官三一一人（五一五人中の六〇・四％）だが、兵卒の病没者は一九一一人であり、その兵卒総数二四六三人に対する病没率は七七・六％と高い。これが「将兵差別」の指摘を招いた原因である。海軍の階級別病没者は統計が残っていない。

「メレヨン島の悲劇」を考察するための書籍は、かなり多い。

基本文献は、朝日新聞社編『メレヨン島　生と死の記録』（一九六六）である。生還者や遺族で作る「全国メレヨン会」が初の遺骨収集を実施するにあたって刊行した。陸軍軍医や中隊長の日記など、貴重な記録が収められている。ルポ作家・千田夏光《せんだかこう》は『銃殺』（一九八六）『黙示の海』（一九八八）で現地幹部らを糾弾した。扇情的な筆致である。

藤原彰（一橋大学名誉教授・日本現代史）は『餓死《うえじに》した英霊たち』（二〇〇一）で、メレヨン島を「孤

痩せこけたメレヨン島の兵士（『メレヨン島　生と死の記録』から）

島の置き去り部隊」と批判した上で、食糧統制のために「不法な制裁や処刑を行った」と断罪した。藤原は「降伏を認めない日本軍の非人間性が、もっとも強く表れたのがメレヨン島だった」と指弾した。旧日本軍の欠陥を突いた必読書だが、食糧配給におけるメレヨン島軍幹部による「将兵差別」には言及していない。

藤原は実は、『メレヨン島　生と死の記録』に日記「桑江中隊長の記録」を公開した桑江良逢《くわえりょうほう》と、陸軍士官学校で同期（五五期）である。桑江によれば、陸士五五期は陸士卒の中でも戦没率がもっとも高い。藤原は大陸打通作戦（一九四四）に中隊長として参戦した。藤原はそれらの体験を『中国戦線従軍記』（二〇一九）に記録した。

桑江は戦後の空白を経て陸上自衛隊に入り、沖縄復帰後に現地駐屯の第一混成団長や県議を務め、藤原とは対照的な人生を歩んだ。桑江は防衛研究所戦史部員のインタビュー（二〇〇七）に答えてメレヨン島、沖縄戦における家族の死、別府入港後の思い出などを語った。彼の沖縄への思いは『幾山河―沖縄自衛隊』（一九八二）に詳しい。

軍事史家の秦郁彦《はたいくひこ》は『旧日本陸海軍の生態学』（二〇一四）で、藤原が全戦没者の六割強を餓死者としているのに対し、「南方戦域が六〇%、全戦域では三七％ぐらいが妥当」と推計した。

これらの関連資料を読み込んだ上で得られた私見を簡潔に述べると、メレヨン島の惨劇は食糧配給時の「将兵差別」よりも、規律維持のために行われた「私刑、絶食、吊し首」（宮本嘉信海軍大佐の手記）が悲劇を増幅させたと思われる。

そもそも標高三メートルほどしかない小さな環礁に、大本営が約六四〇〇人もの大部隊を派遣したことが悲劇の根源にある。『メレヨン島　生と死の記録』を読めば、水や防空壕すら確保できなかったことが一目瞭然であり、冒頭の「秘録写真」は痩せこけた兵士の身体を記録し、飢餓の島の惨状を雄弁に伝えている。大本営は「絶対国防圏」と豪語して中部太平洋に広く部隊を展開したが、そのど真ん中を米軍に撃破され、メレヨン島やウェーク島の飢餓地獄を生んだ。旧軍は「傷病兵を見捨てる軍隊」だった（藤井非三四《ふじいひさし》『日本軍の敗因』二〇一二）のである。この「弱者に対する冷酷さ」が、現在にまで続く日本の病根であると私は思う。

現地陸軍指揮官の北村勝三・陸軍少将は、一九四七（昭和二二）年八月一五日に自決した。海軍司令官の宮田大佐も前年七月一八日に自決している。

昭和の戦争で日本軍が犯した失態については、多くの記録がある。しかし物事は個別具体的に考察することが肝要だ。地元の歴史として「戦後初の復員船が飢餓の島メレヨンから別府に着いた」ことを明記し、戦争考察の入口にしたい。

「メレヨン島」の戦後史

先述した通り、現地陸軍ナンバー二の伊藤清大佐は大分県人である。県社会福祉協議会事務局長だった伊藤は一九六六（昭和四一）年、手記「メレヨン島の真相」を公開し、その概要が同年二月一三日付けの大分合同新聞に掲載された。①将校には軍規維持のため増食された②ある将校が食糧を隠し持っていたことがわかりピストル自殺したことも明記されている。当時、詳しいインタビュー取材がなかったのが残念だ。

『人間の極限　メレヨン島海軍軍医長の記録』（一九七六）を遺した森萬壽夫《もりますお》は、大分県の縁故者である。佐賀県育ちで九州大医学部を卒業した医師（少佐）だが、別府に帰還した時、義父と義弟が出迎えに来た。別府の街を歩いていたら、若い男が近づき「おい、その錨《いかり》の帽章を取れ。軍隊なんかなくなったんだぞ」と抗議された。森は「翌日、汽車に乗り、バスを乗り換えて、大分県の山奥の故郷にたどりついた」という。森の著書は海軍側の資料として重要である。海軍では陸軍と異なり、将校に対する増食はなかったと記している。

森の周辺を調べてゆくと、東京で死去した森の追悼文集（一九九一年）が宇佐市に寄贈されていたことがわかった。現地まで出かけて閲覧した。その中には大村海軍病院で森の上司だった一瀬春駒（戦後は諫早市で医師）の私家本『濤聲　群青と市井の医に生きる』（一九八一）の一部が引用されていた。彼は偶然にもメレヨン島に赴いた「高砂丸」に医師として乗船していたのである。しかし森の著作以上の記録性はなかった。

大分合同新聞（一九四五年九月二九日付け）は、「高砂丸」帰還の模様を詳細に伝えている。「外地帰還部隊別府上陸／出迎の家族と対面／本県出身勇士も一一名」の横見出しの大きな記事だが、奇異なのは、九月「二八日午前一〇時頃から続々上陸開始」と書いていることだ。実際には、帰還兵の上陸は二七日だった。朝日新聞全国版（一〇月二日付け）に掲載された写真（「高砂丸」のタラップから下船する光景）の撮影日は「二七日」であり、森や一瀬の回想録でも二五日に別府湾に着いたものの、上陸は二七日にずれ込んだと明記されている。傷病兵の入院手続きが遅れたためだ。

この新聞記事で注目されるのは、「本県出身の勇士は竹田中学出身の秦十郎大尉以下一一名で、久留米で編成され戦車隊として参加していた」との記述があることだ。秦は「一〇月二日までに全員復員します。他郷の部隊にあって大分健児の眞面目を発揮したことを県民にお伝えしたい」と、言葉少なに語ったという。『メレヨン島　生と死の記録』巻末の書簡集によると、秦十郎は戦後、福岡県・伊田新町（現在の田川市）に居住していた。戦車隊衛生軍曹の野中千歳は戦後、大分県北海部郡臼杵町（現在の臼杵市）に住んでいた人物である。

大分合同新聞の記事には、このほかにも二人の人名が登場する。海軍の軍属「別府市朝見出身の後藤雅人」「別府市北石垣出身の佐藤秋義」だが、佐藤は「航海の途中惜しくも病死した」という。森の回想録にメレヨン島から別府への帰途、一人の病人が死亡し「海軍礼式礼による厳粛な水葬が行われた」との記述がある。それが「佐藤」だったと見られる。

『別府市誌』第一巻（二〇〇三）のコラムは、この新聞記事を元に書かれたようだ。記事にある「二八日上陸」を踏襲しているからだ。『市誌』はメレヨン島の大量餓死に触れないまま、「桟橋には別府市や婦人会などから湯茶の接待があり（中略）賑やかに桟橋を彩っていた」と記述した。歴史の記録として不十分すぎる。

大分合同新聞は二八日付け紙面でも、メレヨン島からの復員記事を載せている。このなかで北村中将（陸軍）と宮田大佐（海軍）は異口同音に次のように語ったと報道されている。

「爆撃や食糧、衣料（医療の誤記か）不足等のため、多数の部下を失い誠に申し訳なく存じておる次第です」。死者数は明記されていない。「自活を始めたが（島は）珊瑚礁で直径一尺くらいの石を除け、卵大の砂利をふるいにかけて甘藷《かんしょ》、南瓜《かぼちゃ》、タカキビなどを植え、全島ことごとく畑化せよという命令のもとにやりました」。二人の談話は五〇行近くもある長文だが、この記事は注目されなかった。

同紙は三〇日紙面では「懐かしの皇土を踏む」として、二枚の組写真で報道した。さらに宮田大佐がメレヨン島周辺の大鳥島での惨状を語り、同紙は「油虫、蝿まで喰う」と三段見出しで報じている。ただ戦死者や餓死者に関する数値はない。当時の地元紙の紙面展開は「復員第一号船」にふさわしい扱いだ。そこで「隠蔽された餓死」の真相が上陸した兵士の口から漏れ始め、センセーショナルな報道に発展したと見られる。

「大分は戦犯県か」

辻野功《つじのいさお》（一九三八―二〇一四）は、「大分学」の提唱者として知られる政治学者である。香川県生まれ。二〇〇一年に日本文理大（大分市）教授となり、五年後に別府大学に転じた。彼には「大分は戦犯県か」という刺激的なタイトルの研究ノート（二〇〇七）がある。渡辺澄夫（元大分大学名誉教授）の著書『大分県の歴史』（一九七一）の現代史記述を批判したものだ。

その批判の要点は、同書（二五五頁）には大分県出身の軍人に関する記述に初歩的な誤りがある、というものである。終戦時に①豊田副武《とよだそえむ》は連合艦隊司令官ではなく海軍軍令部総長だった、②阿南《あなみ》惟幾《これちか》（陸軍大臣）は中将ではなく大将だった、③重光葵《しげみつまもる》と梅津美治郎《うめづよしじろう》は降伏文書の調印に「立ち会った」のではなく、降伏文書に署名した人物だという点だ。

同書は三回も版を改めたが訂正はなかったという。大分県立図書館の蔵書でこの三点を確認したが、辻野が指摘した通りだ。

豊田寛三《とよたかんぞう》（大分大教授）らが書いた同名の後継書『大分県の歴史』（一九九七）の「あとがき」によると、「あるとき渡辺先生に申し上げると、『そりゃー（現代史については）素人だから仕方がないわ』といわれた」という。なんとも鼻白む弁明である。そのような歴史感覚で渡辺は「豊田・阿南・梅津にいたって軍国〝おらが国さ〟はおわりをつげた」と書いた。

辻野は上記の研究ノートを執筆当時、「大分は戦犯県だ」という言い回しを「大分の識者から耳にして大変気になっていた」という。今やこういうセリフこそ聞かないが、欠陥書がまかり通っていた後遺症は否定できないと思われる。渡辺も執筆に参加した『大分県史』をはじめ、本格的な戦後史は依然として書かれていないからだ。

少年・佐賀忠男

『別府と占領軍』の著者・佐賀忠男は、戦争が終わった時、一五歳だった。彼は戦中・戦後をどう記録したのか。その記憶の網膜に残った別府の映像は、セピア色のモヤがかかったようにおぼろげである。

「兄も志願兵となってフィリピンに行き、ルソン島のジャングルの中で戦病死した。毎日、街角で防火訓練があり、一銭菓子屋も品物がなくなり、陳列ケースにほこりが積んでいった。何か街全体が悪性の病気にかかり、もう手当の術もないところまで病状がすすんでいるようだった」。彼の兄は二人とも戦死した。

――ある日、戦争が終わった。

「ある日の午後、銃を持ったアメリカ兵が街角に現れた。兵士は銃を構えながら、ゆっくりとした歩調で左右の家をのぞき込みながら歩いた。武器を持った者がいないかをチェックしているようだ。窓のすき間からおそるおそるアメリカ兵の姿を眼で追いながら、少年は街全体が今までと違った意味を持って動き出したことを感じていた」

本書は、別府を舞台に描く「地方都市の戦後史」試論である。

次章では明治以来、温泉都市として発展してきた別府の街が、日本のなかでも有数のモダニズム都市であったことを立証し、別府の国際性と軍事の意外な関連を発掘したい。

第二章

モダニズム都市・別府

別府は、海に面した温泉郷である。

活火山・鶴見岳（標高一三七五メートル）の山麓から別府湾にかけて、なだらかな火山性扇状地が広がる。日本最大の二二一七源泉（孔）があり、二酸化炭素泉、硫黄塩泉など七種類（別府市調べ）の泉質の温泉が噴出する。「別府八湯《べっぷはっとう》」と呼ばれる温泉群の集合体であり、阿蘇火山帯九州東端の大温泉郷である。

別府に行ったら、街を見晴らせる鶴見岳に登るのをお勧めする。ロープウェイが中腹から山頂近くまで通じている。東に別府市街地や別府湾を望む。晴れた日には四国を遠望できる。市街地の一角から何本もの湯煙がたなびくのが見える。緑の山、青い海、白い湯煙。日本の原風景を感じさせる光景だ。

「モダン別府」の認識は、この光景を見ることから始めたい。

日本最大・海の温泉郷

別府は「泉都」と呼ぶにふさわしい。

一分間あたりの温泉湧出量は八万三〇五八リッ《トル》。これも日本一の規模である。第二位の由布院温泉（源泉数八七九、湧出量四万四四八六リットル）を大きく引き離す。別府は古くからの湯治場であり、元寇の役の戦傷者が保養に来た記録もある。江戸時代には、瀬戸内近海から湯治舟が集まった。しかし、この温泉都市が近代化して行くのは明治期からだ。

「旧幕時代『天領』だった別府の村々は、維新後の府藩県三治制のもとで、日田県管轄下におかれた。明治初年の別府は、片田舎の湯治場だった」（『別府市誌』二〇〇三）。別府は、天領・日田の管轄だったのである。少藩分立だった大分県の形成史はいささか複雑で、大分市（府内藩）、佐伯市（佐伯藩）、竹田市（岡藩）、中津市（中津藩）などと、ややこしい。天領の保養地・別府にとって幸運だったのは、日田県の初代知事が松方正義（一八三五―一九二四）だったことだ。

のちに初代大蔵大臣になった松方は、三三歳で日田県知事に就任した。富国の基礎作りを目指す太政官札の流通促進のため、「生産会所」を設置し、大きな成果を上げた。いわば県営の質屋兼両替商である。一八六九（明治二）年正月二〇日、県内視察の一環として別府村を訪れた。一週間滞在し、「別府に港を作るべきだ」と地元民に勧め、別府にも生産会所を設置した。

築港提案に応じた四人衆がいた。日名子太郎兵衛《ひなごたろうべえ》（屋号・府内屋）、堀清右衛門（米屋）。松尾彦七（若松屋）、大野六兵衛（計屋）である。県から工事費八千両の貸付を受け工事に着手した。別府の基礎を作った人々として記憶したい。

一八七三（明治六）年六月、別府―大阪間の定期航路が開かれ、大阪開《ひらき》商社の「益丸《えきまる》」（西洋型蒸

別府・波止場神社の『別府築港之碑』

気船一〇九トン）が別府港に入港した。歴史的な内海航路が開設されたのである。別府は関西経済圏の保養地としての巨歩を歩み始める。別府が「海の温泉郷」である特徴が生かされた。ここが最初に抑えておくべき点だ。

別府市元町の一角に「波止場神社」がある。一八七〇（明治三）年の創建だ。築港工事や内海航行の安全を祈願して勧請された。一九一二（大正元）年、同社境内に「別府築港之碑」が建立された。松方正義の揮毫である。この神社のすぐ近くで、戦後の鉄腕投手・稲尾和久が漁師の子として生まれた。

インフラ整備の先駆者

別府の先人たちは、港を作っただけではない。他のインフラ整備にも努めた。一八七四（明治七）年には、「不老泉《ふろうせん》」を県費によって改築した。不老泉はいまもＪＲ別府駅から徒歩数分の場所にある公衆浴場だ。コンコンとお湯が湧き、泉質もすばらしい。

一八八九（明治二二）年ごろに一大変革が起きた（時期は異説もある）。神澤又一郎（のちの初代別府市長）が「上総《かずさ》掘り」による温泉掘削に成功したのだ。「湯突き」と言う。内湯を備えた旅館が増え、別府が温泉地として発展する起爆剤になった。

ドイツ人医師エルヴィン・フォン・ベルツが別府を訪れたのも、一八八九年だった。お雇い外国人として明治九年、東京医学校（東京大学医学部の前身）に招かれたベルツの日本滞在は二九年間に及んだ。日本文化の穏健な理解者であり、日本人の性急な西洋模倣を批判した。ベルツは草津温泉を「このような『清秀閑雅』な温泉地は、世界各国のうちでも、ほとんど例をみない」と述べ、「別府は実に熱海の大なるものなり」（『別府町史』大正三年）と激賞した。別府は熱海を凌ぐ風光明媚な海の温泉郷だということだ。

一八九三（明治二六）年、別府村は西隣の浜脇村とともに「町」へと改称した。浜脇は大正期まで殷賑を極めた遊興温泉地である。現在では温泉は寂れているが、別府の温泉史で重要な存在だ。浜脇は明治・大正初期には遊郭を含む歓楽街だった。一九〇七（明治四〇）年時点で遊郭は別府が一九軒、浜脇は四四軒である（大阪市立大学「遊郭・遊所研究データベース」）。

第一次大戦中の徳島・板東捕虜収容所をテーマにした『バルトの楽園』（二〇〇六）という映画がある。大分市にも同様のドイツ兵捕虜収容所があった事実は、県民にとうに忘れ去られていた。この収容所は現在の大分市立金池小学校にあった。一四一人の捕虜がいた。待遇はよく、酒保もあり、小学校の運動会に参加したり、なかには別府の遊郭に行くため脱走した兵士四人もいた。「色情制し難く買淫《ばいいん》を目的に」脱走したのだが、目的を達し得ず二時間ほどで戻ってきたという。

別府大・安松みゆき教授（美術史）の論文「大分にあったドイツ人俘虜《ふりょ》収容所」（二〇一二）に詳しい。

抑留中に二人が死んだ。丁寧な葬儀が行われ、大分市桜ヶ丘聖地の陸軍墓地に埋葬された。

二〇一九年一二月になって、駐日ドイツ大使館の駐在武官が、そのお墓を参拝した。死者の一人が、彼の曽祖父だったのである。これも重要な秘史である。

日名子太郎の慧眼

一九〇六（明治三九）年、別府町と浜脇町が合併した。日露戦争（一九〇四〜一九〇五）直後の高揚期であることに注目したい。

初代町長・日名子太郎《ひなごたろう》（太郎兵衛の長男）による都市計画は特筆に値する。日名子は明治四二年一月、町議会に「市区改正規定」を提案し、街路整理の可決を得た。後任町長の吉田嘉一郎（大分みらい信金創始者）は耕地整理に着手し、雑然としていた温泉地が一八年かけて碁盤の目のように整った道路が整備された。上水道整備も二人の業績である。「九州の浅草」と呼ばれた松原公園界隈の遊興街もこの都市計画によって生まれた。二人はモダン都市・別府創造の功労者である。

郷土史に造詣の深かった日名子太郎は、宣伝戦略も巧みだった。一九〇六（明治三九）年、大阪朝日新聞主筆の西村天囚《にしむらてんしゅう》（「天声人語」の名付け親）を別府に招待した。西村は同紙上に紀行文を連載し、別府の将来を次のように書いた。

「予の見るところ（別府温泉は）ひとり九州の楽園たるのみならず、台湾と満韓とにおける邦人事業の成功は、いつに別府の発達に反映し来るべし」。西村は別府の発展を、東アジア全域の観点から見ていたわけだ。これは日清、日露戦争の勝利がもたらした帝国日本の「時代精神」でもある。西村の見立ては的中した。その後、別府には南満洲鉄道（満鉄）や華北交通、満洲電電の保養所が建設されることになる。別府が戦前から持っていた「国際性」は、この街の特性を理解する重要なキイワードのひとつである。

明治後期から大正初期は、相次ぐ戦争の時代だった。一九二〇（大正九）年に作られた「別府温泉入浴の栞《しおり》」に、別府発展の契機は四つの戦争の際、傷病兵が別府で療養したことだったとの記述がある。「四つの戦争」とは日清戦争、義和団事件、日露戦争、第一次世界大戦のことだ。以下のような文意である。

「四大戦争に参加し、さまざまな疾病や創痍をこうむった人々たちが別府温泉に後送され、この天与の霊泉で療養させられた。すべての患者がひとり残らず全治し、それが一、二週間の入浴にとどまり、重い患者でも一ヶ月を要したくらいで旧に倍せる元気者になって、再度の出征をなした」

戦争の後遺症治療と温泉の発展を結合させた、いささか我田引水の表現ではあるが、事実を反映した記述でもある。日露戦争の傷病兵の温泉治療効果に刺激され、一九一二（明治四五）年二月に、別府町田の湯に小倉衛戍《えいじゅ》病院別府分院として陸軍病院が開院した。現在の国立病院機構・西別府病院の前身である。

一方、別府温泉郷の東側にある亀川温泉には、一九二五（大正一四）年一月、亀川海軍病院（現在の「国立病院機構別府医療センター」の前身）が開設された。別府は広島・呉軍港指定の治療・保養地になったのである。亀川には台湾婦人慈善会が経営する療養所「長生閣」（大正二年創設）や満洲企業の保養所もあった。

このような傷病兵治療の機能は観光地としての発展と、密接不可分だった。小倉勤務時代の森鷗外が訪ねた朝見病院や、野口病院などの民間大病院には外地からの患者も来た。大正末期の別府市内には、大小の民間病院が四四カ所もあった。

昭和期に設立された病院も、ここで言及しておく。一九三一（昭和六）年、日本で初めての温泉療法研究施設として、鶴見原に九州帝国大学温泉治療研究所（現在の九州大学病院別府病院の前身）が設置された。一九四四年にできた南石垣の「満洲製鉄所別府療養所」は敗戦後、「満蒙同胞引揚援護協会昭徳病院」（現在の大分県厚生連鶴見病院）になった。一九三九年に開設された「傷痍軍人別府温泉療養所」は敗戦後、厚生省医務局所管の「温泉病院」になった。現在の「国立別府保養所」の前身である。満洲電電別府療養所は戦後、米軍に接収された後、一九五五年に「新別府病院」になった。

このように戦前から多数の病院があるのが、別府の一大特徴である。これは別府がモダンな温泉都市から昭和前期（戦前）には「温泉療養都市」に変貌していた事実を端的に示す。それが戦後の「別府再生」につながるのだ。一九六〇（昭和三五）年に開設された原子爆弾被爆者別府温泉利用研究所（別府原爆センター）が、その象徴的な例である。老朽化と利用者減に伴い二〇一一年に閉鎖されたが、跡地には優れた泉質を生かした女性のための滞在型施設がある。

天才・油屋熊八

明治末期、陸と海で交通網の整備も進んだ。

明治三三（一九〇〇）年　別府―大分間に電車が開通した。全国で五番目、九州初。

明治四四（一九一一）年　日豊本線が延伸され、亀川、別府、浜脇駅が開業。

明治四五（一九一二）年　阪神別府航路に一〇〇〇トン級客船「紅丸」就航。

先述したように、明治初期の入湯客はわずか二万人ほどだった。ところが、一九〇七（明治四〇）年には四〇万人を超え、鉄道が別府まで開通した四年後には五〇万人を超えた。一九二一（大正一〇）年には一二五万人を突破した。交通の便と観光地の興廃は、死活的な関連性がある。

一九一〇（明治四三）年、一人の「天才」が別府に現れた。愛媛県宇和島で生まれた油屋熊八《あぶらやくまはち》だ。熊八は三〇歳で大阪に渡り、米相場で財産（現在の金額で六〇億円）を築いた。別名「油屋将軍」。ところが日清戦争後に相場で失敗して、全財産を失った。三五歳で渡米。三年後に帰国したがパッとしない。妻を残していた別府に四七歳で移住した。滞米中にカトリックになっていた熊八は、新約聖書の言葉をサービス精神の基本に置いた。「旅人をねんごろにせよ」。亀の井旅館（のちに亀の井ホテル）を創業し、一九二八（昭和三）年には亀の井自動車を設立した。

この当時の熊八の大活躍ぶりは枚挙にいとまがない。研究論文も少なくない。熊八は「別府民衆外務大臣」を自称し、温泉マークを流布させた。「山は富士、海は瀬戸内、湯は別府」。卓抜なキャッチフレーズを考案し、その標柱を富士山頂に立てた。女性ガイドの案内による定期観光バスの運行を始めた。大阪毎日新聞が一九二七（昭和二）年、読者投票や審査員選考で「日本新八景」を選んだ際、別府を温泉部門のトップに押し上げた。

熊八は別府湾から発着していた飛行艇に乗って、大阪に駆けつけた。それも新聞の話題になった。稀代のアイデアマンだったのだ。熊八のおかげで、別府は全国的に有名な温泉になり、熊八が「亀の井別荘」を建てた由布院温泉は、「別府の奥座敷」として発展した。彼は別府を起点とする九州広域観光の提唱者でもあった。

念のために言うと、別府は「日本新八景」の読者投票で全国一位になったわけではない。得票数では第一〇位（約四八万票）であった。一位は花巻温泉（岩手）の約二一二万票である。それが官界・学界・芸術界などの有識者四九人からなる最終審査によって大逆転し、栄冠を勝ち得たのだ（関戸明子『近代ツーリズムと温泉』二〇〇七）。審査員には菊池《きくち》幽芳《ゆうほう》（大阪毎日新聞）など、別府訪問歴のある人士が少なくなかった。

明治期の温泉情緒

有名な「熊八伝説」をこれ以上、反復するのはやめたい。熊八は将来への構想力に富んだ事業家であった点を強調したい。単なるイベント屋ではない。

熊八が外来型のベンチャー起業家なら、既出の初代別府町長・日名子太郎（一八六五—一九四〇）は、地元出身の事業家であることを再度強調しておきたい。時系列を逆のぼると、彼も時代感覚に優れた人物だった。日清、日露の戦役によって、新聞部数が大幅に拡大した。その「新聞の時代」を活用した。メディア戦略においても熊八の先駆者だった。

日名子太郎が明治四〇（一九〇七）年に招待した大阪毎日新聞記者・菊池幽芳は、優れた大衆小説家でもあった。歓待を受けて「別府温泉繁盛記」を連載した。朝日・西村天囚の招請に次ぐ第二弾にあたる。今で言えば、人気ブロガーを無料招待したようなものだ。菊池幽芳の卓抜なルポ記事のおかげで、私たちは明治末期の別府温泉の風情とともに、当時の人々の暮らしぶりが理解できる。現代文に直して引用する。

「別府の町ほど面白い町は見たこともない」。彼は「湯の上に浮かんでいる」町だと表現した。「通りすがりに大抵、中がのぞける。のぞかれても平気なり、のぞいても平気だ、それほどに町のものは裸体なれしている」。幽芳の筆致は軽妙である。江戸時代の空気が濃厚に残っている描写である。「自然主義の別天地だ」と形容した。「この町では湯銭を取らない」。今でも市営温泉は一〇〇円ポッキリだ。「どこにでも温泉があって、さあお入りなさいと待っている」

幽芳は別府特有の「木賃宿」に関心を募らせた。木賃宿と言うと、現代では「最下層の安宿」のイメージが強いが、当時の別府では、木賃宿は「堂々たる大廈《たいか》高楼から成り立つ」旅館だった。浜脇温泉の木賃宿・泉屋には、台湾銀行の監査役が泊まっていた。キッチンや居間付きコンドミニアムと考えれば、わかりやすい。

「別府の砂浜は、ほんの少しだけ表面を掘るだけで、温泉が湧いてくる」。幽芳は天然砂湯にも関心を寄せた。別府港（楠港）周辺に砂湯があった。明治末期の絵はがきには、半裸の女性客が少なくない。入浴料は三〇分以内で三銭（はがき二枚分）だった。

大正末期の絵はがきを見ると、女性たちが横縞模様の「シマウマ」水着を着ている。モデルは花街の美女たちのようだ。日傘に「別府栈橋前　旅館住三」と書いてある。畔柳昭雄《くろやなぎあきお》『海水浴と日本人』（二〇一〇）によると、「三越」が胸元のラインがはっきりした水着を売り出したのは、大正一二（一九二三）年である。温泉都市・別府にも、モダニズムの波はひたひたと押し寄せていた。

計画的な「モダン都市の形成」によって、消え去った光景もある。

別府海岸の一大特徴だった遠浅の砂浜である。温泉街の発展とともに海岸線が埋め立てられ、美しい渚が消失した。明治初期の絵はがきを見ると、浜脇海岸から亀川方面にかけて延々と砂浜が続いている。中心部に源為朝伝説が残る的ケ浜があった。その内陸部に海門寺があり、周辺には墓地があった。北浜の砂湯は大正期以降、林立する旅館街に変貌してゆく。

消失と生成は、常に新時代の趨勢である。日名子太郎は菊池幽芳の筆を借りて、モダニズム以前の別府の光景を歴史に留めたことになる。

別府のモダニズム

別府市立図書館には貴重な蔵書が少なくない。

別府モダニズムを象徴する雑誌『モダン別府』

一九三六（昭和一一）年の創刊号が残る月刊誌『モダン別府』（一二月号）もその一つだ。昭和モダニズムの小冊子である。菊池寛が一九三〇年一〇月に創刊した『モダン日本』と題字が酷似している。創刊号に「別府の昔と今」という文章を書いた薬師寺知朧《ともひで》（亀の井バス常務）という人物に注目したい。

油屋熊八と同じ宇和島の出身である。「ここは名高き流川……」という地獄めぐりの七五調案内を作った才人だ。朝鮮で約二〇年間、ジャーナリストや教育者、朝鮮語文法書の著者として活躍した人物でもあった（植田晃次「薬師寺知朧―別府地獄めぐりと朝鮮語をつなぐ人」二〇一一）。一八九五年に朝鮮に渡り、一九二七年に別府に舞い戻った。「別府の今と昔」は、白砂青松の海岸線が埋め立てられたことを嘆く懐古趣味のエッセイである。

日本社会のモダニズム（近代化）過程は、明治末期から大正初期の「前期モダニズム」、大正中期からダンスホール禁止令（大正一二年）までの「本格モダニズム」、軍国主義に凌駕される「先行モダニズム」という三つの時期に分類されるのが通例である（南博『日本モダニズムの研究』一九八二）。モダニズムの時代は、戦争と近代化が同時進行した。拙著『日本統治下の朝鮮シネマ群像／戦争と近代の同時代史』（二〇一九）でも概観した通りだ。

モダン都市形成の研究書は、東京や大阪を研究対象にしたものが少なからぬ存在する。だが地方都市の発展史のなかで「モダン社会の形成」を考察した書籍は、あまり例を見ない。別府の場合も温泉史としての考察がほとんどだ。観光社会学などの知見を総合した書籍は皆無に近い。

その中で古城俊秀コレクション『絵はがきの別府』（松田法子著、二〇一一）は、特筆すべき成果がある。「モダン別府」形成史研究の啓蒙書であり、専門書でもある。橋爪紳也『瀬戸内海モダニズム周遊』（二〇一四）は、「瀬戸内海という空間を周遊しつつ、同時にモダニズムが流布した時間を周遊する試み」（はじめに）である。

私は大分県立芸術文化短大に在職時代、前者を読んで刺激を受け、学生たちとイベント「よみがえる極楽都市・別府」（二〇一二）を竹瓦温泉で開催した。『絵はがきの別府』のコレクター古城氏が当時、大学近くに居住されていた。女子学生たちが強い関心を示したのが、既になくなっていた「別府のモダニズム遺産」であった。私自身も、その「消失の歴史」に驚いた。

何が創られ、何が消え去ったのか。

鉄輪温泉の「ひょうたん温泉」には、ひょうたん型をした高さ二一メートルの展望所があった。一九二二（大正一一）年に別府に来た大阪の事業家・河野順作が大規模温泉のシンボルとして作った。しかし昭和二〇（一九四五）年、米軍爆撃の標的になるとして取り壊された。

別府市天満町には、日本最大の大仏があった。岡本栄信（別府の豪農の息子）が、一九二八（昭和三）年に建立した。遺髪や遺骨を混ぜた鉄筋コンクリート造りであった。老朽化に耐えきれず、一九八九（平成元）年に解体されたが、大仏の高さは八〇尺（約二四メートル）で、奈良の大仏（約一八メートル）より大きかった。

別府湾には大正末期から、飛行艇が発着していた。的が浜に飛行艇の格納庫と発着所があり、大阪、福岡、松山などに定期便が飛んでいた。別府ー大阪間（飛行時間約三時間半）は二五円だった。湾内の遊覧飛行は五円、地獄めぐり観光バスが一円の時代だ。海と山と温泉の別府観光に「空」が加わったのである。

ビール会社とタイアップした飛行艇は「麒麟《きりん》号」と呼ばれた。機内ではビールをエア・ガールが提供した。「空飛ぶビヤホール」の異名をとった。人気を集めて、一九三七（昭和一二）年には毎日往復になった。航空路線は一九三九年まで存続した。

別府の高台には、遊園地と女優歌劇団があった。一九二六（大正一五）年に開園した「鶴見園」である。経営者は、呉市長や貴族院議員を努めた松本勝太郎である。別府の外来型人脈に少なくない広島県人である。松本建設の創業者であり、九州や台湾、朝鮮で鉄道工事をした。終戦時の外務次官・松本俊一は、勝太郎の息子である。

鶴見園は「九州一の大遊園地」を自称した。池があり花壇、桜並木、菖蒲園、動物園、テニスコート、運動場があった。大浴場のほかに蒸し湯、滝湯、砂湯、家族湯、温泉プールがあった。屋内には自由休憩室や和洋食堂、ビリヤード、卓球、映画、スケートなどが楽しめる娯楽室があった。温泉を中核とした滞在型の近代ツーリズムが、別府には広がっていたのである。

大正一四年、総合レジャーランド「鶴見園」オープン
昭和三年、「亀の井バス」地獄めぐり遊覧バスが運行開始

昭和三年、「ケーブルラクテンチ」オープン

昭和三年四―五月、「中外産業博覧会」開催。観客八〇万人。

大正末期から昭和にかけて、別府は一大観光地に変貌した。遊園地や博覧会の開催は、モダニズム都市に成長した存在証明でもあった。しかし、その多くが今や消失した。炭鉱王・伊藤伝右衛門が妻・柳原白蓮のために建てた伊藤別荘（のちに赤銅御殿《あかがねごてん》と呼称）など、数々のモダニズム建築が消滅した。過去の遺産を軽視した昭和末期、平成初期の怠慢と不見識のせいである。

少女が見た国際博覧会

小郷穆子《しずこ》は一九二六（大正一五）年三月二五日、京都市で生まれた。彼女は一九七三年、小説『遠い日の墓標』で九州沖縄芸術祭文学賞を受賞した作家である。彼女は両親の後を継いで、別府の児童養護施設「栄光園」の園長を務めた。

小郷虎市、妻・小福、その娘・穆子。

私は小郷親娘三人を別府の戦前戦後史の代表的な群像として重視したい。彼らは卓抜な「時代の証言者」でもあった。この親子の人生を「発見」したことで、私の「別府戦後史」は調査が本格化した。

小郷一家が別府に転居してきたのは、一九三五（昭和一〇）年、穆子が小学校四年の秋だった。虎市（一八八八年生まれ）が、大分の商工会議所常務理事から、別府市の初代観光課長として迎えら

れたのである。穆子のエッセー集『虹の中のふるさと』（一九七九）は、戦前の別府を幼い日の記憶で描写した秀作である。

「朝見川の川底からも、湯煙がたちのぼり、家の前の溝にも湯気が漂っている」中浜通り一四丁目。朝見川の中流沿いにある住居の前は、見渡す限りの田んぼであった。狐《きつね》温泉が近くにあった。「湯口からこんこんと湧き出て、溢れて流れ出て行くお湯を、子ども心にも、もったいないなあと思った」。穆子は中浜通りを歩いて下り、桟橋前の停留所から「別大電車」に乗って、大分師範学校付属小（大分市春日浦）に通った。

小倉の第一二師団軍医部長だった森鴎外も一九〇〇（明治三三）年の開通直後に乗っている。「余の電機軌道に上るは是を始とす」（小倉日記）と記録した。

電車に乗った穆子の感想は愛らしいものだ。「（電車が）高崎山の下を通る時が、一番面白かった。時々、猿が道路に出てくるからである」。猿が道路工夫の弁当をかっぱらって、全速力で逃げる姿も目撃したという。

別府市観光課長の父親・虎市は、「別府国際温泉観光大博覧会」（昭和一二年三—五月）の準備で、大忙しだった。会場は別府公園一帯である。穆子のお気に入りは「観光館」だった。大阪商船の豪華船に乗って、海から別府の街に近づくような仕掛けの模型があった。「電気が点滅する装置がついていて、パッと電気が消えると、ネオンの輝くもの悩ましい夜の別府の情景に一変」した。温泉館には、「九州帝大温泉治療研推薦」という効能書きがついた各種の温泉飲み場があった。海軍館にはスイッチひとつで海空の大激戦が始まる装置があった。

「大博覧会」は昭和初期、瀬戸内海沿いの各都市でも行われた。「東洋一の軍港」呉市では一九三五年（昭和一〇）年、「国防と産業大博覧会」が開かれた。開幕日は国際連盟脱退記念日（三月二七日）である。パンフレット「呉花街案内」には券番の芸妓の写真が並んだ。「呉のカフェはモダンの最先端」との字句があった。軍事とモダニズム風物の融合は、呉の性格を雄弁に物語る。

別府の「国際温泉観光大博覧会」は、別府市が一九三五（昭和一〇）年九月、亀川町など一町二村を吸収合併した時期の大イベントである。

会場となった旧別府公園には、六大館と位置づけられた温泉館、観光館、産業本館、陸軍館、海軍館、電気科学館、大分県館に加え、美術館、宗教館、台湾館、朝鮮館、南洋館、農具機械館、特許実演館、善光寺館、日の丸館、三偉人館、別府館、世界一周館、ミイラ館、海女館、歴史館、ラヂオ館、非常時国防館といった多数のパビリオンが建設されたほか、野外演芸場や矢野サーカス演技場等も設けられた。期間中の有料入場者は、計四六万七八五二人にのぼった。

目玉は「温泉館」だった。飲泉所、温泉浴場、トルコ風呂、ロシア風呂、気泡室、発汗浴場のほか、温泉生成の地質地形模型、間欠泉のジオラマ、ドイツなど諸外国の温泉場資料が展示された。京都帝大地球物理学研究所（大正一三年開設）や九州帝大温泉治療研が指導と協力にあたった。

別府は「東亜の泉都」だったのだ。博覧会の会場には、西條八十作詞「別府行進曲」がいつも流れていた。「♪別府通いの汽船の上で　ちらり見交わす顔と顔♪」（歌・霧島昇）。この博覧会が終了して約二か月後の一九三七（昭和一二）年七月七日、盧溝橋事件が起き、日本と中国が開戦した。

小郷父娘の別府暮らし

少女時代の小郷穆子にとって、一九二五（大正一四）年にオープンした鶴見園は、「夢のパラダイス」であった。専属の女優歌劇団があり、「西の宝塚」として有名だった。穆子は男装の麗人・澤《さわ》操《みさお》の熱烈なファンだった。「細面の美しい人で、声もきれいな人だった」。別大電車の敷設工事に従事した今鬼一の娘で、一九六〇年代末期に活躍した「ピンキーとキラーズ」の今陽子とは親戚だったという。澤操は二一世紀初め、日本の全国各地に登場した「地方アイドル」の先駆者の一人である。

「西の宝塚」と呼ばれた鶴見園の踊り子たち

驚異的なことは、鶴見園の女優歌劇団が満洲・大連にあった「大連少女歌劇団」の後身である可能性があることだ。一九二四年七月二六日付けの満洲日日新聞は、同劇団が同年一二月で活動を終え、それ以後は「別府音楽歌劇学校」として活動する計画を伝えている。鶴見園の開業は翌年の一九二五年である。この「一致」は探究して見る価値がある。

穆子は鶴見女優歌劇の演《だ》し物が変わるたびに、見に行った。「ハムレットがあったり、サロメやシラノがあるかと思うと、国定忠治や沓掛時次郎があったりしたから愉快だ。それらの主役が、みんな澤操さんなのである。芸達者な人だった」

ラインダンスでは「♪行ってご覧よ鶴見ヶ丘へ　下は極楽上地獄♪」の歌が流れた。公演の間に温水プールで泳ぐ彼女たちの姿も話題になった。大佛次郎《おさらぎじろう》は『絵の国豊前豊後』（一九三四）で「とくに澤操と言う人の独唱がよい。（中略）ここの歌劇が、やがて宝塚の名を凌ぐようになるのも、あまり遠くないだろう」と書いた。

しかし、そうはならなかった。真珠湾攻撃の一九四一年一二月八日の入場客は、三五人であり、前日の八〇九人を大きく下回った。女優歌劇は戦時中も「月月火水木金金」と戦意高揚のショーを続けたが、鶴見園は昭和一八（一九四三）年に閉鎖された（倉橋滋樹ほか『少女歌劇の光芒』二〇〇五）。

「別府この世の極楽なるに　地獄めぐりと誰がつけた」（野口雨情）。別府には極楽（温泉）と地獄（熱泥池）がある。極楽が海岸沿いにあり、地獄が山手にある。上下が逆転した位置関係だ。

小郷穆子はこの街で少女時代を過ごし、年齢よりも少し大人びた感性を身に付けた。昭和一三（一九三八）年四月、彼女は別府高等女学校に進学した。秋葉通りには白系ロシア人の洋服屋があった。イタリア人神父が女学校のピアノで「サンタ・ルチア」を歌った。美人宣教師が英語の歌を教えに来た。台湾舞踊団の一行が来た。別府は国際色豊かなモダン都市だった。

穆子は四〇〇メートルリレーの選手だった。夏の体育時間には、餅が浜海水浴場まで泳ぎに来た。水泳の進級試験は遠泳だった。花菱ホテル（現在の「星野屋別府リゾート」建設地）沖の海に飛び込み、約一キロ先の餅ケ浜まで泳ぐのである。

穆子は松原公園の一帯が好きだった。流川周辺の別府温泉街から浜脇温泉に行く途中にある。劇場の松濤館、映画館の世界館（松竹系）や松栄館（洋画・日活系）、玉突き場、露店、見世物小屋やサーカスのテントがあった。一帯は「西の浅草」と呼ばれた。穆子は松濤館で中村鴈治郎（二代目）や尾上菊五郎（六代目）を見た。昭和一五年頃、別府市内には五つの映画館があった。穆子は父親と一緒に映画をよく見た。女学校の校則違反だが、父は「かまうことはない」と言った。

彼女によれば、浜脇は「古い歴史を持っていて、なかなか風格のある土地」であった。昭和一〇年代には「川正」（のちにグリーンハウス）という木造三階建ての旅館があった。「松原公園を通り抜け、殿方は浜脇の遊郭や手前の赤提灯（私娼窟）に消えて行く。女、子供は松原でかき氷の一杯でも食べて帰るというのが、古い別府の庶民の姿であったのではなかろうか」

穆子は女学生時代、浜脇の遊郭「玉水」の娘・東野冨美子と同級生だった。東野は一九七〇年代、新産都計画で急成長した大分市の繁華街・都町で、「クラブあさ」のママになっていた。穆子はエッセー集『虹の中のふるさと』に、浜脇遊郭の名前を全部書き出した。東野が一軒残らず再現してくれたのだ。彼女は「玉水」で帳面付けをやっていたので、とても詳しい。浜脇遊郭の業界用語も説明されていて、貴重な記録である。

私は別府取材中に『保健と別府』という戦前のパンフレットを見たことがある。高崎山を臨む海辺に、白衣を着た二人の傷病兵がたたずんでいる表紙だ。「温泉報国」。温泉治療の様子を写した写真には、そんなスローガンが付記されていた。穆子のエッセー集を読んでいて、このパンフは実は、穆子の父親の虎市が編集したことがわかった。「市の観光課長である父としては（中略）温泉の当初の日的は、病気や怪我の治療ではなかったかと思いついた」。観光の代わりに病人を誘致する。別府市役所の窓には「国民精神総動員」「温泉報国」の大きな垂れ幕が翻っていた。そんな時代だった。

小郷虎市という男

小郷虎市とは何者か。その人物像については、別府でもすでに忘却されている。

彼は戦後、別府市街地を彷徨していた戦災孤児や混血児の惨状を見かねて、児童養護施設「栄光園」を創設した男である。篤実なクリスチャンだった。一八八八（明治二一）年、岡山県生まれ。関西学院中学部に入学し、受礼したが、経済的理由で中退。小学校教員を経て、兵役についた。その後、立命館大学法律学科を卒業後、さらに京都帝大で商業経済学を学んだ。卒業後、農商務省に勤務した。「布衣は布衣にて終わるべし」。これが彼のモットーだった。庶民として生涯をまっとうすべしという意味だ。

一九二二（大正一一）年、山下小福と結婚した。岡山の井原高女、奈良女子高等師範（現在の奈良女子大）を卒業した才女だ。小福は興譲館長・山下秋堂の三女である。

当時、虎市は岡山商工会議所書記長、小福は三重県立女子師範の教師だった。一九二六年、夫妻は京都で女児を授かる。穆子《しずこ》である。虎市の父が詩経「穆かなること清風のごとし」から取った。虎市は兵庫県実業協会主事、同商工奨励館長、大分市商工会議所常務理事を経て、一九三五（昭和一〇）年一一月、別府市の初代観光課長になった。別府市長・小野廉の招きに応じたものだ。

「先見の明があり、発想の豊かな人だった」。妻・小福の虎市評である。私も同感だ。付け加えるなら、彼は不屈の男であった。「栄光園」は完成後、焼失する惨事に見舞われた。だが彼はひるまなかった。くじけることなく再建資金を調達し、その悲願を達成した。しかし彼は心臓破裂で急死した。心筋梗塞による合併症である。いかに過酷なストレスのもとにあったのか推測できる。

別府市の初代観光課長として小郷虎市が残した文書が一九三七（昭和一二）年七月、別府市が京都帝大教授・関口鍈太郎《えいたろう》に委嘱して製作した「大別府温泉計画」である。この担当課長が虎市だった。「別府国際温泉観光大博覧会」の開催と並行して、彼は別府の将来計画作りも進めていたことになる。

東京大学大学院都市工学専攻の西川亮ら四人が書いた論文「戦前の別府市における都市計画に関する研究」（二〇一七）を読むうちに、この事実に気がついた。論文によると、別府市は日名子太郎時代の「市区改正」以降も、不断に土地計画作りを進めていた。一九二五年八月には後藤新平を招いて講演会を開いた。後藤は台湾総督府民政長官、満鉄初代総裁、震災後の東京市第七代市長。戦前の日本で傑出した構想力を持った人物である。後藤は別府で語った。「温泉は天然の病院である」と。後藤は「土地所有者による独占は許すべきでなく、社会の利益のための都市計画が必要である」と述べた。後藤が別府地獄で写した記念写真は、彼の至言とともに記憶されてよい。

別府市は一九三七年には北村徳太郎（内務省・都市計画）、関口鍈太郎（京都帝大教授・公園学）の二人を招請した。いずれも戦後の都市計画学会の先駆者である。二人の現地調査には観光課員が随行したという。その記述に、小郷虎市の姿が見え隠れする。

日中戦争の開戦は、別府観光にも大きな打撃を与えた。開戦前に一四〇軒あった飲み屋は半減した。「来誘客は激減し、旅館街、土産品屋、料理屋、カフェーその他の歓楽街は悲鳴を上げ、火の消えたようなものであった」と文献にある。上記論文には「泉都都市計画実現に向けて、一九四〇年代に入っても、観光地から療養地という特性に組み替えて実現を図った」という記述がある。これは、穆子が父親の姿を見ながら「観光客がだめなら病人を誘致しようと思ったのだと感じた」という文章と符合するのである。

一九四四（昭和一四）年になると、病院船で別府に送られてくる傷病兵が増えた。大阪―別府航路に就航していた「高砂丸」は、一九四一年に病院船になり、赤十字のマークを付けた船体を別府湾に浮かべた。この船が戦後の復員第一号船になったのは、第一章「戦後史へのアプローチ」で触れた通りだ。

「旅館は次々と〝白衣の兵士〟たちの病舎に装いを変えていった。別府は温泉街と言うより病院街と言っていいほど、軒並みに〝病舎旅館〟が並んだ」。城島高原にあった鐘紡別府牧場は血清製造所としてフル稼働した（毎日新聞西部本社『激動二十年・大分県の戦後史』一九六五）。

別府市は敗戦五年後の一九五〇（昭和二五）年、全国初の市民投票によって「国際観光温泉文化都市建設法案」を成立させ、翌月公布された。小郷や谷口が構想した観光振興計画は戦争突入によって挫折したが、戦後とともに復活してきたのである。

東大大学院の論文が言う。「別府市の姿勢の背景には、戦争や県の非積極性といった外的要因に阻まれがらも、温泉と風景を活かした観光地づくりを目指すという一貫性があった」。日本の戦前と戦後史は断絶したものとして捉えられがちだが、歴史の真実はそうではない。私達はそれを別府市の実例でも理解できる。

別府の「八・一五」

戦時期、大分県内の各市では軍都・佐伯を皮切りに、中津、日田、大分の順に「軍人市長」が就任したが、別府は唯一の例外になった。末松偕一郎《かいいちろう》（一九四二年一〇月―一九四六年一〇月）は官選知事、衆議院議員などを務めた元官僚である。

「別府の八・一五」は、他都市とはいささか様相が異なる。

昭和天皇の玉音放送が流れた一九四五（昭和二〇）年八月一五日の夕刻、別府市内では早速モンペを脱ぎ捨てて、繁華街を闊歩する若い女たちの姿が見られたというのだ。大分合同新聞の投書欄（一九四五年八月二〇日）に、その記録がある。

「大東亜戦終結の御聖断を下し給わった一五日の夕刻、スカートを履き派手な浴衣を着て、コッテリ白粉をつけて平然と漫歩する数人の若い女性を見て、私は愕然としました」。この部分を大分県立図書館が所蔵する新聞で読んだ私も仰天した。

目撃談を投書した婦人は怒り心頭なのだが、それは大した問題ではない。ここで重要なのは、別府では「女たちの解放」がこういう形で表出した点である。場所はモダンな芸者衆がいた流川通り付近であったと思われる。モダニズム都市の別府では「敗北を抱きしめて」歓喜した女たちがいた。

この話を別府の喫茶店の老経営者（浜脇遊郭街の出身）にしたところ、即座に「そりゃあ別府のモダンガールですね」という率直な感想が返ってきた。

同じころ同じ九州でも、鹿児島市では様相が異なる。モンペ姿の老婦人が西郷さんの銅像前で両手を合わせて祈っている姿が、警察官によって目撃されている（毎日新聞西部本社『戦後二十年　鹿児島県の戦後史』一九六五）のだ。彼女は「戦争が早く終わってホッとした。力強く立ち上がるので、しっかり西郷さんに見守ってもらおうとお願いに来ました」と語っていたという。鹿児島生まれの私としては、別府も鹿児島も素晴らしいと二律背反のことを言うしかない。

陸海軍の保養都市

次章から「戦後の別府」編に移る。しかし、その前に改めて強調しておきたいことがある。戦前の別府は陸海軍の保養地であり、東アジアの国際都市であったということだ。軍事情報を狙う国際スパイが暗躍する都市でもあったのだ。

別府では、不可解な事件が起きた。一九二九（昭和四）年、「東洋のマタ・ハリ」と呼ばれた満洲のスパイ美女・川島芳子の弟が別府で死んだ。芳子は清朝の皇族・粛親王の第一四王女に生まれ、川島浪速の養女として日本で育った。別府で死んだ弟は、粛親王第一八王子・金憲開である。

彼は日本の陸軍士官学校を卒業直後、旅行で別府に滞在中に、山東省の支配者として知られた亡命将軍・張宗昌を訪問し、張が所持していた拳銃の弾丸に倒れた。張宗昌が宿泊していた高級旅館

「昭和園」での出来事である。張がいた二階の窓から四五メートルも離れていた金に、弾丸が命中したのだ。誤射か故意か。当時の官憲は誤射として処理した。

その拳銃を芳子は「弟をしのぶよすがとしたい」ともらい受ける。しかし不安を覚えたため、後見人でもある愛国社主宰の岩田愛之助に「お国のために使ってください」と託した。それが一年後に愛国社の佐郷屋留雄によって使用された。一九三〇（昭和五）年一一月、東京駅で起きた浜口雄幸首相の狙撃事件である。

別府から東京駅へと続いた黒い連鎖は、この温泉都市のもう一つの性格を示唆する。一九三一年に大陸で戦争が始まると、張宗昌は別府の芸者を連れて上海に渡ったが、暗殺された。

戦前の別府では、満洲や支那の影が色濃く見られた。満鉄や満洲電電、華北交通の保養所長は、街の名士でもあった。白系ロシア人のテーラーがあった。ふぐ料理で有名だった一流料亭「なるみ」は、帝国海軍の御用達だった。「なるみ」の高岸源太郎は、昭和初期の海軍軍令部長・加藤寛治（大将）と同郷の福井県出身である。高岸は宇佐出身の賀来佐賀太郎《かくさがたろう》（台湾総督府総務局長）の知遇を得て、亀川温泉にあった台湾総督府関連の保養所「長生閣」の委託管理人になった。「長生閣」の隣には亀川海軍病院が建設された。高岸は海軍への献金を続けた。飛行機の献納にも奔走した。高岸は愛国の料理人だった（矢島嗣久『別府なるみ創業者・高岸源太郎伝』二〇〇〇）。

山本五十六ら歴代の連合艦隊司令長官が「なるみ」を利用した。最盛期の別府には芸者が二四〇人もおり、「ネイビーエス」（海軍芸者）と呼ばれた。「連合艦隊が入ったときは、別府湾全体が船で埋まるようにありました」と語るのは、小郷穆子の同級生だった浜脇遊郭「玉水」の娘・東野冨美子である。
「『艦隊が入るでぇーッ』ということになると『ほら、飯をようけ炊け。柔らこう炊け』でした。女の子は体を使うからお腹がすいてたまらんのです」（『月刊アドバンス大分』昭和五七年三月号）
陸軍にとっても別府は保養地として最適だった。近郊の日出生台《ひじゅうだい》で演習が終わると、参観した外国人武官も招待して、宴席が設けられた。彼らが芸妓や仲居たちと写した記念写真が残っている。

別府の米海軍将校

日本陸海軍の休養地だった別府に、注目した米国海軍の情報将校がいた。

別府に滞在した海軍将校レイトン。「ミズーリ号」上での降伏文書調印に立ち会った。（『太平洋戦争暗号作戦』から

エドウィン・T・レイトン（のちの海軍少将、一九〇三―一九八四）である。第二次世界大戦中、アメリカ太平洋艦隊の情報主任参謀として、司令長官チェスター・ニミッツを補佐した重要人物である。彼は中尉時代の一九二八（昭和三）年から三年間、日本語研修生として日本に滞在した。海軍情報部の暗号解読班で二年勤務のキャリアがあった。「スパイ行為に関与してはならない」。東京の駐在武官からこう訓示されたが、日本で生活すること自体が仮想敵国の日常を知ることだった。彼は独身だった。

「日本語の習得には米国人がいない田舎がいい」。別府で暮らし始めた理由を、彼はこう説明しているが、それだけでないのは明らかだ。別府には帝国艦隊が演習後の保養港として寄港する。別府湾は一〇隻以上の艦船を収容できた。一〇〇〇人を超える将兵の宿泊、遊興施設も整っていた。レイトンの別府生活は警察の厳しい監視下にあったが、日本海軍の行動パターンを見聞し、彼は日本の海軍士官に混じって芸者遊びも覚えるほどに、別府での暮らしに慣れ親しんだ。

「別府に住んでいる間、日本の艦隊が広々とした港に停泊したりすると、大いに興味をそそられ、彼らの活動ぶりを見守らずにいられなかった。水兵たちは鉄砲を携えて上陸し、浜辺近くの山に突撃の演習を繰り返した。日本人は決して休まないという、このときの印象は忘れられない」

レイトンの著作『太平洋戦争暗号作戦』は、米海軍情報将校の対日活動の実態を伝えて、まことに興味深い。一九八七年に毎日新聞外信部が翻訳して出版した。

「私のお気に入りの芸者は小梅といい、すばらしく話し上手で流行語にも通じ、一緒にいると楽しいうえに、あまり費用のかからない会話の勉強にもなった」。私は小梅の写真を探してみた。同名の置屋があったことは確認できたが、彼女の写真は見つからなかった。レイトンがひいきにしていた別府の料亭はどこだったのか。別府には敗戦後、米軍キャンプが設置される。軍保養地としての別府の適性は、戦前から十分に認識されていたと言うべきだ。

日本研修を終えたレイトンは、北京の米国公使館付海軍武官補として勤務後、ワシントンの海軍情報部で勤務した。戦略爆撃攻撃の準備として日本本土の電力供給網を調査した。一九三六年には海軍通信部通信保全科翻訳班長になった。日中戦争が起きた一九三七年には、駐日米大使館海軍武官補として二度目の来日を果たした。揚子江で日本海軍機が米砲艦「パナイ」を攻撃して、沈没させた事件の外交折衝にあたった。この時に海軍次官（中将）山本五十六と出会った。夏には神奈川県葉山の別荘で過ごすかたわら、横須賀海軍基地で試験飛行中の飛行機を間近で観察した。

彼がハワイの太平洋艦隊情報主任参謀（中佐）だった一九四一年一二月六日、「カムラン湾南方に多数の日本艦艇が見られる」との電報が入った。レイトンは「明日にでも日米戦争になる」と上官に警告したが、無視された。

真珠湾攻撃後、太平洋艦隊司令官に着任したチェスター・ニミッツ（大将）から「君は駆逐艦長より、ここにいた方が日本人（ジャップ）をたくさん殺せていいだろう」と慰留され、現職に留まった（森史朗『ミッドウエー海戦』二〇一二）。レイトンはニミッツの期待に応えた。米海軍による暗号解読などを担う「戦闘情報班」班長であるジョセフ・ロシュフォート（少佐）を指揮し、珊瑚《さんご》海海戦やミッドウェー海戦で日本海軍の行動を的確に予測した。ロシュフォートも、レイトンと同時期に日本語研修をした人物である。

一方、真珠湾攻撃で第一航空艦隊司令長官だった南雲忠一（中将）は翌年一月、攻撃隊幹部士官の慰労宴を別府の料亭で開いた。南雲は真珠湾で日本軍魚雷が米艦に当たる瞬間を捉えた写真を「なるみ」の高岸に与えた。「軍令部にもやってないものだよ」。南雲はとても上機嫌だったが、約半年後のミッドウェー海戦では大敗した。その陰に別府滞在歴のある海軍将校レイトンの功績があったことを、彼は知らない。悲運の将軍・南雲は一九四四（昭和一九）年、サイパン攻防戦で自決した。

「ミズーリ」号上の光景

昭和二〇（一九四五）年九月二日。

東京湾上の米戦艦「ミズーリ」艦上で日本の降伏調印式が行われた。日本政府全権は重光葵《まもる》外相であり、梅津美治郎・陸軍参謀総長が大本営代表だった。重光はその時の心境を「願くは御国の末の栄え行き　我が名さけすむ人の多きを」と詠んだ。敗戦時の傑出した秀歌である。重光の故郷は大分県杵築市（出生地は豊後大野市三重町）、梅津は同県中津市の出身である。

重光は別府で療養生活を送ったことがある。重光は朝鮮人テロの被害者である。その経緯を重光が口述した文書「隻脚記《せっきゃくき》」が大分県立図書館にある。

一九三二（昭和七）年四月二八日、上海・虹口《ホンキュー》公園で「天長節爆弾事件」が起きた。尹奉吉《ユンボンギル》の投じた爆弾で上海居留民団行政委員会会長の医師が即死し、上海軍派遣司令官の白川義則《しらかわよしのり》（大将）が翌日、死亡した。上海総領事だった重光は右足切断の重傷を負った。『隻脚記』はその時、重光が冷静に対処し的確に指示したことを示す証言録だ。

重光が別府療養中に「朝鮮」に関して言及した箇所がある。次男の篤（当時六歳）が訪ねて来て「上海の爆弾は朝鮮人が投げたのだ。仇を取ってくれる」と言い出したのだ。当時、別府には少なからぬ朝鮮人労働者がいた。『隻脚記』に言う。「朝鮮人がみな悪いのではない、と言って聞かせるのに、かなり骨の折れることだった」。この文章を初めて読んだ時、私は驚いた。重光はテロ事件の被害者であるのに、普遍的な立場から、子供を教育していたのだ。そういう事実を現代の韓国人は知らない。東京裁判の被告でありながら、「勝者の裁き」を超えていた外交官らしい逸話であると思う。

さらに驚くべきことがある。

重光が降伏調印した「ミズーリ」艦上には、別府で日本語研修をした米海軍将校レイトンの姿もあったのだ。彼はテロ行為を警戒し、コルト銃を携帯してニミッツに付き添っていた。彼の著作『太平洋戦争暗号作戦』の最終段落を引用する。

「降伏調印式が行われた日（一九四五年九月二日）の午後、ニミッツは一緒に運んできたシボレーを陸揚げしようと言い、私は鎌倉に出かけようと提案した」。なぜ、鎌倉か。そこには鶴岡八幡宮があるからだ。東京にいた頃、彼は鎌倉に出かけたことがあったようだ。「それは古い杉の木立と神社、大仏、そして一二世紀の初代将軍、源頼朝によって建てられた鶴岡八幡宮のある歴史的な土地だった」。彼は別府滞在時代に、八幡宮の総本社にあたる宇佐八幡宮も参拝したに違いない。

レイトンは上下二巻の大著を次の言葉で締めくくる。

「平和への歩みを公式に始めた日に、多くの日本人が戦争の神を象徴するものとして崇めてきた神社を、ニミッツ提督自ら訪れるのはふさわしいことと私には思われた」

日本の「戦争の神」に、米国の海軍提督ニミッツと海軍将校レイトンは、「対日戦争勝利」を報告したのである。米国怖るべし。レイトンが別府を再訪したかどうかは、記述がない。

第三章

占領都市「BEPPU」

映画『瀬戸内少年野球団』は、淡路島を舞台に戦後の過渡期を描いた名作である。時代感覚に富んだ阿久悠の原作を、田村孟《つとむ》が卓抜なシナリオで再構成し、篠田正浩が才能豊かに演出した。映画界に彗星のように現れ消えた夏目雅子の遺作である。

敗戦時の年齢に注目したい。

阿久悠八歳、田村孟一二歳、篠田正浩一四歳、佐藤忠男一四歳である。少年たちにとって、「軍国主義的な精神から解放されたからといって、将来になんの希望が見出せたわけでもないのだが、にもかかわらず、いつも感激しているという奇妙な状態だった」（佐藤忠男「三〇年の時空を超えて」『シナリオ』一九八四年七月号）。そんな時代の再現ドラマである。映画の成功は、なによりも田村孟の脚本によるものだ。群馬県の寒村で生まれた田村は、旧制中学一年の時に敗戦を迎えた。教師であった父は、突然の価値観の転換に狼狽《ろうばい》した。田村はその姿を眼前で見た。

ヒロインの印象的なセリフがある。

「私たちは心の中まで占領されたわけではありません」。戦争未亡人になった駒子先生（夏目雅子）が、義弟（渡辺謙）に強姦される。その直後の教室シーンで駒子が言うのだ。田村らの世代に共通する心象と言うべきか。

『別府と占領軍』

『ドキュメント戦後史　別府と占領軍』（一九八一）を書いた佐賀忠男は、敗戦時、旧制別府中学の一五歳だった。

「空が変わった訳ではない。空はあくまでも美しく広大無辺だ。変わったのは空ではなく、日本の国であり街であり、日本人であり、空を見る日本人の心である」「唇を真っ赤に塗った女が多くなり、子どもたちは『ギブミー・チョコレート』と群がった。（中略）街角はいつか他人の顔となり、住民も入れ替わり、街の名も変わって、知らない人の行き来する異郷の街角になった」

この本の第一章の冒頭に、佐賀は「宣言」にも似た文章を掲げた。

「長い長いトンネルだった／敗戦により日本人はひたすら戦うことから／ひたすら生きることへと変わった／よし、それが屈辱に満ちたものであれ／日本人が体験したことに変わりはない／これは、そうした占領下時代の／不明と空白の部分を掘りおこし／埋めるための一つの試みである」

佐賀が遺した本と文章に触れ、私は「別府の戦後史」を取材したい思いが募った。

BEPPUの戦後映像

ネット検索をすると、大分県に進駐した米軍の映像がいくつか見つかる。

「A group of American soldiers group around a bunch of Japanese girls in Oita, Japan」（日本女性を囲む米兵たち／大分・日本）と題した動画はわずか四四秒だが、二万四九七七円で販売している。勝者（米国）が撮影し、敗者（日本）に売るのだ。一九四六年二月一一日の撮影、無音声である。

場所は大分港あたりか、いや、どこかの駅前広場かもしれない。二、三〇〇人の米兵がいる。背景に倉庫が見える。荷物を地面に置き、雑然とした雰囲気だ。どこからか到着した光景か。子ども三、四人が遠巻きに眺めている。女の子もいる。

米兵十数人が日本女性三人と談笑している。紫色の和服を着た女が目立つ。三〇歳代か。隣の女二人は黒っぽいコート姿。女たちを愛人であるかのように、米兵が背中から抱きしめる。嬌声が聞こえるようななれなれしさだ。

米兵の隊列に軍のトラックが進入してくる。女性が近づく。画面を多くの日本兵の隊列が横切る。復員兵のようだ。見るからに小柄である。建物に吸い込まれるように続々と入って行く。多数の群衆が見守る。場所は最後まで不明なままだ。

「BEPPU」が刻印された映像もある。戦後映像を収録したDVD本で見た。You Tubeにも同じ映像があるのに気づいた。米軍広報映画「The Big Picture」で上映された「Japan: Our Far

East Partner」（日本：我が極東の朋友）の冒頭部分である。

英語の横断幕が映る。「WELCOME」（歓迎）「PALA TROOP COMIN BACK FROM KOREA」（空挺部隊　韓国から帰還）「CITY OF BEPPU」（別府市）。別府駅前の歓迎集会の模様である。調べてみて、これは一九五三年一〇月六日であるとわかった。別府駐屯の一八七空挺歩兵連隊は特別列車に分乗して、同日午後、韓国から別府駅に帰着した。

米軍空挺部隊の朝鮮からの帰還を歓迎する別府駅前の横断幕（米軍広報映画の一場面）

「イラッツアイマソ」（いらっしゃいませ）。英語ナレーションの日本語はおぼつかないが、映像は明瞭に「占領期の別府」の姿を捉えている。列車から続々と降り立つ米兵たち、花束を持って待つ若い洋装の女性七人、星条旗と日章旗を打ち振る子どもたち、花束贈呈。女性たちのチリチリパーマ頭が時代を感じさせる。

温泉マーク入りの帽子をかぶっているのは、別府地獄めぐりなどの観光業者だ。米兵たちの市街行進が始まる。駅前通り―海岸通り―流川通り―キャンプのコースだ。映像に路面電車の軌道が映る。当時はまだ別府―大分間に大分交通の路面電車が走っていた（一九七二年廃止）。流川通りでは紙吹雪が舞い「日名子グリル」の英語横断幕が目立つ。日名子ホテルは、一九四九年の都市対抗野球で優勝した星野組・岡本忠夫社長の経営だ。星野組は荒巻淳（異名・火の玉投手）や西本幸雄（のち「阪急」監督）を擁していた。一二歳だった稲尾和久（のち「西鉄」のエース）が凱旋パレードを見て発奮した逸話が有名である。

このニュース映画の編集前の映像（187thRCTAirboneBN）もネットで見つかった。一八七空挺歩兵連隊長のウェストモーランド中佐（のち米ベトナム派遣軍司令官）や脇鉄一別府市長、さらにキャンプ・チカマウガの模様が動画で確認できる。

「占領都市」の悲喜劇

当時の大分合同新聞（一九五三年一〇月四日付け）によると、県や別府市は米軍歓迎費用に二一万円（当時の大卒初任給は五〇〇〇円）をつぎ込んだ。「てんやわんやの別府／複雑な街の表情／空挺隊の帰別を前に」。この日の紙面は占領軍に翻弄される戦後別府の悲喜劇を描写した。「喜ぶ接客業者・失業者／マユひそめる学校・保健所」といった小見出しが混乱ぶりを象徴する。

紙面には山の手中学に張りめぐらされた鉄条網の写真が載っている。同中学は米軍キャンプに隣接しており、夜間の校庭は米兵たちと夜の女たちの通用路になっていた。米兵の大量帰還に備えて、学校側は周囲の塀を修繕する一方、校庭裏側に高さ二メートル、長さ一四メートルの鉄条網を設置した。同中学の生徒数は、外地や市外からの大量流入で一二〇〇人に膨れ上がっていた。

九月四日の同紙面には、山の手中学の「教室からベッドの動作が見えたり、夜間、教室内にまでパンパンが侵入」したりするという記事も見られる。「パンパン」とは米兵相手の街娼のことだ。

一〇月四日の記事を要約すると、以下の通りだ。

接客業者／市内のバーやキャバレーは佐世保、小倉、呉などに出稼ぎに行っている女給を呼び返した。ダンスホールもダンサーの大募集を行い、毎夜、ストリップ上演と呼びかけている。

失業者／キャンプ内の日本人の直接雇用の大増員につれ、別府渉外労務管理事務所や職安の係員は、てんてこ舞いの忙しさだ。一〇日間で増員されたキャンプ人員は二一〇人。二三人を除き全員が常雇いで、男子は将校クラブ、食堂などのコックやボーイ、バーテンダー、女子はハウスメイドやウェイトレスとなっている。

別府市警／米軍物資の横流し、ピストルや麻薬の売買などを摘発するため、パンパンハウス（売春施設）の実態調査を始めた。貸席（貸し座敷）、バー、キャバレー、リンタク（営業用三輪車）屋に犯罪防止の協力を求めている。

別府保健所／性病蔓延を防止するため、パンパンを事前登録させ写真入りのカードを発行して、週一回の検診を義務つける。強制検診や強制収容も辞さない。

「別府は冥土の一里塚」「複雑怪奇」「別府の闇景気」。当時の地元紙に載った別府への表現には、「占領された温泉都市」に対する軽視と侮蔑の感情が感じられる。上述の新聞記事にも嘲弄の印象がある。だが戦前からのモダニズム都市・別府にとって、戦後の急変はそれだけの言葉で総括できないはずだ。国際性と多様性に富んだ保養都市には引揚者や復員者、戦災孤児、パンパン（街娼）が流れ込んだ。敗戦後の解放感と自由を享受した街が形成された。本書の後半部分で詳述するが、この点は踏まえておきたい。

「キャンプ・チカマウガ」

佐賀忠男『別府と占領軍』の圧巻は、冒頭二〇ページにわたる大小の写真集だ。扉裏の「キャンプ・チカマウガ平面図」にも圧倒される。キャンプの全容を収めた詳細な地図は、これ以外にない。「チカマウガ」は南北戦争の古戦場にちなんだネイティブ・アメリカン語である。現在の別府公園を含む住宅・緑地の約四三万平方メートルの広さがある。別府温泉郷のなだらかな斜面の中央部に位置する。

「梅林本部長による鍬入れ式」と説明のついた写真がある。一九四六年七月一四日の写真だ。建設本部長の梅林時雄（梅林土建会長）である。土木（星野組）建築（清水組）のもとに、二五社の建設業者が集結した。工期はクリスマスイブまでの強行軍だったが、「疲弊した大分県の土建業者に活を与えた」（佐賀）。森林と公園だった野口原の丘陵地帯に、兵舎や倉庫、教会など二三棟が建設された。キャンプには一九五六年まで二〇〇〇人――一万人規模の米軍兵士が駐屯した。

写真説明に言う。「米軍が別府に落としたカネは、月間一億三、四〇〇〇万円。米軍依存の経済はますます別府に根を下ろしていった」。大分合同新聞の連載記事から、佐賀はこの数字をとったようだが、数値の真偽は不明だ。「米兵はよく飲み、よく遊んだ。開放的な人間性に別府市民はよく親しんだ」。このコメントには、佐賀の米軍観が端的に現れている。

佐賀『別府と占領軍』は、サブタイトル「ドキュメント戦後史」に明らかなように、多くの地図

米軍キャンプ・チカマウガの航空写真（1956年4月6日撮影国土地理院USA-M526-68）

や資料、写真を収録している。占領軍工事組織表、建設業者一覧表、米軍に接収されたホテル・民家・施設一覧表、同地図、同契約書など。これらは本来『大分県史』現代史料編などで保存公開されるべきものだ。佐賀の記述に多少の間違いがあったとしても、彼の著書の価値は少しも損なわれない。佐賀は個人の執念によって資料を収集して著作にまとめ、後世に残し、図書館に寄贈したのである。

接収宿舎＝八坂ホテル、鶴田ホテル、清風荘、杉乃井など一〇ヶ所

接収民家＝麻生《あそう》太賀吉《たがきち》邸、伊藤《いとう》伝右衛門《でんえもん》邸など二九ヶ所

接収施設＝別府公会堂、別府ゴルフ場、亀川海水浴場など九ヶ所

これらのリストを見ながら、各人各様の感慨に襲われる別府市民は少なくないだろう。戦後の別府が味わった苦難が記録されているからだ。ホテルの中には今は廃業したものがある。旧伊藤別荘、旧麻生別荘、旧中山別荘など別府モダニズム建築の精華は、米軍占領期を生き延びたものの、昭和末期・平成初期に解体された。別府における文化財保存の問題

点は、占領期ではなく、この時期にあったと私は思う。

MP事務所の「ドクター阿南」

「MPステーションに勤めた女性が健在ですよ」

別府の近現代史に詳しい藤田洋三（別府市在住）に紹介されて、彼女に会った。曽根周子《かねこ》（昭和八年二月生まれ）。取材時は八六歳だったが、占領期の思い出をはつらつと語ってくれた。MP（ミリタリーポリス、憲兵隊）は占領地の司法警察である。

曽根は戦後に創設された県立別府第二高校（外国語課程）の卒業生だ。私は大分市にある県立芸術文化短大教授として八年間教壇に立った。このユニークな短大の淵源が「別府第二高」（のち「別府緑丘高」に改称）であることを知っており、この高校の卒業生には関心を持っていた。

別府の初代民選市長・脇鉄一らの肝いりで創設された。音楽、美術、外国語の専門教育を行った。別府緑丘高（鉄腕稲尾の母校でもある）は、戦後別府の「春風駘蕩」を象徴する学校なのだ。彼女はそこで米文学を学び、マンツーマン教育で発音を鍛えられた。一九四九年春、卒業。別府駅裏にあった英文タイプ教室に行くと、「MPステーションで女子事務員を募集している」と言われた。受験し、合格した。

「私はドクター阿南の秘書でした」と曽根は語った。彼女は阿南のフルネームを忘れていた。調べてみると、別府市南町で歯科医を開業していた「阿南惟徳《あなみこれのり》」であると分かった。米オレゴン大学

占領軍 MP オフィスに勤務した「ドクター阿南」（曽根周子氏提供）

卒の経歴が一致した。英語力が買われてＭＰの医師を兼務していたことになる。

　曽根は阿南がデスクに座った写真を保管していた。黒い丸メガネをかけた細面の男性。彼の背中の壁に女性五七〇人の顔写真が「DANCERS」と書かれて、張り付けてある。ＭＰ事務所に検挙された女性たちだろうか。いささか悪趣味である。大分県には阿南姓は多い。自決した阿南惟幾《これちか》陸相との縁戚関係は定かでない。

　「杉岡良子」という美人の同僚がいた。ＭＰ隊長ヒギン・ボーサムの秘書だ。曽根より五歳年上の杉岡は、満洲からの引揚げ者だった。「良子さんの兄が共産党と関連があると分かって、彼女は解雇された」。杉岡は上京して『ニューズ・ウィーク』誌で勤務した。相当な英語力の持ち主だったらしい。

　「忘れられない思い出がある」と、曽根が語ってくれた。その日も街の女たちがＭＰステーションに連行されてきた。互いに「アッ」と声を上げた。顔見知りだったからだ。繁華街にあった宝飾店の夫人だった。「黙っていてね」と夫人は言った。不法薬物の売買に関わった容疑らしい。その美しい顔立ちの女性は、占領軍撤退後も何度か見かけた。

　ＭＰステーションは市街地にあった。秋葉通りが海岸通りと交差する直前にあった「南風荘病院」

（元旅館）を接収した。現在はゲストハウス前の駐車場だ。近くには大型ショッピングセンター「ゆめタウン」がある。「二階に事務所があり、二階にMPたちが詰めていた。通訳が一〇人ほどいた」。MP事務所はのち米軍キャンプ敷地内に移転したという。彼女の証言は、何度も丹念に聞き直す必要がある。

タイピストの記録

北林余志子は外務省外局の終戦連絡横浜事務局に、米軍タイピストとして勤務歴のある女性だ。彼女が書き遺した「傷は癒えず」（五島勉編『続・日本の貞操』一九五六）は、占領初期の米兵による強姦や婦女暴行を記録したドキュメントである。

一九四五年八月三〇日の厚木進駐から一〇月末までの米兵事件記録は、殺人四、強姦二九、傷害殴打四〇、金銭強奪二三五、時計その他強奪五五二、自動車強奪三二、警官のサーベル強奪五三、その他の暴行一二とすざましい。

「（強姦は）平均二日に一件。事実がその数十倍とすれば、毎晩横浜のどこかで数人の婦人がアメリカ兵に陵辱されていた、と考えても決して間違いではない」。当時は厳重なプレスコードがあり、こういった事態の公表は許されていなかった。北林は個別の強姦事件の詳細についても記録している。大分や別府の実情はどうだったのか。「日本の歴史始まって以来の不幸であり、悲劇であることは間違いありません」。北林の報告と結語は、従来の「進駐軍イメージ」を原点に遡って再考察させる迫力がある。

鬼塚英昭『海の門』

二度目のインタビューで「クレージー・マリー」の名前が、曽根周子の口から飛び出したので、私はびっくりした。「被疑者としてMPステーションに連れてこられたのですよ」。マリーは戦後別府の夜を彩った伝説の女である。

クレージー・マリーの名前は、別府の作家・鬼塚英昭（故人）の初期作品『海の門　別府劇場哀愁編』に登場する。二〇〇二年に自費出版した著作だが、二〇一四年に在京の出版社から公刊された。反天皇色が濃厚な鬼塚の作品は、好事家たちの愛好本になるにつれ、奇矯な妄想の度が増した。それでも初期の「別府モノ」には看過できない部分もある。

『海の門』の第一章「海門寺異聞」を引用する。

「敗戦直後、山門入口の両側には白壁塀があり、老松が数本立っていた。その老松と白壁塀が、空気の流れが悪い、陽が射さない、という苦情の中で塀は壊され、松は切られた。そのすぐ後に、闇市のバラックが無許可で建った」

「海門寺の東側、海寄りに面した一部を市が買い上げて海門寺マーケットを創設した。朝鮮からの引揚者で住居のない人たちを抽選で選び入居させた。一階は店舗で二階が住居となっていた」

敗戦の直前「駅前の旅館街に、県の役人が『強制疎開』という紙を張った。老人や婦人たちが駆り出され、ノコを曳き、ロープで引っ張って旅館や建物を壊した。壊した途端に終戦となった。柱の木材やトタン板が大量に発生した。それを元手として、闇屋はトントン小屋の材料として大陸からの引揚者に売った。かくして海門寺公園にも、別府駅前にも、裏銀座にもトントン小屋が建ったのである」

戦後別府の代表的ヤミ市である海門寺マーケットなどの成立史が描写されている。「トントン小屋」は、屋根に古い俵を解いて載せただけのバラック小屋のことだ。周囲がトタンでできていて、風が吹くと「トントン」と音がしたからだという。

一九三八年に別府で生まれた鬼塚は、少年期を別府の戦後史とともに生きた。東京の出版社から刊行された『天皇のロザリオ』（二〇〇六）『日本のいちばん醜い日』（二〇〇七）以降の著作とは違い、自費出版の『海の門』（二〇〇二）『石井一郎の生涯』（二〇〇三）『豊の国の竹の文化誌』（同）は検討する価値がある。

「クレージー・マリー」

曽根周子が言及したクレージー・マリーは、『海の門』第二章から登場する。パンパン（米軍慰安婦）の元締め的な存在だ。同書は第二章から小説仕立てであり、史実と考えるには眉唾な記述が多くなる。だから私は当初、マリーを鬼塚による創作と思っていた。

ところが佐賀『別府と占領軍』には、彼女の写真が載っていた。口絵写真「米兵と女たち」に、「ク

伝説の女性クレージー・マリー（佐賀忠男『別府と占領軍』から）

レージー・メリー」の写真が登場するのである。佐賀は「マリー」ではなく「メリー」と表記した。

ショートカットの髪型。異国的《エキゾチック》な顔立ちの笑顔が魅力的だ。夜の女とは程遠い上品な印象である。年齢は四〇歳代後半だろうか。「クレージー・メリーはボス的存在だった」。佐賀は写真にそんな説明をつけていた。

ＭＰステーションに勤務していた曽根周子の証言に戻る。マリーについて、彼女は「議員の奥さんだったんじゃないかしら」と、仰天するようなことを言った。これは一体、どういうことなのか。その真相は定かでないが、マリーが別府の有力者の情婦だった、と考えれば合点がゆく話だ。戦前からのヤクザ（テキ屋）井田組の親分が別府市議だった。それが別府の戦後社会だ。パンパンの姉御が市議の愛人であったとしても、なんら不思議ではない。

昭和二九年当時の別府市議は、三七人のうち、四人の職業が売春婦に場所を提供する「貸席業」であった。「旅館業」の市議もおり、二つは明瞭に区分されている。別府商工会議所の理事一人、監事一人、議員二人も「貸席業」だった。京都あたりでは「席貸」という言葉があり、これは「待合」の類語である。これらの用語は区分が曖昧なうえに地域差もある。風俗の世界はディープなのである。

映画『復讐するは我にあり』（今村昌平監督、一九七九）にも「貸席」という言葉が出てくる。別府にいたことのある連続殺人犯・西口彰（緒形拳）が浜松で泊まった旅館で「京大教授の僕が貸席で女の子を呼ぶ」というセリフがあるのだ。小川真由美が色っぽい女将役である。この映画に出てくる「貸席」の看板は「旅館」だ。ところが別府の住宅地図（昭和二九年版）を見ると、そこには「貸席」と「旅館」が明確に分類してある。別府の貸席（かっせき、と読んでいた）文化は、市民権を得ていたということか。いずれにしろ売春規制法以前の時代である。

MP事務所にいた「ドクター阿南」の名前は、鬼塚『海の門』にも登場する。

鬼塚によると、阿南はマリーとともにパンパン救済に動いた。浜脇温泉の貸席街にあった県立別府病院は、当時、「花柳病《かりゅうびょう》病院」と呼ばれていた。「花柳病病院という名ではパンパンたちが行きづらい」とマリーが言った。それで阿南は県庁に出向いて、改称を説得した。阿南は「商売を維持するためにも、すすんで検診しろ、と流川のパンパン市場で演説した」のだという。

「マリーがどこから来たのか、誰も知らなかった」。鬼塚はそう書いている。「マリーは底抜けの明るさの中に、冷静な知性を漂わせていた」。マリーの写真に感じられる上品さを、鬼塚が「知性」と記述していた事実が興味深い。新橋にも上野にも、マリーに似た姉御肌の女がいた。「別府のマリー」とは何者だったのか。

「クレージー・マリー」はサンフランシスコで数年間、米兵と結婚生活を送ったという風聞があった。その男が朝鮮で戦死した時、ピストルを空に向けて乱射した。MPと警察に追われると、マリーは別府市役所（当時）近くの秋葉神社の床下に二晩隠れていたという。別府の夕刊紙記事（一九七七）によると「GIバーにぬっと現れ、カウンターの米兵の肩を叩いて、『ギブミー・マネー』とカネをせしめていた」という。興ざめなエピソードである。

「カルメンの優子」

ダンサー「カルメンの優子」の名は、『九州探偵新聞』（昭和二四年三月一六日号）に登場する。同紙は名前こそ仰々しいが、内容的には硬い記事が多い。彼女は北浜・二条館に出来た「立花ダンスホール」にいた。占領軍専用だった。身長五尺四寸（一六四センチ）と背が高く、高峰三枝子に似ていた。黒い羽織の帽子に毛皮のオーバーを着て、別府の「銀座」裏を闊歩した。

記事に言う。「宮崎出身、女子師範卒だが、生来の放浪癖から、満州・ハルビンの花街をさすらう。憲兵准尉の妻となるが長続きするはずもなく、（中略）終戦を迎え、自由な天地となった別府へやってくる」。真偽不明のヨタ記事の匂いがする。

カルメン優子は「パッションダンス研究所（中浜筋五丁目）で技を磨いて、たちまち人気者になった」という。ダンススクールは三ヶ所もあった。日本人の男女も押しかけた。カルメン優子は「酒にはめっぽう強く、飲めば一人で騒ぎ、真夜中に海岸の突堤で、海に向かって歌を歌っていた」。いささか出来すぎの描写である。

別府版「特殊慰安施設」

古庄《こしょう》ゆき子（別府大学名誉教授）は、優れた学者だ。女性史の観点から大分の近現代史を研究した。『大分おんな百年』（一九九三）に収録された「女たちの戦後」は信頼できる学術的な研究成果である。戦後の別府が米兵に女を提供する街に変貌した事実を彼女は明記した。

一九四五（昭和二〇）年八月末、米軍進駐を前にした別府市は遊郭、特殊料理店、撞球所などの娯楽施設を一定域内に集め、歓楽街を再編成する計画を立て、県や別府署と協議を始めた（大分合同新聞八月二九日）。占領軍向け慰安所ＲＡＡ(Recreation and amusement Association、特殊慰安施設協会)の別府版構想の嚆矢《こうし》である。

大分合同新聞には一〇月三日から三日間、「鹿児島進駐軍サービスガール募集」の広告が出た。「サービスガール五〇名（一八歳から三〇歳）／仲居一五名（三〇歳から四五歳位）／本人面談一〇時―一六時、錦水園にて」。面接場所の錦水園は、海門寺の海沿いにあった別府随一の高級貸席である。勤務地は鹿児島県鹿屋市。サービスガールは「進駐軍慰安婦」の別称である。「『職業的接客婦』以外からの応募を考えていた」と古庄は見る。広告の末尾に「鹿屋市」と明記されており、広告主は同市だったと考えられる。

「立花ダンスホール・同料亭部は別府における占領軍慰安所であった」と古庄が記述している。立花ダンスホールは北浜の旅館「二条館」本館の三階にあった。その募集記事は一〇月二五日の大分合同新聞で確認できる。広告主は別府勤労署である。「経験ダンサー一〇〇名、養成ダンサー一〇〇人。（素人にて可。二三歳まで）」。料亭部は「芸妓五〇人、仲居二五人」である。

しかし、これらの「性的慰安施設は昭和二一年一月二一日の『公娼制廃止に関する覚書』によって閉鎖された。実質は二〇年一二月一六日占領軍の特殊施設立入禁止令で終息していた。それにかわって、街娼が別府の街に出現しはじめた」。古庄は事態の推移を、こう簡潔に記述している。

これらの文章は、もともと『大分県史』現代編Ⅱ（一九九〇）に掲載されていた。私は古庄の文章をそこで読んで驚嘆した。行政史中心の記述の中で、異彩を放っていたからだ。「毒を持った女性史」だったからだ。古庄は「公娼制を女性史の極北」と考えていた研究者だ（『大分おんな百年』あとがき）。その学問的な直感の鋭さは、軍慰安婦研究が進んできた現在にあって敬服に値する。

古庄が記述している。「昭和二八年五月の厚生省公衆衛生局防疫課調査によれば、当時別府には『洋娼』九〇人、『街娼』三〇人、その他の『散娼』五六〇人、計六八〇人がいた。最盛期には一〇〇〇人いたとも言われている。その女性たちが、その時期の別府のドル箱であった」。この一節を「戦後別府の基本データ」として記憶したい。

占領軍プレスコード

古庄ゆき子のもう一つの業績は、『大分県史』現代編で占領軍時代のプレスコードによる報道管制を暴露したことである。彼女は地元紙報道と占領軍への被害補償申請の書類を照合して、多くの記事が掲載不許可・削除処分になっていたことを明らかにした。

「日本は文明諸国間に位置を占める権利を容認されていない。敗北せる敵である。（中略）。最高司令官は日本政府に対して命令する。しかし交渉するのではない」。これがGHQ（連合軍総司令部）宣伝対策局民間検閲主任ドナルド・フーヴァーの方針であった（一九四五年九月一八日・大分合同新聞）

大分県下では占領軍進駐前の一九四五年九月一〇日、すでに米軍による死者が出ていた。南海部《みなみあまべ》郡名護屋村（現在の佐伯市蒲江町）沖の海上で鯛漁中の近藤徳松（四九）が、低空飛行してきた米小型単発機のプロペラで「頭蓋骨ならびに顔面炸裂」を負い即死した。この事件は六年後に提出された事故報告書や補償申請に残されているだけで、当時の新聞では知ることが出来ない。

多くの被害申請によると、大分県下では米軍進駐後の一九四六年から一九五一年までに、占領軍による死者は一一人を数えた。うち八人は米軍ジープやトラックによる交通事故死であり、二人は占領軍兵士の暴力によるもので、残り一件は住居に侵入してきたジープによって圧殺された。

十文字原や日出生台演習場付近では米軍の銃弾を受け、重傷を負った人たちがいる。玖珠町の映画館では青年団主催の演劇を見ていた青年が、米兵の発砲で貫通銃創を負い、片足切断の手術を受けた。別府市内の路上では、通行中に米兵に殴られ重傷を負った。これらの事件も地元新聞に掲載されなかった。

一九四八年一〇月二四日、GHQによる新聞検閲は全面廃止された。しかし、「この時期になっても、占領軍の日本人に対する犯罪記事は大分合同新聞には現れない」と古庄は指摘する。翌年四月一六日夜、別府市内の路上で米兵数人が通行中の日本人男性を次々に襲い、一一人に重軽傷を負わせ一人の少年を死亡させた。大分合同新聞は四月二一日紙面に、第一九歩兵連隊司令官の発表記事を掲載した。「毎日新聞大分版の記事も同様であった。新聞社独自の調査による記事はない」と古庄は糾弾する。

大分合同新聞に米兵犯罪の記事が載り始めるのは、一九五二年三月以降である。ただし、初めのうちは「外人強盗」「軍服外人」と表現していた。「外人兵」（五月一六日）「米兵」（九月一三日）「駐留軍兵士」（一一月一二日）と変化した。

一九五三年三月一二日の大分合同新聞らは「息子は英濠兵に殺された／七年前の補償を／納得できぬ老父が訴え」と、一九四七年に起きた事件を伝えた。占領軍兵士が婦女暴行中に通り合わせた別府の青年（一八歳）が、その兵士らによって殺害された事件である。古庄は「婦女暴行事件は占領下の陰惨な事件であり、その数も少なくなかったと推測されるが、残されている被害賠償請求書類にも見ることが出来ない」と指摘している。

古庄の文章にはこのようにメディア側の弱腰を指摘する一節が少なくない。一九五四年八月二四日の『大分新聞』は「暴虐極まる米軍兵士／驚嘆の非行／全駐労大会でわかる」と報じた。これに対して米軍側が「非常に不愉快」「日米友好を阻害」と非難すると、米軍主導の「大分県日米記者クラブ」が設立された。現在のマスメディアに見られる通弊は、すでに戦後期に見られると言うべきであろう。

「キャバレー・ナンバーワン」

米兵専用の「キャバレー・ナンバーワン」は、現在の別府タワー（北浜）の場所にあった。「キャバレー王」と言われた山本観光の山本平八郎（福岡市出身）が経営していた。山本は東京・赤坂では「ニュー・ラテンクォーター」であり、「コパカバナ」では若き日のデヴィ・スカルノが勤めていた。「ニュー・ラテンクォーター」「コパカバナ」を経営した。力道山が刺殺されたのは「キャバレー・ナンバーワン」で支配人をしていた藤井鐘治を、『別府と占領軍』を書いた佐賀忠男が取材している。それによると、藤井は一九四六年二月にニューギニアから横須賀港に復員した。藤井は神戸のＹＭＣＡを卒業しており、英語が得意だった。大分米軍政部の通訳を振り出しに、労働課などを転々とし、博多民事部の情報アドバイザーを務めた後、妻が占領軍専用バーを開いていた別府に来た。

「キャバレー・ナンバーワンにはダンサーが二〇〇人はいたでしょう。七割まではパンパンでした」と藤井は佐賀に話した。「固定給はなく、ダンスチケット五〇円を一〇枚綴にしたものを客に買ってもらう。ＧＩには二〇〇〇円くらいで買わせていたようです。ビール一本が一五〇円か二〇〇円でしたね」

藤井は英語がうまいので、パンパンやダンサーから米兵あてのラブレターの代筆を頼まれることが多かった。英文タイプで代筆し代筆料（一〇〇円から二〇〇円）をとっていた。渋谷「恋文横丁」

の別府版である。『新別府』(昭和二四年九月二八日)の記事によると、「恋はいなもの味なもの、ラブレター代筆いたします。なんでも書きます。恥もかきます。主人敬白」と宣伝した代筆屋もいた。最盛期の米兵専用バーやキャバレーは五〇軒を超えたが、佐賀が取材した一九七〇年代末の藤井は、スタンドスナック「うらまち三丁目」で黙々とシェーカーを振っていた。

「サロンつるみ」は流川三丁目にあった。のちに別府商工会議所会頭になった西田熊太郎の経営だ。一階がダンスホールである。当初は米軍専用だったが、のちに日本人用も作られた。佐賀が引用した『つるみ観光その五十年の歩み』によると、以下のような経緯があったという。

「キャンプが別府にできてから、ますます忙しく繁盛した。白人用と黒人用に区別しろということで、店をそのように改造した。将校用を特別に作れと言われて、将校クラブを作った。いや白人と黒人は一緒でいいよということになり、また一緒になった。日本人はオフリミット(立入り禁止)だったが、西田社長が再三、占領軍に交渉して、米軍の門限一〇時以降は日本人相手に営業ができるようになった。鶴見園と二条館の『たちばな』が、『つるみ』と並んだ外人用のダンスホールであったが、占領軍がすくなくなるにつれて廃業してしまった」

白藤常夫『泉都芸能社』

「セント・アミューズメント・エージェンシー」(泉都芸能社)社長の白藤常夫は、伝説の興行主である。別府・流川の名門『日向子ホテル』にあった『ナイトクラブ銀』を経営していた。彼は別府の米軍キャンプに四バンド、熊本の米軍キャンプにも三バンドを送り込み、別府芸能界の総元締めだった。

佐賀『別府と占領軍』によると、「一回の契約金が一〇〇《ドル》。その二〇%が手数料として、白藤氏の懐に転がり込んだ」。ダンサーや芸人が一晩に数か所のクラブ巡りをすると、ギャラは二か所目からは半額以下に落ちた。しかし、「白藤がもともと受領する金額は一〇〇《ドル》だから、宙に浮いた五〇《ドル》はそっくり彼のものになった」。

別府にはＢＯＯ（独身将校）クラブや下士官クラブ、サービス・クラブ、ラッカサン・クラブ（ＥＭクラブ）があった。一九四七年に満洲・大連から引き揚げた小沼定爾は、将校ホテル『観海荘』で最初の仕事にありついた。一九四九年四月、キャンプ・チカマウガのモータープールで通訳になった。ここには基地内のサービスクラブやＰＸ、映画館を巡回するバスがあり、下士官クラブでショーがある時は運転を代行して「ショーガール」の送迎を行い、内緒でショーを見せてもらった。男性だけのためのショーもあり、日本の劇場なら警察沙汰になるようなものだったという。

一九五〇年代、別府には約三〇〇台のリンタクがあった。朝鮮戦争が起きると、米軍の帰休制度によって「朝鮮ボケ」と呼ばれた帰休兵が増えた。帰（リターン）休（レスト）の施設として小倉に「ＲＲセンター」が設置されたが、そのうちの多くが別府に流れてきたのである。

彼らは別府駅を降りると「リンタクの網にかかり、女をセットされた値段をつけられて（パンパン）ハウスに送り込まれた。交通公社のホテル宿泊クーポン券を持参した米兵の中には、民家（パンパンハウス）を「ホテルと思い込んで休みの間を女と過ごす者もいた」という。

以上の三行は佐賀『別府と占領軍』からの引用だが、すでに述べたように佐賀自身も「パンパンハウスの経営者」だったことがある。彼が「進駐軍ゴロ」と自嘲する由縁だ。では「パンパンハウスの経営者」とは、どんなことをしていたのか。

その答えが毎日新聞西部本社編『激動二十年　福岡県の戦後史』（一九六八）に載っていた。証言しているのは、同業者だった小倉北区の知名士A（防犯委員）だ。Aは六畳八間、四畳半四間の計一二部屋に、八人の女を置いていた。部屋代の名目で一晩五〇〇〇円の水揚げのうち二〇〇〇円をピンはねした。ハウスにマネージャーがいる場合、さらに一〇〇〇円を巻き上げられた。佐賀の場合、Aほど大規模ではなく、マネージャーと用心棒を兼務する「小規模経営」だったようである。

桐かおると瀧口義弘

少し脱線するが、せっかくだから、この話も書いておこう。

別府のストリップショーの元祖も、前述の白藤常夫である。『ナイトクラブ銀』の目玉ショーであった。「ストリップの帝王」と呼ばれた元銀行マン・瀧口義弘（福岡県出身）の同名評伝（八木澤高明著・二〇一七）に、白藤の名が登場する。

瀧口は「レスビアンショー」で業界を風靡した桐かおるの実弟である。

「確か高校二年生ぐらいだったかな。桐から電話が掛かってきて『別府に来い』と言われたんです。

当時、別府に白藤恒夫（佐賀は「常夫」と表記）という有名な興行主がいたんです。別府を根城にしていた石井の親分（石井一郎組長）を呼びつけるような人で、力をもっていたんです。その人の所で（桐は）ストリップを叩き込まれました」

瀧口は一九四一年生まれ。彼が別府の姉を訪ねたのは、高校二年生の頃というから、一九五八（昭和三三）年ごろになる。「ナイトクラブ銀という店の二階が寮になっていました。部屋に戻ると、お姉さんたちがすっぽんぽんで歩いてるんですよ。『あらっ、かわいいわね』なんて言われて、こっちは童貞の高校生でしょ。真っ赤になって、一度たりとも直視できなかった」

その桐かおるに、別府時代の思い出をインタビューした人物がいる。小沢昭一である。小沢による卓抜な聴取録「日本一のレスビアン　桐かおるの無頼なる生活と意見」（『芸双書「ストリップの世界・さらす」』一九八二）に詳しい。

「本格的に踊り手になりたくなって、別府のショーの興行社の試験を受けたんやけど、ダメ」だった。この興行社が「泉都芸能社」だったようだ。踊り手から個人的に面倒をみようと言われた。桐は高校卒業後、ヒロポンやら恐喝、女子高校生誘拐（！）などで捕まって、少年刑務所に入れられた。出所後に大衆劇団に入り、フラダンスなどを踊っていたという。

「まもなく別府一番のキャバレーで、急にフロアショーに出ることになった。速成で『タブー』を振り付けられて、サラシ巻いて、何が何やらわからんうちに、布をパット落としたら、オッパイ丸出しになったわけ（笑）」

これが別府ストリップ誕生の瞬間である。小沢昭一が聞く。「その頃はオッパイ出てましたか」。

桐「ああ、もうその頃はバッグンや。それから一気に、私は売れて売れて……」。一条さゆりと並ぶ、伝説のストリッパー誕生の物語である。桐かおるは一九九八年、六三歳で死去。生来のレスビアンであると公言していた。

水上勉『木綿恋い記』

水上勉『木綿《ゆふ》恋い記』（一九七〇）は、知られざる戦後小説である。

米軍占領期の別府・湯布院に関して、これほどリアリティのある創作は存在しない。社会派小説家だった水上らしく、綿密な調査に基づいて執筆している。この小説は戦後別府の状況をひとまとめにして文章化した趣きがある。しかし、刊行から半世紀がたった今、すっかり忘却されてしまった。

一九六八年から翌年にかけて、読売新聞に連載された新聞小説だ。当時の水上は、身体障がいのある次女の療育問題で、頻繁に「別府整肢園」に来ていた。妻・叡子（旧姓・西方）の実家がある大野郡三重町も訪れた。叡子は特筆すべき戦後の女性である。三重町は湯布院に近い。敗戦から二〇数年後の時期である。水上が別府や湯布院に色濃く残っていた敗戦後の混乱を知り、現地取材の上で小説化したのは確実だ。

「由布岳のふもとに生まれた娘に、砕石工夫だった父は由布《ゆう》と名付けた。その父は彼女が一〇歳のときダイナマイト事故であっけなく死に、病弱だった弟も幼くして世を去った。敗戦直後の貧しさから温泉旅館の芸者になった由布は、酔客に手込め同然に処女を奪われ、以後、客に身体を売るようになる。そんな由布を心配した母は、同郷のつてを頼って東京へ行き、マッサージ師の勉強をするよう勧めた」

これは文春文庫版（一九七八）のケレン味の強い作品紹介だが、実際に小説を読んでみると、戦後混乱期のありさまを巧みに描写した作品だと理解できる。前半の舞台が米軍占領期の湯布院、別府、湯平温泉である。後半の東京編が不出来なため作品の価値を落としているが、前半部分は現代史が欠落させてきた「戦後のリアル」を再現し、時代の記録として意義がある。いくつか引用してみる。

「男たちは去勢されていた。（中略）全国津々浦々に見られた風景である。別府もその例にもれない。（中略）慰安婦たちは市の唯一の繁華街である流川を中心に、進駐軍目当ての売春に精励したのである」

「混乱に押し寄せて来たもう一つの波があった。それは第三国人といわれる市内外の地に居住していた韓国人たちである。由布岳の裏側の日出生台には、戦前からこの人たちの開拓地があり、ここでは軍の食糧増産要請によって、約二千人もの人が開拓事業にたずさわっていた」

「駅前や海門寺のあたりでは、韓国人と日本人のけんか、闇商人同士、進駐軍の中でも黒人とアメリカ人とのけんか、夜はパトカーがサイレンを鳴らして走る。殺人はなくても傷害事件は日常茶飯事だった」

「日出生台は進駐軍の巣だった。女たちがアメリカの屯営に寝泊まりして、ばくだいなドルを稼いでいるそうな。兵隊は明日にも朝鮮へ征くらしい。金払いがよい。大半は二〇歳前後のチェリーボーイ」だった。

水上勉は公刊された『日出生台演習場関係補償史』（一九六二）も引用して、当時の状況を再現した。この補償史には湯布院村（当時）の状況について「進駐軍相手の売春婦が約七百名。暴力団、闇ドル買い等が多数、他から移住してきたため、静かな村は一変して特殊地帯に変わった」という記述もある。「由布山麓が無法地帯と化した事情はこの小記に躍如としている」と小説家は付記した。湯布院町誌編集委員会が編纂した『町誌「湯布院」』（一九八九）が優れているのは、この水上『木綿恋い記』を本文中で紹介した上で、第一章で記述したように「進駐軍と売春婦」「厚化粧と闇景気」などの小見出しで、町誌らしからぬ率直な記述をしている点である。

湯布院は戦後の街づくりで独自の地歩を占めてきた。戦後の恥辱を真正面から捉え、そこから「町のアイデンティティ」を確立した歴史を知る者にとって、この町誌の記述は感銘深い。

野口智弘『由布院ものがたり』（二〇一三）には、「亀の井別荘」の前社長・中谷健太郎の回顧談として、「全六部屋のうち三部屋が『夜の蝶』の専用部屋。客は米軍の将校クラス。私は高級売春婦の部屋貸しで大分市内の中学校に通わせてもらった」という正直な証言が記述されている。『木綿恋い記』の主人公の一人（医師）には、実在した医師・岩男《いわお》頴一《ひでかず》（のち湯布院初代町長）や別府の「ドクター阿南」を彷彿とさせる人物設定がある。水上勉が一九七〇年当時は健在だった「戦後期の人々」を取材して、小説の構想をまとめたのは間違いないと思われる。

別府から千歳へ

平林たい子の小説『北海道千歳の女』（一九五二）に、かつて別府に住んでいた夫婦が登場する。

「亭主の早造は年下の二十五で、かみさんのつま子は二十七。二人は一年前まで別府で似たようなみやげ店を開いていたが、朝鮮戦争でこの方、別府方面に足を向けるＧＩさんがぐっと減ってきた。（中略）寒いのをいやがるおつまをなだめなだめ、ここで再び同じ店を開いたわけである」

いかにもありそうな話だ。平林は一九五四（昭和二九）年、米軍撤退が決まった千歳に行き、性産業関係者を取材した。その成果が小説『北海道千歳の女』である。平林の当時の日記には、千歳の「オンリー」たちの発言を記録したメモもある。

「アメリカ兵たちは女に親切で優しいというのは表面的である。私のアメちゃんは靴の紐を解かせ、洗面器にお湯まで汲ませる。ただし彼の給料一七〇《ドル》のうち、一三〇《ドル》を自分によこす。自分は毎月二万円貯金している。彼はもう二年間は引き揚げないと言っている」

「私の兵隊は先月、急に引き揚げてしまった。また来るように手続きすると言っていたが、そんなことは当てにしていない。アメリカ人は知ってみると、日本人よりずっと教育が低くて、品性が下劣である。子どもが一人あって、仕送りするために彼についていたのだ」。

別府のオンリーたちも、似たようなことを言っていたに違いない。現代なら東南アジアの女性が日本や韓国の男に言いそうな憤懣である。

平林たい子は戦後、性的タブーを乗り越える作品を多作した。元プロレタリア作家の亭主が女中をはらませたと白状すると、「私は小説家なのに気づかなかった」と歯がみして、絶筆宣言した。浮気した大杉栄を刺した神近市子と仲が良かったという。肝っ玉母さんらしい風貌である。若い時は共産党シンパ、戦後は保守派の論客であり、「忘れられた作家」にしておくにはもったいない。

佐賀忠男の遺詠と著書『別府と占領軍』（佐賀忠男の自宅で）

佐賀忠男の戦後

佐賀忠男は七人兄弟の末っ子だ。戦時中、別府市旭通りに父母らと住んでいた。日豊線裏手の朝見川沿い一帯である。兄二人は戦死。家庭は貧しく、旧制別府中学を卒業すると、地元の大分銀行に勤めた。しかし数年後には胸を患い、退職した。復帰すると、占領軍相手の仕事をするようになった。

「胸を病んで娑婆《しゃば》に出てきた私にとって、終戦後の社会は文字通り、就職難の時代だった」「つてを求めて、別府駅にあったRTO（占領軍輸送事務所）小荷物係の職を得た」。米軍専用の赤帽である。衣類を詰め込んだスーツケースを肩に担いで、跨線橋を上ってゆく。病み上がりの身に、荷が食い込んだ。「ヘイ、スキニーボーイ（痩せっぽち）」。笑いながら歩いてくる米兵もいた。

タバコをわざと地面に投げ、拾えとジェスチャーをした。「うずくまって拾いながら、私の胸の中は屈辱と怒りで煮えたぎる思いだった」

ある日、暴発したピストルの弾が、ホームで立っている佐賀のすぐ傍らの柱に当たった。二人の黒人兵がふざけあっているのだった。すぐにMPに連絡した。二人は、たちまち姿をくらましていた。あと十数チセンの命だった。米兵の遺体を小倉の死体処理場に送るため、貨車に積み込む作業もした。空挺部隊の演習でパラシュートが開かず墜落死したのだ。「重い棺桶《かんおけ》を四人がかりで運んでいると、臭気が鼻を襲い、二、三日は飯が喉を通らなかった」

夕暮れの別府駅前には美空ひばりの「悲しき口笛」（一九四九）が流れていた。「♪丘のホテル赤い灯も／胸のあかりも消えるころ／みなと小雨が降るように／ふしも悲しい口笛が／恋の街角路地の細道　ながれ行く♪」（藤浦洸《ふじうらこう》作詞）

佐賀はその後、占領軍ホテル、占領軍バー、パンパンハウス経営を経て、『別府と占領軍』（一九八〇）を執筆当時は、流川一〇丁目のホテル「松の井」に勤務していた。

「進駐軍ゴロ」の記録

『別府と占領軍』の中で、もっとも自虐的なのは、第五章「星の流れに」である。言わずとしれた菊池章子の歌謡曲であり、映画『肉体の門』（一九四八）の挿入歌である。

「♪星の流れに身を占って／何処《どこ》をねぐらの今日の宿／荒む心でいるのじゃないが／泣けて涙も

涸《か》れ果てた／こんな女に誰がした♪」（清水みのる作詞）

佐賀の記述によると、別府のパンパンは最盛期には八〇〇人から一〇〇〇人近くもおり、パンパンハウスは百数十軒を数えた。貸席は浜脇温泉が黒人兵、北部旅館街（海門寺の東側）が白人兵用とテリトリーが画然としていた。流川二、三丁目や銀座街入口付近は「パンパン市場」と呼ばれ、ぽん引きやリンタクのたまり場になった。

特定の米兵と契約している女は「キープ」「オンリー」と呼ばれ、山の手の住宅街に部屋借りしていた。結婚して米国に渡航した女性もいた。大分合同新聞（一九五六年七月一〇日）によると、戦争花嫁として渡米旅券を受けた別府の女性は、一九五一年からの合計が三三七人（申請中二〇人）であり、うち二割が黒人兵との結婚である。『別府と占領軍』の口絵に黒人兵とのカップル写真が載っている。「キープ」は「オンリー」と違い、MP公認だった。

本文に収録してある「あるハウス業者の記録」は、佐賀自身による記録と見られる。小屋豊一（元警察通訳）と対談した「S（元ハウス経営者）」とは、佐賀その人であろう。この対談録によると、S（佐賀）がパンパンハウスを開業したのは一九五一（昭和二六）年だ。「進駐軍ゴロ」の自称を厭わなかった佐賀の戦後は、坂口安吾『堕落論』を地で行く人生だった。

別府・山の手界隈

玉田南子は、小郷穆子や佐賀忠男と同じ時期に、別府の文学サークルなどで活躍した女性である。

彼女が書いた「山の手界隈」という文章が、佐賀『占領軍と別府』の証言集に収録されている。冷笑的なタッチで戦後の別府を描写していて、興味深い。

「別府市の山の手あたりは、まるでアメリカ村と言いたいような雰囲気で、流川一二丁目から区切りをつけたように、そこから先に進むに連れて、アメリカ兵とパンパンと呼び名を付けられた女たちの姿が数多くみかけられた」

玉田も引揚者のひとりだ。「米兵のオンリーになっている日本人の女が、衣食住ぜいたくしているのを見ると、うらやましいとは思わないが、こんな生き方もあるのだな、と男に比べて女の便利さを知り、考えてしまったものである」。玉田の年齢を調べてみたが、よくわからない。「女の便利さ」。ひどく棘のある言葉だ。

「女はかなしい。売春婦であるはずの彼女たちは、何時の間にか、米兵を本当に愛してしまうらしい」「山の手一帯の活気と喧騒は、米軍キャンプとパンパンによるものである」

玉田は最後に一句を引用する。「がく然とわれ生きておる椿かな　柏原和男」

柏原《かしはら》和男も忘却された戦後の無頼派俳人だ。彼は一九六三（昭和三八）年二月、大阪市西成区山王町（飛田遊廓）で死んだ。暗がりで男二、三人に取り囲まれ、短刀らしきもので左モモなどを刺されて、出血多量で死んだのである。享年三一。釜ケ崎で労務者暮らしをしていた。

宮崎県出身の柏原は一九五〇年、大分の俳人・田原千暉《ちあき》宅へ転がり込み、彼が主宰する俳誌の同人になった。玉田南子はその頃、柏原と知り合ったに違いない。田原は「反戦平和」派の俳人として知られる。一九五四年以降、柏原は各地を転々とする。「がく然とわれ生きておる椿かな」。無頼派の俳句は、戦後別府の空間感覚によくマッチしている。

「混沌の世に生きた同期の桜」

遺族によれば、佐賀忠男は「二流どころのホテル支配人として生涯を閉じた」。五四歳という早すぎる死であった。すでに紹介したように、佐賀は自著のまえがきで「『進駐軍ゴロ』という言葉があれば、私もその一人であったかも知れない」と自嘲の弁を書いて、はばからない男でもあった。

映画監督・今村昌平が、佐賀『別府と占領軍』に推薦の辞を寄せている。少年時代から別府で過ごした連続殺人犯・西口彰を映画化した『復讐するは我にあり』（一九七九）のシナリオ・ハンティングで、佐賀の助力を得た。今村は戦後の基層社会を描いた重要な映画人である。今村は佐賀を「竹のような強さと固い芯がある」と評した。第二章（戦前編）で紹介した別府の作家・小郷穆子は、同書まえがきで佐賀を「混沌の世に生きた同期の桜」と述べている。

佐賀忠男の著作を大分県立図書館で探すと、中津市で発行されていた月刊誌『邪馬台』（一九八二年九月号）に「大分県売春考」という文章が見つかった。大分県内の色街として知られる邯鄲《かんたん》（大分市）、浜脇（別府市）、下の江（臼杵市）、中津の変遷を調べたもので、佐賀が執筆中だった『定説大分県売春考』（未公刊）の一部であるという。元「パンパンハウス経営者」だった佐賀が、売春問題の考察に本気だったことを示す文献である。

さらに雑誌『邪馬台』を調べると、小説『海鳴りの午後』（一九八二年三月、一九七三年三月）、『ザ・

パンパン』（一九七二年一二月号）の二作品が見つかった。前者は下の江遊郭をめぐる哀切きわまる作品であり、後者は米軍占領時代の女傑クレージー・マリーをヒロインに、その出生地を佐賀関に見立てた特異な作品だ。

佐賀が急逝したのは、西日本新聞大分版に油屋熊八の評伝『湯けむり太平記』を連載中の一九八四年四月一四日午前零時三五分のことであった。死因は激しい痛みを伴なった急性腹症である。同新聞大分版（同月一五日付け）に「『湯けむり』の筆者、急逝」と二段扱いの訃報が載っている。この評伝は計八五回からなる力作であり、佐賀は「熊八の出生地（宇和島）まで行き調べた最初のライター」（三浦祥子『月刊アドバンス大分』元編集長）であった。

佐賀は戦後の修羅場をかいくぐってきた男の一人である。その男が『別府と占領軍』に残した文章は、地方戦後史の考察にあたって一つの普遍性を持っている。

「私は現在、別府のホテル支配人として生活しているが、今、別府を世界の観光地として世に売るためには、表面的なメークアップだけでなく、別府を誇りとする人々の心からのもてなしが大切である」

「別府で生まれ別府で育った私にとって、別府は切っても切れない故郷であり、へその緒のつながった母である。風化していく別府の戦後史。被占領体験は苦しいものでしかなかったが、その事実を直視することによって、私は自分の拠って立つべき場所を求め続けていく。それは戦後がどこに自分の歴史的な位置を発見するかという問いかけでもある」

真っ当な議論であると思う。地方史は自己確認のための「母」である。自己の生活史に「戦後」

をどう位置づけるかは、戦後七五年を迎え、きわめて重要である。衰退してゆく地方に生きる者にとって、佐賀忠男が言う「風化していく戦後史」は何を意味するものなのか。戦後を生き抜いた「別府の誇り」とは、何だったのだろうか。

それを考察する前に、次章では「朝鮮戦争とＢＥＰＰＵ」の真相を考える。東アジアの規模で「地方の戦後史」を考える視座が必要だからだ。

第四章

朝鮮戦争とBEPPU

「別府の日本人も、朝鮮戦争に従軍したのではないか」

二〇一九年八月一八日夜。テレビ画面を見ながら、強い疑念が頭をもたげてきた。同夜のNHK・BS1スペシャル「隠された〝戦争協力〟朝鮮戦争と日本人」は、米軍部隊に従軍した日本人労働者たちの秘話を報じた。アメリカで発見された日本人七〇人の尋問記録から、朝鮮戦争の戦闘行為に参加した日本人がいたという「不都合な歴史」が明らかになったのである。

朝鮮戦争と日本人の関係については、海上保安庁の「特別掃海隊」が派遣され、民間船員が米軍物資の海上輸送に従事したことが明らかになっていた。触雷などによる日本人の死者は七〇人近くもいると言われてきた。しかし、日本人が戦場での作戦に参加し、戦死者も出ていたという証言を私が聞いたのは、初めてだった。尋問後、米軍は日本人労働者に一切の口外を禁じたため、この事実は闇に葬り去られていた。

NHK取材班が取材したのは、キャンプ小倉や福岡の日本人だ。北朝鮮軍の突然の韓国侵攻に慌てた在日米軍は混乱し、基地にいた日本人労働者を誘い、朝鮮の戦場に連れて行った。彼らは通訳や炊事班の労働者だったが、熾烈《しれつ》な戦闘が繰り広げられた最前線では、否応なく武器を持たされた。

「朝鮮人を何人も殺した」「同僚も北朝鮮に殺された」。年老いた日米の証言者たちの声が、テレビ画面から這いずり出してきた。別府のキャンプ労働者が例外だったはずがない、と私は思った。

「参戦」した日本人

大分県立図書館で資料を探した。

大分合同新聞（一九五二年一一月二一日付）の記事が見つかった。大分県民が朝鮮戦争に参戦したことの証拠物件である。「別府にも消息不明が二名／渡鮮した従軍の七名、幸い五名だけは還る」という見出しだ。以下、全文を引用する。

「朝鮮動乱の起った直後の昭和二五（一九五〇）年八月、米軍部隊につれられて朝鮮に渡った日本青年の安否が全国的な話題を呼んでいるとき、別府市内でも渡鮮した日本人労務者が現在わかっているだけで七名おり、うち五名は無事帰還し、二名は行方不明であるという」。戦争勃発から二年後の記事である。当時から朝鮮戦争への日本人参戦問題が問題になっていたことがわかる。

「これは病をえて幸運にも帰ることのできた別府市某町A君（二五）＝特に名を秘す＝が語る模様である」。記事は証言者の住所や氏名を明記していないが、信憑性は高いと思われる。その証言によると、「A君は一昨年七月当時、別府駐留軍連隊サービス中隊のコックを勤めていたが、同連隊が朝鮮に渡る前日に、くじ引きによって朝鮮渡航を誘われた、このA君と相前後して二〇歳から三〇歳代の給仕、コックなど七名が従軍した、その中には本人の希望で加わったものもあったらしい」という。

いずれもコックや給仕といった職種である。NHKが報道した小倉や福岡の事例と同じだ。「くじ引きによって」という記述は、日本人の選抜にあたって抽選が行われた事実を示す。他の職場では「本人の希望」による参戦もあったということだ。「一行七名は大邱《テーグ》などの一〇ヶ所ばかりの前線を、米軍と同じ服装で行動をともにした」。大邱とは韓国中部の大都市である。この記述は、開戦直後に別府の日本人労働者も朝鮮に渡った事実を示す。大邱付近での会戦は、一九五〇年七、八月頃だ。

消息不明の朝鮮渡航者

A君の証言記事は続く。「A君は病気のため一ヶ月半ほどして病院船で博多に送還された、その後二ヶ月から半年足らずで、四名は相次いで生きて別府の土地を踏んだが、残ったB氏（三〇）同C氏（三〇歳ぐらい）＝以前別府市居住＝は、いまだに消息がわからないので、戦死かあるいは中共軍に抑留されているのではないかと、同人らの妻たちから安否を気遣った便りがA君のもとにあるという」

七人のうち五人は渡航後、数ヶ月以内に別府に帰還したということだ。しかし、この記事が書かれた一九五二年一一月までに、残る二人が帰還していない。二人は戦死したり、抑留されたりした可能性が高い。

この記事の欠点は、関係者が実名表記されていないことだ。現時点でフォローアップしにくい。後続の紙面には関連報道が見当たらず、生死不明になったB氏とC氏の二人は「歴史の闇」に消えたままだ。生還した五人についても同様だ。記事にはA君の談話が載っている。本文と重複する部分があるが、これも全文引用しておく。

「A君の話　朝鮮動乱の始まった七月、突然、サービス中隊の中から三名同行を求められた。一〇数名の労務者がくじ引きして、私が一番に決まりました。その出発は翌日というので、母は泣いて止めましたが、私は行くことに決心しました。あの当時としては仕方がなかったのです。朝鮮での一ヶ月間はコックをしていました。戦争は恐い、もう二度と行きたくありません」

Aは「コックをしていた」と述べているが、戦場で戦闘行為があったことを口外するのは米軍側から禁じられており、額面通りには受け取れない。彼が実戦に参加した可能性は高い。「僕より少し遅れて帰ってきたD君（別府市）は自分から望んで同行したそうです。G中隊からも大尉の給仕として行った者があり、私の知っているだけでも合計七名はいます」。以上である。

「大分県民七人が朝鮮戦争に参戦」という意外な史実は、開戦二年後の地元紙に大きく掲載されたものの、その後は忘却されていた。歴史的な事実、記録、記憶、忘却の相関関係とは何なのか。私は「過去は記録し記憶されてこそ未来の教訓になる」と考える。この本を書いている理由でもある。

朝日新聞の先行報道

忘却されていた新聞記事を、私がなぜ容易に県立図書館で発見し得たのか。その「種明かし」をしておかないと、フェアではない。由布市に住む山下恭子（八三）の献身的な作業があったからだ。

彼女は一九九七年、県立図書館に三カ月間通い詰め、大分合同新聞の米軍関連記事を網羅した『日出生台・十文字原演習場』という四分冊のスクラップブックを完成させており、県立図書館に保管されていた。その奥付には山下宅の電話番号が載っていた。さっそく電話したが、電話機は撤去されていた。帰京後、由布市役所に問い合わせて、彼女と連絡がついた。山下は「ゆふいんこども映画祭」の実行委員として、健在だった。

湯布院生まれの山下（旧姓・中谷）は、東映動画に勤務した元アニメーターだ。国産初の長編カラーアニメ『白蛇伝』など黎明期のアニメ作品多数に参加した。NHK朝ドラ『なつぞら』のモデル・奥山玲子の同僚である。元湯布院町議（共産）一期。二〇一九年のこども映画祭では当時、東映動画の演出助手（助監督）だった高畑勲の関連作品四本を上映した。

山下を探し出した頃、朝日新聞のデータベースでも関連報道が見つかった。大分合同新聞の記事に「朝鮮に渡った日本青年の安否が全国的な話題を呼んでいる」とあったことから、この問題では先行報道があったのだろうと見当をつけたのである。

記事は朝日新聞（一九五二年一一月一四日）東京本社版夕刊に載っていた。大分合同新聞の報道より七日早い。「大分にも三名／渡鮮して消息を断つ」という大分発の四段囲みの記事だ。朝日新聞は一三日朝刊で、韓国に渡った東京港区のペンキ職人・平塚重治（当時二九）＝ニックネーム・ネオ平塚＝が一九五〇年八月、ソウル付近で戦死していた事実を報道していた。父親から遺骨や遺品の返還、補償金または慰労金の請求が外務省を通じて在日極東軍司令部に提出され、日米合同委員会で取り上げられていた。大分発記事は、その続報である。「ネオ平塚君と同様の運命にあった青年が大分県にもおり、県外務課でも調査している」と書いてある。次の通りだ。

生死不明者の名前

「別府市海門町一班・吉原雅文君（二二）は一昨年七月当時、別府駐在の米歩兵一九連隊のコックとして務めていたが、同君は誘われるままに同部隊の朝鮮出動に同行したまま消息を断った。安否を気遣った病身の父親・寛二郎さん（五三）から去る八月初め県外務課に捜索願があり、同課でもただちに調査を開始したが、吉原君のほかに朝鮮に渡った青年は、県下で数人あったらしく、ただちに外務省に調査を依頼したところ、先月一四日極東軍司令部から日米合同委員会を通じて『いろいろ手を尽くしたが不明である。同君の場合、国連軍として参加されるべきものでなく、あくまで一兵士の個人的な勧誘によって無分別な行動をとったもので、その兵士に対しては懲戒処分に付すべき性質のものである』と返事があった」

この朝日の記事には、失踪者の住所、氏名、年齢が明記してある。①職種はコックである、②数人の日本人の「朝鮮渡航者」がいた、③米軍側は「米兵士の勧誘に応じた無分別な行為」と判断していたことが分かる。

ほかにも朝鮮戦争で生死不明になった二人の名前が記述してある。津久見市下青江、越智澄子（三三）の夫・英一（四〇）と、大分郡鶴崎町の橋本忠二（二八）である。越智英一は米軍別府キャンプに勤務中（職種不明）に吉原雅文と同行した。渡鮮すると言い残したまま消息を断った。越智澄子によると、橋本忠二も朝鮮に渡ったといい、「いずれも外務省を通じて問い合わせたところ行方不明になっているとの返事があった」という。記事の締めくくりは以下の通りだ。「県外務課では吉原君は戦死としての取扱いはもちろん、補償金の望みは断ち切られ、日本側の生活保護法が見舞金を集めるよりほかに道はない」。

家族にしてみれば、まことに理不尽な扱いだが、米軍側の主張は法律的には一応の整合性がある。これらの日本人は国連軍兵でも軍属でもない。開戦初期に動揺した米軍将校がキャンプにいた日本人労働者を誘って、韓国の戦場に連れて行ったという不正行為の同伴者であるという理屈になる。「進駐軍による事故被害者」でもないから、見舞金の支払い規定にも当てはまらない。

しかし、これらの史実が「戦後史」に記録されないまま、記憶から忘却されて良いことには断じてならない。新聞二紙が伝える「朝鮮戦争の秘話」は、朝鮮半島の軍事状況が、九州の安全保障と密接な関係があることを端的に示すものであり、私達が忘却してはならない「戦後史の悲劇」であるからだ。

津久見の家族

実は、朝日新聞が実名報道した「津久見市の越智英一」に関しては、すでに大分合同新聞が一九五二（昭和二七）年八月二〇日付けで報道していた。それを後になってから気がついた。つまり地元紙が二度にわたって「朝鮮に渡航して行方不明になった日本人」を報道しているのだ。まだまだ見落としがあるかも知れない。

この報道は「わたしの夫はどこにいる？　占領軍に従い行方不明　津久見　三年間嘆く妻子五人」という見出しだ。夫人の越智澄子（三三）のほか、長女・恵美子（一二）長男・健二（九）次女・啓子（四）次男・昭（二）の住所・下青江新道と家族五人の名前が明記してある。

「彼女の夫は昭和二五年、別府の占領軍キャンプに勤務中、七月一六日正午ごろ、突然『部隊の都合で朝鮮へわたることになった』と簡単な言葉を残したまま、同夜、別府市を離れた、それ以来満三年を経過した今日まで音信不通で生死のほどもわからず、越智一家は不安の生活を送っている」とある。

記事によると、越智一家は一九五〇年一二月、米軍別府キャンプに照会したが、返事をすると約束してくれたものの、なしのつぶてだ。翌年九月から生活保護を受けるほか、実父が行っている九州電力の集金の手伝いをしているという。「四人の子どもがかわいそうでなりません」。越智夫人の新聞談話が身につまされる。この記事が出てから七〇年近く経った。妻と子どもたちは、どういう戦後を送ったのか。

朝日新聞（一九五二年一一月一三日朝刊）には、前述した平塚重治の父親の談話が載っている。「遺骨なり遺品なりをくれる愛情味のある手を打ってほしい。人の息子を勝手に連れて行っておいて、密航したなどとはひどいと思う」。平塚の家族によると、父親は米国大使館の前で「息子を返せ」と書いたプラカードを持ち、一人でデモ行進を続けたが、らちが明かず傷心のまま亡くなったという（西村秀樹『朝鮮戦争に『参戦』した日本』二〇一九）。

朝日新聞の記事に記載された固有名詞をもとに、私は県外務課の該当文書の有無を、大分県公文書館に問い合わせた。しかし、数日後に届いた回答は「関係すると思われる文書は見当たりませんでした」というものであった。

朝鮮戦争と戦後日本

日本（あるいは別府）にとって、朝鮮戦争とは何だったのか。

朝鮮半島は依然として、南北朝鮮と周辺国の確執が渦巻く紛争地帯である。朝鮮と距離的に近い九州では、その影響がもろに現れる。別府や小倉、博多の米軍キャンプにいた日本人労働者の「参戦」事実は、その具体的な反映だ。しかし、地域史の観点から日韓の現代史を包括的に記述した研究書の存在を、寡聞にして私は知らない。白村江の戦い、元寇、豊臣秀吉の出兵、日清・日露戦争に比べても、朝鮮戦争をめぐる九州現代史からのアプローチは未熟である。将来の日本は「朝鮮戦争と日本」の教訓をどう生かし、どう対応するのか。

元朝鮮総連系の雑誌記者だった金賛汀の著作『非常事態宣言一九四八』（二〇一一）は、朝鮮戦争開戦前の半島情勢と米軍、共産党・在日朝鮮人運動の高揚と弾圧をめぐる関連を解明した。神戸の非常事態宣言（一九四八）発令は、左翼運動が蠢動した韓国情勢と密接な関係があったというのが、彼の推定だ。日本と朝鮮の戦後状況に相互関連があったという観点は重要だ。

日本共産党員（国会議員秘書、のち除名）だった兵本達吉の著書『日本共産党の戦後秘史』（二〇〇八・新潮文庫版）は、「日本共産党は、スターリンや毛沢東の支持を受けて、金日成が仕掛けた南北武力統一、革命戦争、朝鮮国内戦争に体よくのせられ、片棒を担がされた」と明瞭に書いている。このあたりの歴史的な真実を、地域現代史のレベルでも探究する必要がある。

別府の証言者

朝鮮戦争に関する佐賀忠男『別府と占領軍』の記述は、意外なほどに少ない。「朝鮮動乱あれこれ」（一三八ページ）に二人の証言が載っている程度だ。

自動車工場長I・Cの証言「昭和二五年七月、料理人として働いている時、曹長から朝鮮に行かないかと誘われた。別府にいてもあまり芽が出ないし、面白そうだから、それじゃ行ってみようかということで、西大分港から上陸用舟艇で朝鮮に向かった。舟は釜山に着き、食堂車の中でお湯沸かしが仕事だった。その後、大田、大邱へ行き、第一線に参加するかと誘われたが、戦争はいやだからここにいると答えると、それもよかろうとあっさり許可されて、料理人の仕事に携わった」

Ｉ・Ｃの証言には「朝鮮渡航」に至る具体的な経緯が含まれている。①彼もコックだった、②米軍曹長から朝鮮行きを勧誘された、③西大分港から上陸用舟艇に乗り釜山に着いた、④戦闘への「参戦」は自由意志だった——などである。大分合同新聞や朝日新聞の記事を補完する内容である。

もうひとりの「Ｔ・Ａ」は、佐賀が『別府と占領軍』を執筆した一九八一年当時、別府駅前で文房具店を開いていた。朝鮮に行った一人だが、佐賀の取材には「負け戦だったからね。あまり覚えていないいな」と、触れられたくない様子だったという。

「Ｔ・Ａ」の消息を追いかけると、別府の夕刊紙『今日新聞』で一九七七年一〇月下旬から連載された「チカマウガ三〇年」の回顧記事（一二回目）の中に、関連記事が見つかった。ここで彼は「サービス中隊に所属し大邱にいた。旗色はよくなく日本人で戦死した人もいた。従軍した動機ははっきり覚えていない」と証言している。記事には「国連軍とともに従軍した別府っ子は三人いた」という記述があり、Ｔ・Ａ氏には「予科練帰りの血気盛りの若者」という説明がついていた。彼の文房具店は現在も別府市内にある。

朝日新聞が書いた「別府市海門町一班・吉原雅文」について、米軍キャンプ・チカマウガ司令部発の秘密文書をＮＨＫ取材班の好意で入手できた。「TOP SECRET」「SECURITY INFORMATION」「HEADQUARTERS CAMP CHICKAMAUGA」の一九五一年一一月二六日付け文書である。

それには①吉原雅文（ニックネームMurphy）はＫＰ（kitchen police、炊事兵）として雇用された②一九五〇年六月、部隊とともに別府から釜山に上陸した③一九五〇七月二〇日ごろ大田付近で戦死もしくは行方不明ないし捕獲された④朝鮮における日本人使用規定違反や今後惹起されうる複雑な事態に鑑み、司令部はこの件に関して何らの行動を遂行しない、などと記載されていた。

④の意味は、米軍別府キャンプ司令部は後難を恐れて、吉原の家族からの問い合わせを無視したということである。それが「六八年目の真実」であった。

朝鮮戦争当時、米軍基地は九州だけでも、キャンプ小倉（北九州市小倉北区、同南区）キャンプ城野（同小倉南区）芦屋空軍基地（福岡県芦屋町）キャンプ博多（福岡市東区）ブラディ空軍基地（同）板付空軍基地（福岡市博多区・春日市）築城空軍基地（福岡県築上町）佐世保海軍基地（長崎県佐世保市）キャンプ・マウアー（同）キャンプ・チカマウガ（大分県別府市）キャンプ・ウッド（熊本市北区）の計一一ヶ所にあった。全国（沖縄を除く）では七九ヶ所である。

別府と同様な例は、数多かっただろうと推測される。

城野の死体処理場

キャンプ城野（小倉南区）に死体処理場があったことが知られている。毎日新聞西部本社『激動二十年　福岡県の戦後史』（一九九五）にも記述がある。この書籍は朝鮮戦争期の記録が傑出している。先輩記者の営為に敬意を表したい。

それによると、この遺体処理部隊は朝鮮戦争勃発の約五ヶ月後の一九五〇年一一月頃に活動を始め、一九五六年二月まで継続した。一九五五年までキャンプ城野に勤務した元歯科医・日吉克衛によると、遺体が増えて「露天に積まれっ放し」になった時期もあり、臭いは基地外にまで広がったという。日本人の人類学者（大学の助手クラス）が三人、薬剤師三人、歯科医四人、労務者四〇〇人が雇用されていた。遺体の中には北朝鮮側の死者と思われる骨格もあった。韓国・釜山から到着した遺体は門司港に陸揚げされ、トラックで城野まで運ばれた。

門司港における死体運搬については、林えいだい『海峡の女たち』（一九八三）に聞き書きがある。朝鮮戦争の初期、米軍の戦死者は米空軍機で築城基地に運ばれ、潜水艦で門司港や博多港に運ばれてきた。戦死者が増えると、LST（戦車揚陸艦）や輸送船で大量に門司港に運ばれた。死体運搬は日雇い賃金の六倍の三〇〇〇円だったという。死体には「首のないのや片足がちぎれてバラバラになったのがあった。眼球が飛び出て垂れ下がったものや、内臓が破裂したものもあった」。

荒木恭司（元全九州観光ホテル営業部長）は戦後、コックとして佐世保や小倉の米軍キャンプで働いた体験談を、毎日新聞記者に証言している。

一九五〇（昭和二五）年に別府に移駐し同年六月二〇日ごろ、演習のためLSTに分乗して大分港を出港し、神奈川県・久里浜で敵前上陸訓練を繰り返していた。その途中で朝鮮戦争が勃発し別府に引き返した。荒木は「このまま付いて行ったら大変なことになる」と判断し小倉に逃げ帰ったが、「三人のコックが朝鮮に行き行方不明」になったと証言しており、ここでも裏付け証言が合致する。

キャンプ小倉の通訳だった「I」は、知り合いのMp将校に誘われて、七月四日夜、門司港岸壁を出発した。乗船直前に「戦死、傷病など生命に異状があっても軍は補償しない」という誓約書にサインさせられた。輸送船は接収された日本の貨物船であり、乗船者はMPや病院関係者数百人、日本人はIら通訳三人だけだった。釜山に着くとカービン銃を渡された。彼の勤務するMP部隊は七月中旬、大田付近で激しい戦闘に巻き込まれた。「郊外の刑務所の裏庭やカトリック教会の地下室には、韓国兵ら約千人の射殺死体が転がっていた」。九月、国連軍の仁川上陸。Iもソウルを越えて三八度線を突破、平壌から西海岸沿いに鴨緑江近くまで進んだ。

ここで急に帰国命令が出され、Iはソウル金浦空港から軍用機で、福岡・板付基地に帰り着いた。一〇月一〇日だった。この当時になると、米軍内に紛れ込んでいた日本兵の存在を中朝側が問題にしており、事態に気づいた米軍側も急きょ、尋問の末に彼らを帰国させたのである。荒木の証言は朝鮮戦争に参加した日本人の証言としては、もっとも詳しいものだ。

一九五〇年七月一一日の小倉祇園祭の夜、キャンプ城野の黒人兵の一部（約一六〇人から約二五〇人）が脱走し暴徒化した事件は、松本清張『黒地の絵』（一九五八）で小説化され有名になった。その実相はいかなるものだったのか。

三沢から芦屋へ

ここで寺山修司の母に立ち戻る。

彼の母親「はつ」が米軍三沢基地の「将校ハウスのメイド」として働き、その将校の異動に同行して、福岡県遠賀郡のキャンプ芦屋まで行ったことは、第一章（「戦後史へのアプローチ」）で触れた。

この「同行」の真相は定かでない。額面通りに受け取りにくい部分もある。

半農半漁の寒村だった芦屋は朝鮮戦争の勃発によって、バーやキャバレー、パンパンハウスがあふれた横文字の街に変わっていた。

玄界灘に面したキャンプ芦屋は、朝鮮への武器、弾薬、兵員の大規模な輸送基地であった。極東空軍直轄の航空輸送総司令部が置かれ、「極東一の一大空輸センター」（『芦屋町誌』一九九一）になっていた。休戦協定が調印された一九五二（昭和二八）年七月までの三年間で、兵員三〇〇万人、傷病兵三〇万人、物資七〇万トンを空輸した。町には飲食店が一三軒しかなかった。それが戦争勃発三ヶ月後の一九五〇年九月までに、女たちのハウス四〇〇戸のほかキャバレーなど二四軒に膨れ上がった。

ピーク時の日本人労働者は約一万人にのぼった。米兵相手の女は約三〇〇〇人。部屋代は六畳一間で七〇〇〇円が相場。「風紀問題で歓楽街近くの幼稚園で〝検診ごっこ〟が流行した時、周囲の環境を正すよりも幼稚園を移転すべきだという正論（？）が大手を振ってまかり通った」（毎日新聞『激動二十年　福岡県の戦後史』）という記述には、苦笑せざるを得ない。

寺山修司の「母地獄」

寺山修司の母はつが、この街に着いたのは一九四九（昭和二四）年である。一四歳だった修司は、青森市で映画館を経営している大叔父夫婦に引き取られた。

「はつ」には『母の蛍　寺山修司のいる風景』（一九八五）という回顧録がある。この本に収録された寺山からの手紙の宛名書きなどによると、彼女が住んでいたのは「福岡県遠賀郡芦屋町正門通り安岡太四郎方」もしくは「同、安高福松方」である。「正門通り」というのはキャンプの正門通りという意味だ。この一帯は米兵相手の享楽施設の集積地だ。この街に「はつ」は一九五四（昭和二九）年まで滞在し、米軍立川基地がある東京・立川市に転居した。この年、寺山修司は早稲田大学教育学部国語国文学科に入学している。

『母の蛍』によると、彼女は修司を「修ちゃん」と呼んでいた。「北九州の芦屋に住まいが落ち着いてからは、私は青森へ週に一度は必ず手紙を出していました」「私はなぜこんな遠くにいるんだろうと、海を見ながらさめざめと泣いた」という。

だが、寺山修司を公私ともに支えた田中未知（作曲家）の回想記『寺山修司と生きて』（二〇〇七）によると、事情はかなり異なる。彼女は同書第三章「母地獄」で、はつの異様な行状を告発している。彼女が描き出した寺山の母親像は、戦後の女性の一類型とも感じられ、心が痛む。

彼女は主張する。「敗戦直後のことである。母子家庭は何万も存在していたに違いない。もちろん子連れの女に簡単に仕事が見つかるとは思えないが、それにしても、生活費を稼ぐために中学二年の息子をひとり置き去りに遠い九州まで働きに出るなど、私には理解しがたい。ある日、あるとき、前後の文脈は覚えていないが、いまも棘のように残る言葉がある。寺山の吐いた一言。『あの人はこのぼくを鋏《はさみ》で殺そうとした人ですからね』。無言で私の目をじーっと見つめたままだった」

この「鋏で殺そうとした」場面は、寺山修司の自叙伝『誰か故郷を想はざる』（一九六八）によれば、「父親の遺骨が届いた夜」である。骨ツボには「枯葉が一枚と石ころのようなもの」「そのほかの遺品として、出発の時、修ちゃんが駅前で渡した写真がありました」(寺山はつ『母の蛍』)。

寺山修司はこう記録した。「父の遺骨がとどいた夜、母は自殺をはかった。洋裁ばさみで手首を切断しようとしたのである。血が畳一面に飛び散り、寺山食堂の客たちが靴のままで階段を駆けあがってきた。母は一時的に狂っていて、私との無理心中をはかっていたらしく、血のついた鋏をかざして『修ちゃんは? どこにいる』と私を探した。(中略)やがて医者が来て母は抑えつけられ、注射を打たれておとなしくなった」

芦屋に着いたばかりの母親に宛てて、寺山が書いたハガキ(日付不明)は、哀切きわまる内容だ。田中『寺山修司と生きて』から、全文引用する。

「無事についたとの事お目出とう(ゴザイマス)。伯母さんはもう母さんからは金も来ないし、一年二年じゃ帰らないだろうといっていました。本当にそうですか。お金も体も来ないと僕は困りますよ、どちらも下宿なら不自由と思いますが、しっかりやってください。金は早く送ってもいいですが、このハガキは金の催促ではなく、移転見舞ですから。松原町四九　寺山修司」

寺山修司が作詞し、田中未知が作曲したカルメン・マキのヒット曲「時には母のない子のように」(一九六九)は、予想以上の深淵が潜んでいると言うべきである。

キャンプ芦屋の戦後史

芦屋町役場に米兵が占領軍として初めてやって来たのは、一九四五（昭和二〇）年八月下旬である（『芦屋町誌』一九九一）。

「海の深さを調べたいから船を出してくれ」「芦屋飛行場を案内してくれ」と言い、米兵は水源地の場所を尋ねた。下士官二人が通訳を伴っていた。その数日後には先遣隊数百人が海岸の測量や基地内の建設見積もり、旧陸軍の施設撤収を行った。一一月には施設大隊が来た。基地内の主要工事が一九四六（昭和二一）年から始まった。滑走路や格納庫などの建設工事は、梅林組が大分からやってきた。旧陸軍飛行場を建設した因縁があるからだという。高給にひかれて八幡製鉄や三菱化成などの社員も、会社に一時休暇届を出して、作業員として働くケースもあった。

「原っぱと芋畑ばかりだった正門町や高浜町には、各地から流れ込む業者や料飲店などによって、急速に歓楽街が形成され、盛り場もしだいに正門通り方面に移っていった」。『芦屋町誌』の記述は警察官の証言も交えながら丹念に、米軍キャンプの形成史を記述する。小見出しだけ拾っても「気が荒かった進駐第一陣」「役場職員が札束を運ぶ」「まず西浜、中の浜にキャバレー」「正門・高浜に大歓楽街」「貸間が急増、環境悪化」と、的確かつリアルである。寺山修司の母「はつ」が青森県三沢基地から芦屋に移住して来たのは、その時期である。

ところが『芦屋町誌』も米兵が起こした犯罪に触れる時は、きわめて婉曲的である。「進駐当初は農村青年三人が射殺された事件もあった。農村部の女性に暴行を加えようとする者さえいた」（『町誌』一九七二年版）「米軍の進駐当初は乱暴をはたらく兵士がいたり、青年が三人、射殺される事件が起きたりした」（『町誌』一九九一年版）と、発行年度が変わっても大差ない。射殺された青年の名前もない。事件の経緯も定かでない。こういった遠慮がちな記述は、どういう理由によるものなのか。当時の新聞記事や関係者の手記などを収集し、「戦後史の穴」に埋められた史実を私たちは発掘しなければならないようだ。

一九五三（昭和二八）年七月、朝鮮戦争の休戦協定が調印された。

「西部劇の映画セットのようだった街頭風景も、人通りがまばらになっていった。（中略）米軍撤退後は、空き家が立ち並び、まるでゴーストタウンのようになっていった」（『芦屋町誌』）。その後、工場誘致か自衛隊の誘致かで論争が起きたが、工場誘致には約四〇億円の町費が必要であることが分かり、やがて自衛隊誘致が決定した。一九六〇（昭和三五）年八月、航空自衛隊芦屋基地が開設されたのである。

日出生台の韓国義勇兵

「韓国義勇隊／悲願の猛訓練／〝北鮮軍撃滅〟に燃ゆ」

一九五〇（昭和二五）年一〇月一二日付けの毎日新聞（全国版）は「韓国義勇隊」の訓練模様を報道した。記事は軍事的な理由から「国連軍トレーニング・キャンプにて」と、具体的な演習場名を記述していないが、別府の西北二〇キロにある日出生台であることは明白である。

記事は「標高六〇〇メートルの高原には『北鮮軍完全撃滅』の悲願に青春をかけた韓国義勇青年隊の一大集団がある。広大な草原を埋める大小無数の幕舎、その幕舎と幕舎の空き地のいたるところで、悲願達成の猛訓練が続けられているのだ」と、戦前の軍威高揚記事風である。青年義勇隊は満一七歳から二五歳まで、「わずかな米韓軍将校と同下士官によって一切が米式で秩序正しく」訓練が行われたという。記事には、幕舎の前で機銃の訓練に当たる韓国義勇隊員と米兵を撮影した写真がついていた。

私は二〇〇四年一月、「在日学徒義勇軍同志会」会長だった権東国《クォンドングク》（当時七五）を、東京でインタビューして記事にしたことがある。金日成軍の南侵当時、彼は在日コリアンの左右対立が激しかった神戸市にいた。

「義勇軍募集の新聞記事を見て、すぐに応募した。祖国のために、国を守るという気持ちだった」。義勇軍には六四二人が志願し、一三五人が戦死・不明になった。大学生が中心だったが、一七歳の少年もいた。「韓国戦争（朝鮮戦争）から学ぶべき教訓は何か。それは自分の国は自分で守らなければならない、ということだ」と語ったのが、印象に残っている。

その義勇軍に別府から参加した在日韓国人がいたのが分かった。同志会の第一八代会長だった金載生《キムジェセン》である。朝鮮戦争が起きた時、彼も参戦を志願した。西日本新聞ソウル支局発の記事（二〇一八年七月一六日付け）で、その事実を知った。

それによると、金は戦時中、関西の飛行機工場に動員された。米軍爆撃機の空襲にあって六甲山まで逃げた。朝鮮戦争に志願すると、訓練を受けた後、一九五〇年一一月に門司港から元山《ウォンサン》（北朝鮮東海岸）に上陸し、数日間で中朝国境近くまで進軍した。一二月、中国人民軍が北朝鮮支援のため、介入した。周囲を敵に囲まれ、一メートルほどの穴を掘って身を潜め、雪を食べながら飢えをしのいだ。一週間ほどたち死を覚悟した頃、援軍が到着したが、部隊は壊滅していたという。

金載生が九死に一生を得た戦いは、「長津湖戦闘《チャンジンホ》」と呼ばれる撤退戦だ。在日義勇兵八三人を含む米軍兵力約一万三〇〇〇が戦死・行方不明・病死した。中国側の被害（戦死・戦病死）は約三万八〇〇〇である。

「キャンプモーリ」はどこか

この記事を読んで、もっと詳しく知りたいと思った。彼を朝鮮の戦場に行かしめたのは何だったのか。東京の「義勇軍事務所」に電話して、さらにソウル事務所に電話した。だが残念なことに、金載生は二〇一九年二月、八九歳で亡くなっていた。取材した西日本の記者にも尋ねたが、記事以上の情報はなかった。

西日本新聞の記事で、金載生は「大分の米軍キャンプで約五〇日間の基礎訓練を受けた」となっている。これは前述の通り、日出生台演習場のことだ。

第一陣から第三陣は朝霞キャンプ（埼玉県）で訓練を受けた。九州居住者の第四、五陣は、別府近郊の「キャンプモーリ」で訓練を受けたという。第四陣は佐世保から釜山に上陸した。記事に「門司港から元山に上陸」とあることから、金は第五陣だったこともわかった。

別府米軍キャンプは「チカマウガ」である。では、「キャンプモーリ」とはどこにあったのか。

金賛汀《キムサンジョン》の労作『在日義勇兵帰還せず』（二〇〇七）は、その場所を日出生台演習場に特設されたテント宿舎と推定している。毎日新聞が現地ルポ（一〇月一二日）したのは、この「キャンプモーリ」だ。金賛汀によれば、第五陣の五四人は九月一八日に入営し、四五日間の訓練を受けた。したがって、金載生は偶然にも毎日新聞が取材した部隊にいたことになる。

大分県人であれば、「キャンプモーリ」の所在地はすぐに推測できるはずだ。「キャンプモーリ」とは「森演習場」のことだ。日出生台演習場は大分県玖珠郡玖珠町、同久重町、由布市、宇佐市にまたがる総面積四九〇〇ヘクタールの広大な演習場である。玖珠町は一九五五年に、玖珠郡森町、玖珠町、北山田村、八幡村が合併してできた。「キャンプモーリ」とは「キャンプ森」のことである。当時の地元紙にも「森演習場」という表記が頻繁に登場する。念のため玖珠町役場に問い合わせて、「日出生台演習場の八割は旧森町の区域内だった」（基地対策室）ことを確認した。

朝鮮戦争当時を回顧した大分県人の文章には、時々、在日韓国人だけでなく韓国兵が日出生台演習場にいたという記述が断片的に登場する。彼らは駐韓米軍に配属された韓国人兵士（KATUSA／Korean Augmentation To the United States Army）の可能性がある。当時、のべ四万三〇〇〇人ほどいた。うち八〇〇〇人ほどが日本に来たという説がある（テッサ・モーリス・スズキ『ひとびとの精神史第二巻・朝鮮の戦争』二〇一五）。

朝鮮戦争を再取材する

以上のような記述を要約すると、以下のようになる。

別府の米軍キャンプに務めていた日本人労働者数名が朝鮮戦争の初期、コックなどとして韓国に渡った。彼らのうち三人ほどが戦場で生死不明になった。別府に帰ってきた日本人は、その事実を口外せず、戦後を生き抜いた。朝鮮戦争に志願した別府の韓国人もいた。彼らは日出生台演習場で訓練を受けた。これらの事実は「戦後史」から忘却されたまま、七〇年間が過ぎた。

佐賀忠男『別府と占領軍』には、こんな記述がある。

「朝鮮動乱勃発とともに、一九連隊は築城飛行場と大分港から前後して出動し、キャンプはがら空き状態となった」「九月から三ヶ月間、クラーク中将指揮の第三師団約一万六〇〇〇人が駐留した。一九連隊の三倍以上の兵員数のため既設の兵舎では足りずに、キャンプ内の空き地や十文字原、日出生台にも続々とテント村が出来た」

日本人側のたくましい商魂も付記されている。「商売人は急造の店を作り、土産品や貴金属を売りまくった。吉川物産やヒガシホなどで、明礬《みょうばん》温泉の旅館に泊りがけで、商品をトラックで運ぶという大商いぶりだった」

朝鮮戦争（一九五〇―一九五三）期の日本は、日本が再軍備に向かう時期である。朝鮮特需に湧き、共産党勢力と反共勢力が激しくしのぎを削った時期だ。冷戦崩壊後になって初めて、朝鮮戦争は金日成がスターリン、毛沢東との謀議のもとに開戦した戦争であることが明らかになった。しかし、この時代に関するリアルな認識は依然として忘却の彼方にある。

『山口県史（資料編・現代二）』には「韓国亡命政権移住計画」に関する記述がある。一九五〇年八月、北朝鮮軍が韓国の大半を制圧すると、外務省から山口県庁に「韓国政府が亡命政権を山口県

郵　便　は　が　き

料金受取人払郵便

福岡中央局
承　認

18

差出有効期間
2026年２月
28日まで

(切手不要)

８１０-８７９０

156

福岡市中央区大名

二―二―四三

ＥＬＫ大名ビル三〇一

弦書房

読者サービス係　行

通信欄

年　　月　　日

このはがきを、小社への通信あるいは小社刊行物の注文にご利用下さい。より早くより確実に入手できます。

お名前

（　　歳）

ご住所

〒

電話

ご職業

お求めになった本のタイトル

ご希望のテーマ・企画

●購入申込書

※直接ご注文（直送）の場合、現品到着後、お振込みください。
送料無料（ただし、1,000円未満の場合は送料250円を申し受けます）

書名	冊
書名	冊
書名	冊

※ご注文は下記へＦＡＸ、電話、メールでも承っています。

弦書房

〒810-0041　福岡市中央区大名2-2-43-301
電話 092(726)9885　FAX 092(726)9886
URL http://genshobo.com/　E-mail books@genshobo.com

に設置することを希望する」旨の電報が入ったという。当時の知事だった田中龍夫が質問に答えて、証言している。

田中龍夫は、田中義一元首相の長男である。筆者が毎日新聞山口支局の駆け出し記者だった一九七〇年代、衆議院議員として健在だった。一九四七年四月、三六歳の若さで初の民選知事に当選したが、就任直後に知事部局に「朝鮮情報室」を設置し、朝鮮半島に情報員(密偵)を派遣していたという。このような事実は『山口県史』を読むまで、知らなかった。温厚と言うか、凡庸な印象すら与える政治家だった。

田中は朝鮮戦争が勃発する四日前の一九五〇年六月二一日、大磯の吉田茂首相を訪ね「北朝鮮が侵攻する可能性が高い」と伝えたが、吉田は「三日前に三八度線を視察したダレス特使(のち国務長官)が日本に立ち寄り『決して心配ない』と言ったばかりだ」と怒り出したという。日米両政府よりも山口県の情報収集能力がはるかに確かだったのである。このあたりの事情は、防衛研究所・庄司純一郎の論文「朝鮮戦争と日本の対応―山口県を事例として」(二〇〇六)に詳しい。

山口県には朝鮮総督府出身の官僚や警察官などが多かった。山口県総務部人事課『外地引揚者官公吏任用一件』によると、行政職一三三人、警察一二四人、教員五四〇人の総計八〇一人がいた。田中知事を県総務部長として支えた橋本正之(のち県知事・四期)は、朝鮮総督府黄海道警察部長を務めた官僚である。また旧台湾人脈は二四五人、旧満洲一六三人であり、橋本の前任知事の小澤太郎(田中知事時代の副知事)は元台湾総督府人事課長、同警務課長だった。

北九州や佐世保では空襲警報が発令された。韓国からは船や飛行機で約一五〇〇人の米国人が戦火を逃れてきた。しかし、このような史実は「九州・山口の戦後史」として、包括的に描かれていない。特別調達庁（防衛施設庁の前身）がまとめた『占領軍調達史』（一九五六）によると、朝鮮海域付近において勤務した日本人船員や特殊港湾荷役従事者など五六人が死亡した。このほかに海上保安庁の特別掃海隊員一名が朝鮮東海岸・元山沖で作戦展開中に、触雷事故で行方不明になった。事実上、戦後日本初の戦死者である。朝鮮戦争には、中国側から参戦した日本人もいる。古川万太郎『中国残留日本兵の記録』（一九九四）などの記述で知られてきた。

これらの事実は最近、西村秀樹『朝鮮戦争に『参戦』した日本』（二〇一九）で再取材され、江崎道朗『朝鮮戦争と日本・台湾『侵略』工作』（二〇一九）で当時の俯瞰図が示された。本章での私の記述は「別府から見た朝鮮戦争」の断面図である。

大分の朝鮮人戦後史

大分の戦後朝鮮人史を包括的に振り返る紙数はないが、戦後直後には頓珍漢な地元紙の記事も見られる。一九四五（昭和二〇）年九月五日「県下鮮人の動向」には、「大分地方在住朝鮮出身者四千人の動向を見ると、極めて冷静で朝鮮の独立すらほとんど無関心で、早晩帰鮮を希望する者は全然ない状態」と、実際とはかけ離れた記述がある。当時、大分県在住の朝鮮人は約四万二〇〇〇人であり、前提となる数字自体が間違っている。

一方、同年一〇月一一日付けの大分合同新聞記事は「引揚船が国東沖で難破」した事故を伝えている。わずか一段記事一四行の記事だが、よく読んでみると、釜山を出発した引揚船（二〇トン）が国東郡武蔵村沖で難破したが、風雨と激浪のため救助作業ができず、自力で陸地に泳ぎ着いた三人以外の乗員乗客九〇人を救助できなかったという悲惨なものである。情報の収集が大混乱していたことがわかる事例だ。

李鐘泌《リジョンピル》『私の見て来た大分県朝鮮民族五十年史』（一九九二）は朝鮮総連県本部委員長を務めた人物による著作だが、個人的な回顧と地元紙記事を元にした記述が混在し、信頼性に欠ける部分がある。ましてや一九八〇年、日本人コックを拉致した北朝鮮の工作員・辛光洙《シングァンス》が別府の総連系旅館に宿泊した事実など、戦後史の真相は明らかにされていない。

毎日新聞大分支局『激動二十年　大分県の戦後史』（一九六五）は、在日コリアン団体の活動や抗争も記録し、貴重である。一九五〇年代前期には韓国系の「民団」（在日本大韓民国居留民団）と北《きた》朝鮮系の「民戦」（在日朝鮮統一民主戦線）があった。双方は一九五四年一月、傷害事件を契機に北海部《あまべ》郡大在村（現在の大分市）で大規模抗争事件を起こし、民戦系が警察に逮捕された。李鐘泌は「小さな抗争事件は年中起こり数年間も続いた」と記述した。

その前年二月には別府署の留置場で朝鮮人容疑者が急死した事件をめぐって、民戦による抗議行動が相次いだ。『激動二十年』『大分県警察史』は解剖結果を踏まえて、米軍警備員に投げ飛ばされて生じた脳内出血が原因と明記している。被疑者は婦女暴行しようとしていた。李鐘泌は「（警察に）殺された。しかし真実はわかりません」と歯切れが悪い。

山辺健太郎と朴慶植

別府取材の途中で気づいた事実も書いておきたい。山辺健太郎と朴慶植《パクキョンジク》という二人の歴史研究者のことだ。

山辺健太郎『日韓併合小史』（一九六六）『日本統治下の朝鮮』（一九七一）は、古色蒼然たる朝鮮史研究書である。彼が一九七六年に書いた『社会主義運動半世紀』は頑固な非転向老人の自叙伝である。彼は別府で育ったのに、地元で忘却されているのはよくない。北浜にあった別府北尋常小学校の卒業生なのである。

一九〇五年に東京・本郷で生まれた。二歳ごろ、母親の実家がある別府に母姉と移住した。母は豊後高田の酒造業の娘だが、家が零落して別府に来ていた。山辺は東京時代に死んだ父の姓だ。母は独学で新聞や本が読めた。けんかが強い悪童の健太郎は学校の勉強はしなかったが、立川文庫で漢字を覚え『中央公論』も読んでいた。仲の良い同級生には、漁師や娼家の子が少なくなかった。彼らは「健太郎は満州で馬賊になるだろう」と思っていたという。

母親は別府では食えないので、健太郎を連れて京城に行った。旅館で儲けようとしたが、一年もせずに三・一独立運動（一九一九）の直前に別府に舞い戻った。山辺は「事件にぶつかっていればおもしろかった」と残念がる。大阪や東京で労働者をしながら勉強し、共産主義者になった。大分市生まれの転向作家・林房雄など、貧困家庭の子は共産主義にかぶれた。そんな時代だった。獄中一〇年。山辺は特高を「刻んでコロッケにしてやる」と脅し上げた。獄中では掃除もせず、夏は真っ裸で過ごした。所長から「あいつは普通の男じゃない」と言われていた。一九五八年に共産党を離党。国立国会図書館に日参して、著作を完成させた。

『朝鮮人強制連行の記録』(一九六五)の著者として知られる朴慶植(元朝鮮大学校教員)も大分県と関係がある。

国東半島にあった民間設立の「習説校」を卒業し、上京後、東洋大学に進学した。彼が「(国東郡)大田村は第二の故郷」と書き記した同窓会誌(一九九二)を大分県立図書館で見つけた。習説同窓坂渓会編『誰か母校を思わざる』(一九九二)である。大田村は現在、杵築市に属する山間地だ。

それによると、朴は六歳だった一九二九年三月、朝鮮半島から両親や姉妹と一緒に国東半島に来た。小学校卒業後、地元の篤学者が設立した「習説校」で学んだ。同窓会誌の回想によると、朴慶植は来日後一カ月もせずして地元の小学校に入学したが、日本語ができなかったため担任の女性教師の世話になった。日本人の同級生たちとはよく喧嘩もしたという。

「習説校」には毎年、朝鮮から四、五人の留学生が来ており「民族的に目覚めさせる契機となった」。彼らは「勉強するなら東京だ」と言い、朴の向学心を刺激した。一九四〇(昭和一五)年に「習説校(正教員養成科)」を卒業した朴は「私を育んでくれた朝田村、田原村の自然、小学校、習説校の学友たちのことが、いつも脳裏に浮かんでくる」と記述している。

「習説校」は師範学校以外の教員養成校としてユニークな教育機関だった。元大分大学教授・野村新の論文「私学・習説校における教員養成」(『教員養成史の二重構造的特質に関する実証的研究』二〇〇一所載）によると、明治二四年の開校から昭和二三年の閉校までに約三三〇〇人が卒業した。昭和一〇年頃から朝鮮、台湾などの外地からの入学者が増え、閉校までの総数は四四人に達した。彼らは卒業後、出身地の教員になったり、なかには大学教授や大学院講師になった者もいるという。注目されるのは正教員養成科（三年制）では、戦時中にも英語教育が行われていることであり、野村はそれを「習説校教育の思想性であり固有性である」と評価する。

朴慶植は『朝鮮人強制連行の歴史』で、両親の姿を「いつも『朝鮮人』と馬鹿にされ、誰も手をつけない山合いの谷間にある荒れはてた山田を五、六反借りていっしょうけんめい働いた」と描写している。しかし「習説校」に関する記述は一行もない。朝鮮人の渡日をおしなべて「強制連行」だけで説明するのは、彼自身の体験からも無理がある。貧しい朝鮮人子弟を教育した「習説校」のような支援システムや、金史良《キムサリヨン》の随筆「玄界灘密航」（一九四〇）で描かれたような日朝渡航史を含めて、多面的に研究する必要がある。

朴慶植は『在日朝鮮人—私の青春』（一九八一）に、彼の「習説校」時代の思い出を書いていた。家族五人は渡日許可を得て、忠清北道から移住した。父母は小作をしながら生活は苦しかったが、朴慶植は高等小学校を卒業後、地元の「習説校」に三年間通った。同校は珍しく男女共学で、女子生徒からラブレターをもらったとの記述がある。博多に級友たちと行った話も書いてある。全般的には、当時のことがよく分かる文章だ。差別されたこともあったが、仲良く遊んだりもした青春である。同校は英語教育に熱心な学校だったが、そのことは書いてない。

私は個人史をしっかり追わないと、歴史の真相は分からないと考えている。前著『朝鮮シネマ群像』では、今井正監督（戦後の共産党員）が戦時中のことを隠していることを指摘した。日本人であれ朝鮮人であれ、人生は多様であり、苦労しながら生きてきた。朴は一九九八年、交通事故で死亡した。

「朝鮮戦争と日本」の真相

日本の学界やマスコミでは、朝鮮戦争は「韓国・米軍の北侵によって開始された」とする、史実とは真逆の認識が長い間はびこってきた。この定説を朝鮮研究者として覆したのは神谷不二『朝鮮戦争―米中対決の原形』（一九六六）であり、冷戦崩壊後になって初めて、ソ連や中国の秘密文書から「真相」が全面的に明らかになった。

しかし、私が毎日新聞に入社した一九七三年の直前まで、西部本社管内で「北朝鮮による南侵戦争」の指摘が物議を醸すなど、戦争の「真相」がマスコミ内部にも浸透していなかったのも事実である。言うまでもなく、現代の知見は以下の通りだ。

「一九五〇年六月二五日の未明、悪天候を衝いて北朝鮮軍の砲撃が開始され、やがてT三四戦車を先頭とする地上軍部隊が三八度線を突破して、三つの突破口から朝鮮半島を南下した。現地にあった国連朝鮮委員会の報告によれば、北朝鮮の攻撃は『計画的に調整され、極秘のうちに準備された』ものであり、ソ連や中国の協力なしには実行が不可能なものであった。創設間もない韓国軍は日曜日の早朝に開始された全面的な奇襲攻撃を阻止することができず、首都ソウルは三日後に陥落した」（小此木政夫「北朝鮮問題とその展望」二〇〇四）。これが歴史の真相である。

中村政則『戦後史』（二〇〇五）が、和田春樹『朝鮮戦争』（一九九五）を引用して要約したように「中国革命と朝鮮戦争が一本の糸でつながって」おり、「朝鮮戦争は中国革命の帰結」でもあった。

朝鮮戦争期に日本で起きた「怪事件」の真相も見直す必要がある。当時は「米韓による北侵戦争」と日本共産党や朝鮮人団体が宣伝し、多くの若者たちが翻弄された。大阪大学を出撃基地として展開された吹田騒擾事件（一九五二年六月）、札幌の白鳥警部殺害事件（一九五二年一月）などが、その典型である。

朝鮮戦争当時の日本国内は、共産勢力の解体を目指す米国と、中国革命の余勢を駆った中国、北朝鮮、日本共産党が、血で血を洗う「戦場」になっていた。米軍キャンプがあった別府や小倉からは、日本人労働者が朝鮮に連れて行かれたことも既に述べた。これらは戦後の歴史認識にあたって、きわめて重要だが見落とされてきた「歴史の真実」であると思われる。

白鳥事件については、関係者による証言と著作が真実を語っている。当時の共産党北海道地区の軍事部門幹部だった川口孝夫が個人出版した『流されて蜀の国へ』（アテネ書房、一九九八）のほか、中野徹三（札幌学院大学名誉教授）の紹介文（『労働運動研究』一九九九年六月、七月号）や、渡部富哉（元共産党員）『白鳥事件　偽りの冤罪』（二〇一二）などが参考になる。

川口『流されて蜀の国へ』は白鳥事件から四年後の一九五六年三月、静岡県焼津港から中国に秘密裏に「追放」され、一九七三年に帰国した人物の苦渋に満ちた回想記である。終章「私と白鳥事件」に関連する事実が自制的な筆致で書かれており、帰国後の一九七四年、すでに出獄していた村上国治氏《くにじ》（元日本共産党札幌市委員会委員長、懲役二〇年）と日本武道館で開かれた集会で鉢合わせになった際、村上が逃げるように立ち去った事実などが記述されている。村上（当時七一歳）は一九九四年一一月、自宅が全焼し焼死体で発見された。

川口は同書の出版当時、北海道新聞のインタビューに答えて、米軍謀略説を否定した。「白鳥事件　党員の犯行裏付け　事件直後『報告聞いた』」（一九九八年一〇月二九日付け紙面）として一面トップで報道された。川口は「間違いを犯したのは共産党の方針が間違っていたためだ。（村上は）晩年は気の毒な人だった」と述べた。

北朝鮮工作員の密入国

朝鮮戦争―在日朝鮮人帰還（北送）事業―日本人拉致―核武装。戦後の日朝関係史に共通するのは一連の北朝鮮による詐欺劇である。二一世紀に入り、北朝鮮の核開発がグローバルな脅威として登場した。韓国の対北融和政権は日米との軋轢を招き、中国の軍事大国化は東アジア平和の阻害要因である。改めて「真相」に立脚した戦後史認識が、地方史を含めて必要とされる。

大分合同新聞の朝鮮戦争期の記事を調べてゆくと、奇怪な密航事件を伝えるものが少なくない。一九五一（昭和二六）年三月二五日紙面には「密航者に偽外人登録証　元下郷役場吏員を検挙」という記事がある。これは対馬・上県地区署に逮捕された韓国人（三八）に依頼されて、下毛郡下郷村（現在の大分県中津市）の元役場書記（二三）が四人の密航者に偽の外国人登録証を発行していた

密航者に僞外人登録證
元下郷役場吏員を檢擧

全員の就職決定
縣職業補導所

「密航者にニセ外国人登録証」を報じる大分合同新聞（1951年3月25日）

という事件である。

　この韓国人は慶尚北道慶州地区の労働委員長だったが、日本に密航して福岡県田川市で外登証を受理しようとして失敗。中津市署で検挙されたが保釈中に逃走し、下郷村で偽登録証を得て、対馬に居住し遊戯場を経営していた。自供によると、男の長男は北朝鮮軍の大尉であり、次男は偽証明書で京都市内の大学に在学していたという。役場職員を抱き込んだ北朝鮮からの潜入スパイであった疑いが濃厚である。

　同年六月一二日付けの記事によると、「キャンプモーリ」（森演習場）に近い大分県森町署が神社社務所に共産党幹部・紺野与次郎らしい男が潜伏中との聞き込みで踏み込んだところ、紺野とは別の不審な男がいた。取り調べた結果、慶尚南道釜山府の韓国人（四七）であると分かった。この男は一九四六（昭和二一）年七月に日本に密航し、物品行商をしながら全国を渡り歩いていた。

　また同月一六日紙面には、別府署が取調べ中に服毒自殺を図った平安北道平壌府出身の男（二六）の記事が載っている。この男は元北朝鮮軍の軍人であり、一〇日夜に博多郊外に密入国した疑いがあるという。

　この三つの記事には①日朝の中継基地・対馬で発覚②共産党勢力が強かった地域を転々③米軍

キャンプ近くで検挙——という政治的キナ臭さが指摘される。この当時は「朝鮮戦争は韓米側が仕掛けた」という宣伝が流布されており、民戦（朝鮮総連の前身）と共産党が北朝鮮支援で共闘していた。

このような工作員密航事件としては、第一次朝鮮スパイ事件など多くの事件が摘発されてきた。一九四九年八月、島根県隠岐島から北朝鮮工作員（当時三七歳）が潜入し、一〇〇人近い在日スパイ網を構築し、極東コミンフォルムとの秘密連絡を行い、朝鮮戦争が勃発すると米軍や警察予備隊の軍事情報を収集していた事件だ。一三人がGHQの軍事裁判にかけられ、重労働（懲役）一年―八年の実刑判決を受け、うち三人は服役後、強制送還された。

第二次北朝鮮スパイ事件は、香港経由で福岡県若松港から密入国した工作員（当時五〇歳）が第一次事件の残党と連絡し、在日米軍情報などを収集した。七人が逮捕され主犯は懲役一年の判決を受けた。第三次同は長崎県から、第四次同は石川県から工作員が密入国した事件である。

この他にも同様なスパイ、工作員事件は類例がきわめて多いが、意外なほどマスメディアや学界で注目されることは少ない。戦前から続いてきた「日朝密航史」は、未開拓の研究分野である。「朝鮮戦争と日本」の関わりについては、地域的に大局的な観点から仔細に見直す必要がある。

第五章

戦災孤児・混血児の別府

阿久悠『愛すべき名歌たち』（一九九九）は、ヒット曲に寄せて自己の戦後史を語る「私的歌謡曲史」である。彼は連続放送劇『鐘の鳴る丘』（一九四七―一九五〇）の主題歌「とんがり帽子」の項目で、別府駅前で偶然に見た光景を次のように記録した。阿久悠の実家の故郷は、宮崎県である。

阿久悠・別府駅の光景

「昭和二一年に家族そろって、戦死した兄の納骨のための旅行に出かけたのだが、その途中、神戸でも別府でも同年代の子供たちの衝撃的な姿を見た。神戸駅では手の中から握り飯をつむじ風のような速さで盗まれた。別府駅では逆立ちして『木曽節』を歌い踊る少年を見て息を呑んだ」

阿久悠が見た別府駅の光景は、鮮烈である。「逆立ちして『木曽節』を歌い踊る少年」。当時の別府には、全国から戦災孤児が集まっていた。

別府は引揚げ者が三万人も集まった「引揚げ者都市」であり、「戦災孤児の街」でもあった。温暖な上に、温泉が無料で入れた。「米軍キャンプの街」であり、戦災孤児たちは米兵に群がった。

温泉に入ってはしゃぐ戦災孤児たち（佐賀忠男『別府と占領軍』から）

阿久悠の「戦後という時代への手触り」は痛切である。戦死した兄を忍びながら、兄が好きだった「湖畔の宿」を戦時中に隠れて聞いたという記述は、まれに見る名文だ。第三章で述べたように、阿久悠原作の映画『瀬戸内少年野球団』（篠田正浩監督）も忘れがたい。戦後期を描いた傑作であり、グレンミラーの名曲とともに始まるタイトルバックが秀逸である。

一九四七年二月現在の厚生省全国一斉調査によると、戦争によって両親を失った一八歳未満の児童数は、一二万三五〇四人にのぼった。このうち一般孤児は八万一二五九人、空襲孤児は二万八二四五人、引揚孤児は一万一三五一人、捨て子迷児が二六四九人であった。

第一章の冒頭で、「寺山修司の戦後」について言及した。注目すべきは、彼の初期作品に戦争孤児の短歌が含まれることだ。

莨火《たばこ》を樹にすり消して立ちあがる　孤児にもさむき追憶はあり

一六歳の寺山が『日本短歌』（昭和二七年一〇月号）に投稿した。上野の地下道には、こんな浮浪児たちがひしめいていた。寺山の父親はセレベス島で戦病死した。母親は九州・芦屋の米軍キャンプに働きに出た。寺山は青森市内の大叔父の家に引き取られ、孤独な少年時代を過ごした。

長田シゲの貢献

一九四五年一一月八日の大分合同新聞に、戦争孤児の悲惨な最後を伝える記事が載った。

「五日午後一時、別府北浜疎開跡地の浴場で行き倒れた少年の骸が、街往く人々の哀憐の涙をそそった。住所氏名不詳、推定一四歳位。一〇日ほど前から迷い込み、虱《しらみ》と疥癬《かいせん》に全身を冒されて痩せ細り、過度の栄養失調で死亡したものと思われる」

この記事は読者の強い反応を呼んだ。同月一五日紙面には「同様な少年が街頭にうろうろしているのを私は二、三知っている」という市民の投書が掲載された。

次の文章は、別府の児童養護施設「光の園白菊寮」の創始者・長田シゲが書いた手記の一部である。彼女は別府の戦前戦後史において、重要な人物である。いまや論及されることはめったにないが、忘れてはならない「明治生まれの女性」だ。

「別府は湯の街。浮浪児が秋風とともに流れ込み、温泉で暖を取る。辻に駅に食をあさり、夜は駅のベンチの下に、ムシロをくるまって眠る。その哀れな姿に私どもの胸はうずくのだった」（長田シゲの手記『児童養護／養護施設三〇周年』資料編）

長田シゲは熊本県出身の医師・長田足穂《たりほ》の兄弟姉妹七人の末っ子として、一九〇〇（明治三三）年に東京で生まれた。祖父は菊池神社（熊本県）の初代宮司であり、長兄・秀雄は劇作家、次兄・

戦後別府の戦災孤児救援に尽くした長田シゲ

幹彦は小説家という家系である。

双葉高女を卒業後、日本実務学校（小石川）に学んだ彼女は二一歳の時、母の反対を押し切ってカトリックに入信し、洗礼を受けた。カトリック婦人会が設立した老人ホーム「恵老院」で活動後、さらに東京や北海道で結核療養事業にあたった。一九三七（昭和一二）年四月、別府市荘園町に結核療養所「光の園病院」を設立した。しかし翌五月、漏電火災で焼失し、白松篤樹知事（当時）らの支援で再建した。

辻英武『大分県の社会福祉事業史』（一九七三）は、長田らの労苦を丹念に記録している。「シスターたちは隣接の農家の厩舎を借りて、その二階に仮住まいしていた」。そこを訪問したのが宮内庁の木下道雄（『側近日誌』で知られる敗戦直後の侍従次長）である。木下は宮崎県に出張した帰りに病院に立ち寄り、「施設や病室を巡覧した後、シスターたちの宿舎を見たいと所望した。長田はむさ苦しい所だからと断ったが、木下は是非ともと所望し、厩舎の二階に仮住まいしている状況を一瞥した。そして無言のまま関係者の労をねぎらって立ち去った」。光の園病院にはその後、恩賜の下賜金が届き、シスターの宿舎を整備することができた。長田は一九三九年、婦道高揚のための「愛国女塾」を設立した。

敗戦後、別府の街にあふれた戦災孤児を長田らは連れ帰り、一九四五（昭和二〇）年一二月、閉鎖されていた「愛国女塾」の建物を利用して、孤児施設「光の園白菊寮」を開設した。以後、約四

○○人の子どもたちを養育した。

一九六二年の寮改築にあたっては、別府で三ヶ年の勤務歴があった米軍将校アーン大尉が、キャンプ座間（神奈川県）から別府まで一三〇〇キロメートルを二週間で歩き抜き、募金活動をした。そのキャンペーンは三回にわたって敢行された。この逸話は『ある兵士の賭け』（一九七〇）として映画化された。別府湾を見下ろす実相寺山上に「白菊寮」のセットを組んで撮影された。脚本は洗練されていないが、半世紀前の別府が映像化された貴重な作品だ。長田シゲ役を新珠三千代が演じ、石原裕次郎、三船敏郎らが出演した。

長田は広島市にも養護施設「光の園摂理の家」を設立。二年間の米国留学の後、一九五二年には福岡県那珂川町に「光の園保育所」を開園した。一九七九（昭和五四）年死去。生涯独身だった。

忘却された「愛の人」

『或《あ》る民間社会福祉家の手記』と題する小冊子が大分県立図書館にある。「寄贈　平松守彦氏」の印が押されているものの、図書館の書誌では、著者名も出版年次も明らかでない。しかし児童福祉関連の出版物を丹念に調べてみると、これは長田シゲが一九七四年に書いた「社会福祉四七年間の回想録」であるとわかった。元県知事から寄贈された本の書誌が明らかでない。それほど長田の業績は忘却されている。

この手記の「戦後の育児事業」の項目に、次のような記述がある。

「有史以来はじめての敗戦の経験。別府市は温泉街、戦争で親を亡くし、家を失った子供らがなだれ込んでまいりました。町の温泉で寒さをしのぎ、空腹を感ずれば駅頭に旅人から食をあさり、夜は待合室のベンチの下でムシロにくるまって眠っておりました。当時、日本中に浮浪児は群をなしていましたが、別府はまた特別でございました。町中で米兵に食物をねだり、あるいは盗む児がうろつきまわり、祖国の将来を思う人々の心を寒からしめておりました」

七四歳の長田が書き留めた「祖国」という二文字に注目したい。その祖国は寺山修司が短歌集に記した「祖国」と共鳴するのか否か。長田シゲは以下のように書いた。「神は愛と正義に在す。正義は最後の勝利であると信ずればこそ、いかなる不義、不正にも動かされず、戦い通して人々を守り続けてまいりました」。こういった女性が戦後の別府にいたことを記憶したい。

婦人警官・緒方美弥子

別府警察署の緒方美弥子も、特筆すべき人物だ。

一九四七年に大分県警初の婦人警官として採用された。一九七七年に退職するまで一貫して防犯課少年係だった。敗戦後の別府には全国各地から戦争孤児が流れ込んで来た。彼らは別府駅前や海門寺公園、松原公園などにたむろし、一〇〇人を超える時期もあった。

当時の戦災孤児は、都市から都市への流転暮らしを続けていた。一九四六（昭和二一）年九月一四日の大分合同新聞によると、東京育ちの孤児集団六人は一三歳の少年に率いられていた。なかには高射砲の破片で右腕をもぎ取られた幼児もいた。彼らは東京を出発してから一六ヶ所も途中下車して、やっと別府駅にたどり着いた。「別府が一番いいよ。食事が手に入りやすいし、温泉がある」。市関係者が身寄りのある子どもには旅費を持たせたが、その子どもも数日後には別府に舞い戻ってきたという。

緒方が警察雑誌『豊のまもり』（一九四九）に書いたエッセーがある。

その中では清水宏監督の映画『蜂の巣の子供たち』（一九四八）を町の映画館で孤児たちに見せた話が紹介されている。下関駅前にたむろする戦災孤児たちが、復員兵に連れられて広島まで行くロードムービーの傑作だ。「あっ、岩国だ」「今度は広島だ。なつかしいなあ」。子どもたちが歓声を上げた。別府に集まった孤児たちにも馴染みのある場所なのだ。

前出の孤児たちは、豊後水道にあった孤島の収容施設「高島海洋少年共和国」に送られた。最後のタバコを、とねだる孤児たちに、緒方は「私の財布をすったら買ってあげるわ」と約束した。数分後に、その財布は孤児の手にあった。タバコを吸う少年たち。「姉ちゃん、さようなら」「さようなら」。孤児たちは別府郊外の墓場の小屋にいるところを保護されたのだという。彼らは高島に行き、その後どんな人生を送ったのか。

長田シゲらは、そんな別府の戦災孤児たちに宿舎と食事を与え、愛情を注いだ人々だ。彼女たちの行動に刺激された中津市の三橋敏郎（元下毛郡鶴居村助役）は、一九四七（昭和二二）年一二月、中津市下宮永に「第二希望の家」（翌々年「清浄園」に改称）を建てた。

三橋が一九六一年に死去すると、浅田隆子が二代目園長になった。翌年には中津少年院跡に移転し、現在まで活動が続いている。浅田は滋賀県出身。旧制神戸女学校を卒業後、一九三二（昭和七）年から東京市社会局に勤務し、生活保護関係の仕事に就いた。戦時中に父の故郷の中津に疎開し、一九四八（昭和二三）年、清浄園の保母になった。食糧難の時代には、徳用マッチの行商や露天商も経験したという。一九九二年に吉川英治文化賞を受賞し、翌年に死去した。

臼杵市海添の「慈視園」は一九四八年三月、真言宗泉入寺に開設された。

帆足琢磨「鷹巣学園」

玖珠郡玖珠町の「鷹巣学園」は、藩侯の菩提寺である光林寺の住職・帆足琢磨が設立した。帆足はいち早く地域社会の教化と住民福祉に深い関心を寄せた人物である。一九三五（昭和一〇）年四月、働く婦人のために保育所を設置し、翌年には鷹巣実践女子専門学校を開校した。一九三九年には軍人遺家族援護のための授産所を作った。

戦後の一九四八年には、児童養護施設「鷹巣学園」を開設した。檀家の子供を引き取り養育するうち、玖珠郡内の調査をしたところ「驚くなかれ二〇数名の該当児（孤児）を発見」（雑誌『児童福祉』一六号）したのである。この地域では初めての施設に、当初は町民の無理解があったが、帆足は信念を貫いて児童の養護に当たった。

別府の作家・小郷穆子《しづこ》に、『敵主力見ユ／小説帆足正音』（一九九二）という小説がある。「鷹巣学園」の帆足琢磨と会議で同席した際、小郷は彼がマレー沖海戦（一九四二）で索敵成功の電報を発した帆足正音《まさと》（海軍予備中尉）の父親であることを知った。帆足親子の人生に強い衝撃を受けた彼女は、二年間の取材の末、同作品を大分合同新聞に連載した。小郷は戦争の意味を考え続けた作家だった。

衰弱死する老人

悲惨だったのは、子どもたちだけではない。荒金学『まなぶ先生の教育物語』（二〇一一）には、亀川の共同温泉で死んでゆく老人たちの描写がある。

「昭和二一年、二二年の冬である。戦災で焼き出された老人が、寒さをしのぐために温泉に来る。見慣れない人たちである。次の日も同じ場所に座っている。三日目になると、皮膚が白くふやけてくる。温泉に来てから何も食べた様子がない。（中略）この老人の弱っていく様子を見て、死ぬ日を予測する人たちもいた」

荒金は一九三〇（昭和五）年、別府で生まれた。敗戦時は彼も、佐賀忠男と同様に一五歳である。大分師範学校（現・大分大学教育学部）を卒業し、主に別府市内の小学校で教員をしてきた。

「ここで死んだ老人たちは一人ではない。私はこの共同温泉だけでも二、三人は見た。一時しのぎに来た老人が、ここで次々に命を落としていた。『風呂は体力を奪うからな』。隣にいたおじさんはこう言った。遺体は市役所の人が物を運ぶように持って行ってしまった。人が餓死しようが、風呂の縁で寝て凍死しようが、構うことはしない。自分が生きてゆくことで、みんな精一杯だった」

小郷小福「別府の戦後」

小郷虎市・小福夫妻、長女の小郷穆子《しずこ》らの「戦後」を探究したい。

長田シゲや帆足琢磨の例が典型的だが、戦後の児童福祉運動を行った人々は、戦前から顕著な社会活動を行っていた。戦前と戦後に連続性があるのだ。そこには激動の時代を生きた当事者の一貫した「志」が感じられる。

別府市の初代観光課長・小郷虎市は敗戦後、混血児養育のための施設「栄光園」を立ち上げた。その妻の小福と長女・穆子、その長女という三世代がバトンタッチして現代に至る。それは「別府の戦後史」の輝かしい功績の一つである。

虎市・小福夫妻の戦前は第二章で紹介した。虎市は「国際温泉都市」としての別府を構想し、国際温泉観光大博覧会（一九三七）をプロデュースした男であった。その戦中戦後を小福の遺稿（一九八九年『栄光園だより』第五〇号以下に連載）から要約したい。別府高女の教師だった小福による記述は、リアルな「別府の戦後」記録として貴重である。

虎市は一九三八年、小野廉《おのすなお》市長の辞任に殉じて別府市役所を辞めた。太平洋戦争勃発（一九四一）、シンガポール陥落（一九四二）。虎市は昭南島司政官に勧誘されたが断った。「今こそ講和のチャンスである」と時局を判断していたからだ。大分師範学校に入学した穆子は、学徒動員で福岡県大刀洗《たちあらい》の飛行機工場に行った。小福は昭和二〇年三月、別府高女の教師を辞めた。

八月一五日の玉音放送。

「（近所の）大東さんの奥さんが漏らした言葉が、今も鮮明に耳に残っている。『敗けたんです。この日本が敗けたんです』。暗澹たる思いであった。『米軍が上陸してくる。婦女子は辱めを受ける』。流言飛語が飛び交い、不安なことであった」

敗戦の小郷虎市

敗戦の日に夫が言った。「こんなに晴れていていいのかなあ。死んでいった者の悲しみが、凝り固まって、矢玉となって降るべきじゃないのかなあ。天地にも怒りというものがあってもいいのになあ」

「栄光園」の初代園長・小郷虎市（大正一〇年ごろ）

一〇月、米軍の先遣隊が大分に来た。別府の八坂ホテルが宿舎として接収された。「どの旅館も引き受けようとしないので、侠気の人と言われた八坂真兵衛氏に白羽の矢が立ったと噂された」。

庶民の生活は食糧難のどん底だった。別府市長・末松偕一郎《すえまつかいいちろう》（元衆議院議員）は「ドングリ食料化」の通達を出した。別府の繁華街は終戦の直前から強制疎開の命令を受けて取り壊され、瓦礫の街と化していた。その瓦礫の中にヤミ市が誕生した。

「ヤミ市にはいろんな物があった。軍服、軍隊毛布、パラシュートの白絹、軍靴、地下足袋、ふかし芋、カストリ焼酎。砂糖も米も売っていたが、私たちには手が届かなかった。標準価格が米一升五三銭の世に、闇市では七〇円。砂糖は三円五三銭なのに一貫一〇〇〇円もするということであった」

「町を行く人々の服装は、貧しいこと、この上もなかった。汗と垢で汚れた国民服、陸海軍の軍服、予科練の作業服。女は戦時中のもんぺをはいている者が多かった」。流川通りに共産党の事務所ができた。「黒のトックリセーターを着た青年が『天皇制の打破』を叫んだ。楠温泉の前では菊水ののぼりを押し立てた和服に袴の青年が、憂国の大演説をぶっているのをよく見かけた」。

一九四六年三月、野口原一帯の緑地帯が接収され、米軍キャンプの建設工事が始まった。土建ブームになった。予科練くずれ、特攻くずれ、元将校もキャンプ建設で働いた。

「月額八〇〇円という給料は魅力的であった。大学卒の初任給が六五円、課長クラスが一二〇円程度。学校の先生の初任給が五三円という時代であった」

工事はクリスマス前に完成した。土建ブームの次は米軍ブーム。「ヤミ市に一杯一〇円の残飯丼《ざんぱんどん》が登場した。キャンプや接収ホテルの残飯を炊いたものだったが、時にはどんぶりの中から缶切りがでてきた」。当時の狂歌「飯のなき膳《ぜん》にあはれは知られけり　芋と南瓜《かぼちゃ》の秋の夕暮れ」。相変わらずの食糧難だった。

小郷虎市の邁進

小郷虎市は京都帝大の学生時代に、小福は奈良女高師を卒業後に洗礼を受けていた。別府では不老町教会に通った。野町良夫が一九四七（昭和二二）年ごろ、牧師として赴任していた。

野町は陸軍に徴用されてジャカルタに行く前、那覇の教会でハンセン氏病救援の活動をしていたことで知られる人物だ。野町が一九六〇年、那覇を再訪した時の歓迎会の記念写真を見たことがある。そこには、なんと川平朝申《かびらちょうしん》が写っていた。戦時中の台湾総督府に勤め、戦後は琉球放送局長などを務めた沖縄現代史の重要人物である。川平慈英ら川平兄弟の伯父である。別府のキリスト教人脈は、思わぬところで台湾―沖縄ともつながっているのを知り、驚いた。

さらに米軍キャンプ「チカマウガ」の宣教師として、キャサリン・B・スティーブンスが赴任した。小郷夫妻―野町牧師―スティーブンス宣教師。このトリオが別府における混血児支援の要諦になっていく。

小郷夫妻は別府市上原の高台「つつじ園」の借家に住んでいた。米軍が別府に駐屯すると、近所に米兵相手の女性たちの間借り人が増えた。

「間貸しをするだけでなく。その家の娘さんが外貨を稼ぐようになった家もあった」「誰もが生活が苦しかったから、米兵を相手とする女性を軽蔑する者は周囲にはいなかった」。虎市は女性たちのために米兵あての手紙を書いてあげ、友人のように遇したという。

近所で間借りしていた女性が、混血児を生んだ。途方に暮れた挙げ句、捨て子にした女性もいた。「私も子どもが出来たら、モーランドの家の前に置きに行っちゃる」と言う女もいた。モーランドとは、ウエストモーランド司令官（のち米ベトナム派遣軍司令官、米陸軍参謀総長）のことである。上原町の「中山別荘」を接収して、家族とともに住んでいた。近くの松林や別府駅などで混血児の遺棄死体が発見されるようになった。虎市は強い衝撃を受けた。死亡診断書や火葬の手続きを虎市が代行した。

「戦災で家も身寄りも失った子どもたちが、別府に行けば米軍キャンプがあって残飯が出ると聞いて、各地から続々と流れ込んできたのである」。別府署が一斉保護を行うと、三〇、四〇人くらいが保護された。

一九四九（昭和二四）年秋、虎市は「岡山の実家の土地を売払い、混血児と浮浪児たちの家を建てる」と言い出した。「国は無力だ。みんなが国の無策を知りながら、子どもたちの悲惨な状態を見て見ぬ振りをするのが気に食わん」。止むに止まれぬ決意が感じられた。スティーブンス宣教師は五〇万円を寄付すると申し出た。虎市は野町牧師とともに別府市役所の脇鉄一市長を訪ねた。脇は全面的な協力を約束した。

朝鮮戦争が勃発（一九五〇年六月）すると、混血児の捨て子が急増した。米兵が朝鮮に出動すると、女たちが別の基地に流れ始めたからだ。「高い保育料をとって混血児を預かっていた家も、金の切れ目が縁の切れ目と品物のように子どもを突き返した」「米軍の一時帰休制度で別府に戻ってきた米兵たちはドルをばらまいた。その結果、またもや混血児という幸薄い小さな種子が、無数に別府の町にばらまかれた」

「栄光園」の一部施設（のちの本館）が完工したのは、一九五一（昭和二六）年一〇月三〇日である。木造二階建て。クリーム色の壁と赤い屋根が、周辺の緑の木々に映えていた。小郷親子の引っ越し祝いには、オンリーやバタフライ（不特定の米兵相手）などが参加して、多彩だった。

彼女たちは「お天道様《てんと》の下を大手を振って歩けんような商売をしよる」と言っていた。小福は「彼女たちに世間の風はおおむね冷たかった。飢えという深刻な経験のない人には『とにかく生きねばならない』という切羽《せっぱ》づまった状況は理解できないだろう。当時、一食のために身を売らざるを得なかった女たちの生き方は、野放図に堕ちてゆく現代の性の乱れとは全く異質のものである」と書いている。

「栄光園の玄関前に、大きな松の木がある。どっしりと枝を張っているので、雨宿りができるほどだ。その根元は幾多の不幸な女が、そっと混血児を置いていく定位置となった。（中略）パンパンの一人が、その松の木の下に真紅のコートに包んだ赤ん坊を、そっと置いたこともある。彼女は二階から父が見ていることも知らず、立ち去りかけては、また戻ってきた。父はその心情を思うと、胸がつまり母に言った。

「『早く行って、抱いてやってくれ。引き受けたということがわかるように、ゆっくり歩き回るんだぞ。あっちの楠の木の陰にナンシー（仮名）がいる。声はかけないほうがいい』。母は金色の縮れた髪をした赤ん坊を抱き上げて、父の言ったとおりにした。二階から父が覗《のぞ》いてみると、ナンシーは泣きながら両手を合わせて、母を拝んでいたという」（小郷穆子『アコルの谷』）

混血児一〇万人

地元紙「大分合同新聞」で、混血児に関する記事が増加するのは、一九五二（昭和二七）年以降だ。六月二九日の紙面に「混血児を預けて消ゆ　娘さん一ヶ月育て届け出」という記事が掲載された。別府市真光寺一〇組、無職、松尾千恵子さん（二二）が五月一六日昼頃、流川一三丁目の路上で二五、六歳くらいの女性から「この子を抱いておくれ」と頼まれ、生後七ヶ月の男の混血児を預かっていたが、婦人は帰ってこない。一ヶ月余り育てた末、処置に困って二七日昼過ぎ、別府署に届け出て、市内山の手の「小百合愛児園」が引き取ることになったという記事だ。

同日紙面には共同通信の原稿で「混血児、全国に一〇万」という記事が載っている。別府でも問題になり始めたことと関連があるだろう。この記事によると、混血児は東京や横浜を中心に約一〇万人。うち一割のみが孤児収容所などの児童福祉施設に収容されているという。養育費を「半分を父親の国に持たせよ」（平林たい子）「父親の国に送還して養育してほしい」（野上弥生子）らの意見が併記されている。

混血のわが子を捨てて行方不明になった日本人妻を探しに再来日した米兵の記事もある（一九二七年一〇月一六日）。同年一月に米国に帰ったが、別府勤務中に結婚した日本人女性（二一）からの連絡が途切れた。妻を探したところ、男児を「小百合愛児園」に預けたまま、姿を消したという回答があったという。記事には米兵、日本人妻、男児の写真が付いている。この件は翌年二月一四日付けにも、同様な記事が掲載されている。その後の消息は不明である。

小郷穆子が語る「戦後」

ここからは小郷穆子《しずこ》が語る「別府の戦後」を紐解きたい。話者によって時代の証言は異なる。世代差によって「時代の体験」も異なるからである。彼女の語りは、主に大分経済経営研究所編『MY WAY 私の歩んできた道』第三巻（二〇一五）から引用したい。簡潔にまとまった記述であり、ストレートに心情を吐露している。

別府の戦前戦後を記録した小説家で「栄光園」園長の小郷穆子

大分師範の生徒だった穆子は戦時中、福岡県の大刀洗《たちあらい》航空機工場に勤労動員に行った。その時に「いちばん過酷に動員生徒を扱った先生が、戦後『民主主義』という本まで著したのには驚いた。昨日までは『鬼畜米英』と言っていた人が、終戦になったら何と『自由をもたらしたアメリカに感謝しよう』と言うのだ。腹が立つので行く先も聞かなかったが、彼は栄転して都会の大学教授になった。本当にちゃっかりしている。開いた口がふさがらない」

穆子の教師批判は痛烈だ。彼女はいち早く「戦後のウソ」に気づいた人物でもあった。

「父が保護した混血の赤ちゃんをおぶっていて、私が生んだものと間違われ『お前は昨日まで戦いよった敵の子を産んだのか』と石をぶつけられたこともあった」。一九四六（昭和二一）年春、穆子は大分師範を卒業し、蓮田小（南小の前身）の教師になった。小学校から帰宅後、「栄光園」の仕事を手伝った。

一九五二（昭和二七）年九月、「栄光園」を悲運が襲う。両親の苦心の結晶だった園舎が、漏電のため全焼したのだ。父親の虎市は子どもたちを救出した後、道端の石に腰を下ろして、巨大な火の柱となって焼け落ちてゆく園舎を凝然と見つめていた。

「父は一言も弱音を吐かなかった。それからの父は、その心と労力と時間のすべてを園舎の再建に賭けたのだった」

翌年二月一九日。園舎は再建された。「父の顔にほろりと一筋の涙が流れた」。そのわずか二分後である。「激しい咳をして、父はそのまま絶命してしまった」。心臓破裂であった。心臓壁は破裂するほど薄くなり、破裂部位は黒く壊疽状態になっていた。「そのような心臓をかかえながら、再建を成し遂げた父の壮烈な生き方は、私の誇りであり終生の師表である」と穆子は書く。

母親の小福は、悲しみのどん底から立ち上がった。同年四月二七日、小福は亡夫の遺影を掲げて復興式を挙行した。一九六五（昭和四〇）年四月、穆子は教員を辞め、「栄光園」の運営に専念した。一九七六年一月、再び悲運が襲う。小福が過労のため緑内障と虹彩炎を併発し、全視力を失ったのだ。一九八五年七月六日、小福死去。穆子が三代目の園長になった。

『敵主力見ユ　小説帆足正音』

小郷穆子は児童福祉と作家の「二足のわらじ」を履いて、戦後を駆け抜けた女性である。偏見の中で生きる施設出身者を主人公とした『遠い日の墓標』（一九七六）は九州沖縄芸術祭文学賞を受賞。『ガラスの階段』（一九八三）で九州文学賞、『敵主力見ユ　小説帆足正音《ほあしまさと》』（一九九二）は龍谷大学文学賞を受賞した。

二三歳で戦死したマレー沖海戦の索敵機長の苛烈な生涯を描いた『敵主力見ユ　小説帆足正音』は、地元紙で足かけ五年も連載された作品だが、今やその価値を知る人は少ない。出征に先立って里帰りした帆足正音は、歌を遺した。「我が命真幸くあらばまたも見ん　今由布の嶺に狭霧立ちつ」。フランス植民地で犬畜生のように扱われる現地人を見て、正音は「この人たちを守るのも、自分たちの仕事であると痛感する」と日誌に記す人物であった。

正音が見つめた由布岳の裾野には戦後、占領軍キャンプと演習場が出来た。

小郷穆子が書いた。「私はこの小説の中で、戦時という修羅の日々の中で生きた純真な青春群像を、何としても描きたかった。彼らがいかに考え、いかに戦い、いかに散華していったかを後世に書き残したいというのが、私の永年の悲願であった」。穆子は嘆いた。「戦時中の者は全て悪いと、教科書すら全部その人々を抹殺してしまった」。これは「戦犯県」と自嘲してきた大分県の戦後教育界への痛烈な批判でもある。

一九九七年五月、ＮＨＫ「おはよう日本」で「栄光園四五年の軌跡」が全国放送された。番組には二人の施設出身者が登場した。井上正敏は従業員二〇〇人を抱える「栄光建設」の社長である。川砂採掘会社を経営する稲田文夫は「栄光園があったから現在の僕がある」と番組で語った。

小郷穆子は二〇〇三（平成一五）年七月三一日、死去した。享年七七。

高島海洋少年共和国

敗戦直後の状況を調べて驚くのは、長田シゲや小郷親子のような社会福祉活動家のほかに、善意の篤志家による小規模な児童施設が大分県内で数多く設立されていることだ。

本章の最後に辻英武『大分県の社会福祉事業史』から、その概要を紹介して彼らに対する敬意に代えたい。深沢清や広瀬公明の貢献は現在まで継続出来なかったが、敗戦直後の活動として貴重である。「高島海洋少年共和国」も多くの逸話がある施設だ。

深沢清「希望の家」――画家の深沢は一九四一年春、浮浪児たちを別府市文武通りの自宅に置いて「希望の家」と名付け、その後、市内南石垣に移転した。深沢は「義侠心の男」だった。二〇〇人以上の孤児を育てた上で、一九五四年に閉鎖された。その後は画業の旅に出て、晩年の消息は不明である。

広瀬公明「積善閣」――戦時中は深田鉱山（熊本県）鉱山長。一九四八（昭和二三年）二月、大野郡千歳村（現在の豊後大野市）に戦災孤児のための施設を作った。広瀬も経理に疎く、一九五二年一二月に閉鎖。辻英武は深沢と広瀬について「ともに風変わりな性格の持ち主だったが、生き方には心ひかれるものがある」と書いた。

斎藤一二三《ひふみ》「高島海洋少年共和国」——大分市で司法保護の仕事をしていた斎藤が一九四六年、豊後水道に浮かぶ高島要塞の陸軍施設跡を「高島海洋少年共和国」と名付けて、戦災児童を養育した。最盛期には一一四人の子どもがいたが、孤島での生活を忌避して逃走も相次いだ。一九五三年春、園児の放火によって炎上し、消滅した。

「高島海洋少年共和国」については、大分市報（一九五六年七月一六日号）に関連記事がある。中川喜利という少年（一四）に関する記事だ。彼の父は硫黄島で戦死した。母親は再婚し、喜利と姉妹三人は父の実家に引き取られた。喜利は小学一年生の時に家出し、小百合愛児園（別府市）などを転々とした。長男の行方を探した母親は、高島海洋少年共和国に同姓の子どもがいると知り、島まで行った。だが人違いだった。この当時、高島の孤児施設が大分県内の孤児収容施設として持っていた重要性がわかる逸話だ。

結局、喜利少年は朝日新聞大分版の記事がきっかけになり、大分市立「わかば園」にいるのがわかり、母親と九年ぶりに対面した。別府署の婦人警官・緒方美弥子が孤児たちを高島に送る際のエピソードについては、すでに紹介した。

野田興順《こうじゅん》「春日園」——大分市勢家の天台宗本住寺住職。一九四六年暮れには、大分駅前などにいた戦災孤児や大人の浮浪者が二五人ほど生活していた。一九四八年の施設落成後は四五人ほどに孤児が増えた。野田も経理には疎く、一九五五年に野田の手を離れて、「青松園」として再発足した。

第六章

「煉獄」の引揚げ者

まず別府市の戦後人口を概観したい。いずれも一〇月一日現在（市勢要覧に準拠）の数値である。

	男	女	合計
昭和一〇年	二万九七三一人	三万二六一四人	六万二三四五人（国勢調査）
昭和一五年	二万九六八一人	三万五〇四三人	六万四七二四人（国勢調査）
昭和二〇年	三万一六一四人	三万八三七五人	六万九九八九人
昭和二一年	三万七八九五人	四万五九〇六人	八万三八〇一人
昭和二二年	四万五二二三人	五万一四六二人	九万六六八五人（国勢調査）
昭和二三年	四万三〇七七人	五万一三〇三人	九万四三八〇人（常住人口）
昭和二四年	四万三四二〇人	五万一八〇一人	九万五二二一人
昭和二五年	四万二三三一人	五万〇七〇二人	九万三〇三三人（国勢調査）

わかりやすく理解するには、昭和一五年と昭和二二年の数値（国勢調査）を比較すると良い。約三万二〇〇〇も人口が急増（約一・五倍）していることがわかる。実質的には昭和二〇年八月以降

の現象だと見られる。敗戦直後、別府に多くの人口が流入した結果なのだ。彼らは外地からの引揚げ者、復員者あるいは国内の戦災被害者である。増加数は別府の総人口約九万六〇〇〇人の約三分の一に該当する。

さらに興味深いのは、世帯数だ。昭和二〇年には一万三六二一三世帯だったのに、昭和二二年には二万三九〇三世帯と、一・七五倍に急増している。単身者世帯が増えたのだと推定できる。

引揚げ者の仏像

「現在の別府市の人口の四分の一は、引揚げ関係者だという」

是永勉《これながつとむ》『別府今昔』（一九六六）の「後記」には、こんな記述がある。是永は大分合同新聞別府支社長を務めた人物だ。私はこの部分を読んで初めて「引揚げ者都市・別府」に気づいた。「四分の一が引揚げ者」。数値の大きさに驚嘆したのである。

引揚げ研究で知られる文化人類学者の島村恭則（関西学院大学教授）にメールすると、「別府は最強の引揚げ都市です」という返事が届いた。島村には別府で現地調査した実績がある。別府は温泉都市として有名だが、占領軍が約一〇年間にわたって駐留した「占領都市」である。第三章で論述した通りだ。しかし「引揚げ者都市・別府」について、本格的に研究した先行例はない。

私も二〇一七年に『忘却の引揚げ史　泉靖一と二日市保養所』（二〇一七）を刊行したものの、別府の引揚げ者研究は滞っていた。

別府の戦後史執筆に着手したのは、前著『日本統治下の朝鮮シネマの群像』（二〇一九）を出版したのがきっかけだ。大分在勤中にお世話になった別府の間島一雄（二〇一八年死去）の霊前に著書を届けた。間島の母親は一〇歳の一雄を連れて、京城（現在のソウル）から別府に引揚げた。彼女は肌見離さず小さな仏像を持ち帰った。「この仏さんのおかげで無事に帰れたんです」と遺族が教えてくれた眼前の仏壇には、母と間島が仏壇に飾り続けてきた仏像があった。母子の祈りの化身である。「別府の引揚げ者の物語を書かねばならない」。そう決意せざるを得なかった。

穐吉敏子と大迫正冨

「別府の引揚げ者」の人生を書きたい。そう思うと、脳裏に浮かぶ有名な引揚者がいる。ジャズピアニストの穐吉《あきよし》敏子と「ゼンリン」創業者の大迫正冨だ。「別府の引揚者」と言えば、まず、この二人である。有名なので、ここでは簡単に紹介する。

穐吉敏子は一九二九（昭和四）年、満洲紡績社員の四人姉妹の末っ子として遼陽で生まれた。小学校一年でピアノを習い始め、大連・彌生高女で研鑽を積んだ。敗戦。姉が肺浸潤を病んでおり、一家は別府に引揚げてサナトリウム（療養所）に家族ぐるみで住んだ。

「ピアニスト求む」。一九四六年秋、敏子は別府の繁華街で張り紙を見た。「つるみダンスホール」（西田熊太郎経営）だ。即採用。月給一〇〇〇円。客の一人が彼女を自宅に招いて、テディ・ウイルソンのレコードを聴かせた。これが敏子と本格的ジャズ・ピアノとの出会いである。その客とは誰だったのか。別府―福岡―東京―米国と、彼女の音楽生活は飛躍する。戦後日本のジャズシーンを代表する逸話だ。

穐吉と別府の物語は続く。一九五九年秋、サックス奏者のチャーリー・マリアーノと結婚し、長女が生まれた。しかし離婚。三歳になった娘ミチルを、敏子は母と同居する別府の姉夫婦に預けた。娘の五年余の別府生活は、ジャズ歌手「マンデイ満ちる」の誕生を準備した（穐吉『ジャズと生きる』一九九六）。別府は二人の音楽家を産んだことになる。

大迫正冨は一九二一（大正一〇）年、大分県宇佐郡麻生村（現在の宇佐市）で生まれた。一〇歳の時、台湾の親戚に預けられ台中二中を卒業。一九三九（昭和一四）年、満洲に渡り、大連の中国語学校で学んだ。北京の華北交通（満鉄の関連会社）で通訳官になったが、敗戦により引揚げた。別府の華北交通療養所（現在の別府大学の場所）に元上司がいた。一九四八年、引揚げ者有志とともに「観光文化宣伝社」を設立。翌年、出版部門を引き継いで一九五〇年には「善隣出版社」と改称した。「善隣」は華北交通の社訓「善隣協和の大義を宣揚すべし」からとった。

繁華街や旅館のカラー地図が織り込まれた冊子『観光別府』を同年発行。一九五二年には別府市内の「住宅案内図」を刊行した。「ゼンリン住宅地図」の原点である。一九五四年に、本社を小倉に移転し全国制覇に邁進した。

宇佐―台中―北京―別府―小倉。大迫の生涯が描いた東アジア移住史は「引揚げ者都市・別府」の象徴であり誇りだ。「善隣出版社」の本社は旧別府市役所近くの建物二階にあり、今でも確認できる。別府市はこういう歴史遺産を保存すべきである。

一九四五（昭和二〇）年九月三日。旧制別府中学の始業式が行われた。外地や戦災地から多くの転入生が来た。半年後には生徒数が一四六人も増えた。京城中、竜山中、大邱中、釜山中、釜山二中、木浦中など、朝鮮からの転校生が目立った（『飛翔　大分県立別府鶴見丘高校創立七五周年記念誌』一九八五）。

前出の島村恭則（関西学院大学教授）は共著『引揚者の戦後』（二〇一三）で、別府冷麺の歴史を記述した。それによると、別府出身の日本人妻とともに満洲から引揚げてきた金光一《キムグァンイル》（朝鮮全羅北道出身）は、海門寺マーケットに「アリラン食堂」（のちに「春香苑」）を開店した。「そこで冷麺を出した。これが別府冷麺の始まりである」。調理担当の松本一五郎（久留米出身の引揚げ者）が独立し、ラーメン店「大陸」を開店した。「別府冷麺は、引揚げ者を含む外来者たちの混沌とした生活状況やアジール（聖域）的空間の中から新しい文化が創出されたケース」と島村は評価した。

蘭《あららぎ》信三（上智大教授）ほか編『引揚・追放・残留』（二〇一九）は、戦後の国際的移動に関する最新研究書である。ドイツ人の占領地からの引揚げは「追放」と呼称される。「引揚」は「追放」の逆の呼び名である。朝鮮人は日本から「帰還」「送還」した。同書で野入直美（琉球大学准教授）は、台湾から沖縄への引揚げを研究して「引揚げエリート」の新概念を創出した。彼女が研究した川平朝申は台湾総督府に勤務し、引揚げ後は沖縄民政府芸術課長として、先進的な政策を推進した沖縄―台湾史の重要人物である。カビラ兄弟（ジョン・カビラ、川平慈英《じえい》）の伯父と言ったほうがわかりやすいかもしれない。

脇鉄一・戦後の烈士

脇鉄一も戦後地域社会の「引揚げエリート」と言える。別府市亀川生まれで東京帝大法学部卒。京城で判事、弁護士を務め、引揚げ後は別府市長（二期）として米占領期に在職した。三万人以上いた別府の引揚げ者の多くが彼に投票した。脇鉄一は、日本有数の「引揚げ都市」だった別府にふさわしい人物だ。脇は画期的な「別府国際観光温泉文化都市建設法」（一九五〇）を制定したが、今や記憶から忘却された「戦後の烈士」の一人である。

「関西から流れ着いた小西組。大陸から引き揚げてきた一部の無職の集団。（中略）一部の『解放国民』の群れ、彼らが既成の暴力と混じり合った。（中略）流れ者の博徒たち、テキヤ集団、特攻くずれ等の引き揚げ軍人のアウトロー集団、そして右翼、さらには共産党も一部過激化していた」（鬼塚英昭『海の門』二〇一四）。そんな混乱期の別府を、この知性派市長は乗り切ったのである。

脇鉄一『ある市長のノート』（一九六四）は、意義深い著作だ。「ある」とは、「間抜け、わからずや、偏骨者ともいった類の代名詞である」と自虐的だが、別府の戦後を記録した重要な書籍（私家版）であるのは間違いない。

脇は一八九六（明治二九）年一月三日、速見郡御越村（現在の別府市亀川）で名門の長男として生まれた。熊本第五高校、東京帝大法律学科を卒業し、朝鮮総督府地方法院、高等法院で判事を務めた後、京城（現在のソウル）で弁護士を開業した。

別府の初代民選市長・脇鉄一（脇『ある市長のノート』から

韓国紙のデータベースで「脇鉄一」を検索すると、いくつかの戦前記事が出てくる。

有名なのが、第五次間島共産党事件（一九三〇）予審判事としての活動である。間島地域（満洲朝鮮国境）の共産主義勢力が摘発された事件だ。被疑者らが加入している中国共産党の党綱領が「植民地解放」を謳っている事実を突き止め、脇は治安維持法違反（国体変革）として起訴した（京都大名誉教授・水野直樹の論文「在間島日本領事館と朝鮮総督府『間島共産党事件』をめぐる協力と対立」二〇一五）。脇は「帝国の法官」として有能だったのだ。

呂運亭との別離

脇鉄一は、判事は一〇年ほどで辞めて、弁護士に転じた。一九四五年、敗戦。すると故国に引揚げようとする彼を引き止めた朝鮮人がいた。呂運亭《ヨウニョン》である。吉野作造が「教養ある尊敬すべき人格」（『中央公論』一九二〇年一月号）と激賞した朝鮮独立運動家である。脇の前掲書の前半部「引揚から市長へ」に、その記述がある。

それによると、脇は京城法院判事時代の一九三一年ごろ、大田刑務所に服役中の呂運亭を調べたことがある。脇は「ある事件の証人」と書いており、間島共産党事件の関連だった可能性もある。呂は三年間の刑期を終えると、時々、脇の事務所を訪ねてきた。「家庭的な交際も深くなって、呂君の長男の就職のことや呂君が京城の中央日報の社長になることにも、若干の協力をすることができ、互いに信頼する友人」になったという。

呂運亨は解放後朝鮮の重要人物である。一九一四年に中国に亡命し、李承晩らとともに臨時政府に参加した。孫文に信頼され、国共合作時代にはソ連の要人とも親しい関係を作った国際派の独立運動家だった。万歳運動が起きた一九一九年には、東京の帝国ホテルで「朝鮮を独立させて日本、朝鮮、中国のアジア三か国が連携すべきである」と講演した。

日本の敗戦後、呂は「朝鮮建国準備委員会」の委員長に推挙された。朝鮮総督府は呂を新生国家の指導者として秘密交渉を行っていた。呂は九月一六日、「朝鮮人民共和国」の建国を宣言したが、朝鮮を信託統治する方針だった米軍政府は、朝鮮独立を否認し、朝鮮の政局は混迷を深めた。

ある日、二人の朝鮮人が「呂運亨先生の使い」と称して脇の前に現れ、「脇先生はこのまま朝鮮に留まるお気持ちはありませんか」と言った。思いがけない提案だった。「朝鮮の国籍を持たれてはいかがでしょうか」。呂が大統領当選の暁には、朝鮮の司法確立のために脇の協力を得たいという意向だった。その後の脇の判断が、彼の運命を決する。

「僕は、その後の朝鮮人の建国創業に対する態度を見て、次第に心細くなった」「朝鮮人は集団になると、全く別人のように興奮し、無軌道になって極端な雷同と極端な反発を示す」「この調子では呂君がいかに頑張っても、と僕はほとんど絶望を感じるようになった」。脇は解放後の事態を冷静に観察していた。

脇は呂あてに書簡を書いた。「韓日はもと一衣帯水しかも同根同祖の同胞たり、相携えて恒久の友交を現ぜんこと必定にて、不日拝眉して高恩を謝し、肇国の御偉業を祝するの機も遠からずと存じ候」。友情と礼儀に満ちた惜別の辞である。

脇鉄一が引揚げの順番を待つ間、京城の秋は次第に深くなった。彼は朝鮮を去るに際して、次のような短歌を詠んだ。

「去り行かむ日の近づきてこのくにの　秋空いよいよ澄みわたるなり」

二〇年余を朝鮮で過ごした脇の思い入れの強さがわかる。人民共和国を否認された呂運亨は信託統治を当面認めつつ、南北朝鮮が統一国家として独立する道を模索していたが、一九四七年七月一九日、右翼テロ組織の青年によって暗殺された。帰国していた脇は、その報を新聞で知り、「惜しい人物を朝鮮は失った」と慨嘆した。日韓提携を視野に入れた呂運亨の韓国建国論は、この国に痼疾的な内部対立によって自ら葬り去られた。姜徳相『呂運亨評伝』全四巻（二〇〇二―二〇一九）などに詳しい叙述がある。

民族とベートーベン

脇鉄一によれば、京城中央放送局（JODK）が敗戦の一両日後に、ベートーベンの楽曲を放送したという。脇は「NHKのラジオ」と書いているが、彼は京城にいたのだから貞洞《チョンドン》にあったJO

DKラジオの放送と解釈すべきだろう。JODKとNHKは戦時中から同じ番組編成で放送することが多かった。

「敗戦の大混乱のさなかにある異国の電波に、いち早く壊滅の敗戦国の一音楽家の作曲が乗って、堂々と響き渡った」のである。脇は「歴史の断面を貫くゲルマン民族の不滅の栄光である」と解釈した。「日本の民族は敗戦の焼土の中に立って、この音楽によってわずかに自らを慰め、日本民族の将来に一つの示標を見出したのではなかったか」と、この愛国者《パトリオット》は書き留めた。

ベートーベンの楽曲は何だったか。脇はそれを記録していないが、私が驚くのは前章で言及した別府「栄光園」の創始者・小郷虎市が、同様な体験をしていることだ。妻・小福の回顧録によると「夫は終戦の二、三日後に、NHKがラジオでベートーベンを流したことにも感動していた。同じ敗戦国でありながら、不滅の音楽を持つ国に羨望を禁じ得なかったという」（「栄光園だより」五五号）のだ。

敗戦後の京城と別府。脇鉄一（当時四九歳）と小郷虎市（同四五歳）。遠く離れた場所にいたほぼ同世代の二人が、同じようにベートーベンの楽曲に感動し、民族の力とは何かを考えた事実に感動を覚えざるをえない。

小郷虎市が児童養護施設「栄光園」の建設に乗り出した一九五〇年当時、脇は別府市長になっていた。虎市が適地として見出したのは、市有地の原野だった。虎市は脇と交渉した。脇の返事は「本来なら行政がやるべき仕事だ。私個人としては無償で払い下げたいが、市議会が承諾しない。一坪五〇円ほどの覚悟はしてください」というものだった。虎市が想定した価格の四分の一である。

だが、市議会の審議で「すさんだ子どもたちが集まり、環境が悪化する」と建設反対論が出た。結局、一坪三五〇円で払い下げが決まった。脇も虎市も周辺地権者の意向に翻弄されたのである。

二人が敗戦直後のラジオで聞いたベートベンの楽曲とは何だったのか。NHK放送博物館に当時の番組編成について問い合わせたが、記録は残っていなかった。楽曲名こそ確認できなかったが、この偶然の一致は後世の我々が記憶して良いことだ。

脇鉄一は書いた。「僕はこのラジオを聞いて、書斎の一隅に懸けられたベートーベンの石膏像を見上げた。そして、国破れてなお破れることのない文化を持つに至るには、余りに遠い日本を思いつつ、いやこれからだ、日本はまだ若いのだ、この敗戦も若い日本にとっての反省の試練である、日本国民よ、頑張るのはこれからだと心に叫んだものである」。脇鉄一の再起宣言であり、ここから彼の戦後が始まった。

「疾風怒濤」の戦後期

一九四六年一一月一三日　脇鉄一、第九代別府市長に就任（官選）
　　　　一二月一五日　米軍兵舎が完成し、米第一九連隊が大分市から移転
一九四七年　四月五日　脇鉄一、第一〇代別府市長に就任（民選）
　　　　八月四日　別府国際観光港設置期成会が発足
　　　　一〇月一日　第六回臨時国勢調査。別府市の人口九万六六八五人

一九四八年　四月一日　別府第二高校（現在の芸術緑丘高校）創立
一九四九年　六月七日　昭和天皇、大分県内を巡幸（一〇日離県）
　　　　　　八月一四日　都市対抗野球大会で別府星野組が優勝
　　　　　　八月二〇日　別府市「街頭における売春取締条例」制定
一九五〇年　五月一七日　別府市営競輪開設
　　　　　　七月一八日　「国際観光温泉文化都市建設法」公布
　　　　　　一〇月一日　第七回国勢調査。人口九万三〇三三人
一九五一年　四月二五日　脇鉄一、第一一代別府市長に就任
　　　　　　一〇月一四日　ルース台風襲来
一九五二年　一月二〇日　第一回別府大分毎日マラソン開催
一九五三年　九月一日　由布岳・鶴見岳が阿蘇国立公園に編入される
一九五四年　四月一日　別府女子大学が別府大学に改称
一九五五年　五月二日　荒金啓治が第一二代別府市長に就任
　　　　　　一〇月一日　第八回国勢調査。人口一〇万二三三〇人
一九五七年　三月二五日　米軍キャンプが接収解除される

脇鉄一が別府市長を務めていた時代を年表で振り返ると、占領軍が進駐し、売春婦が街にあふれ、別府星野組が都市対抗で優勝し、国際観光温泉文化都市建設法が制定された、「疾風怒濤の時代」

であったことがわかる。引揚げ者や浮浪児で人口が急増した時代にあって、朝鮮からの引揚げ者・脇鉄一は、故郷の再建に心血を注いだ。

「売春勧誘取締条例」

「朕」と「売淫」が、奇怪な対照をなす勅令がある。「朕は（中略）婦女に売淫をさせた者等の処罰に関する勅令を裁可し、ここにこれ公布せしめる」。昭和二二年勅令第九号である。売春防止法（一九五六）の基礎になった。占領期を経験することなしには、売春助長を非合法化できなかった日本の恥部を代弁する歴史的勅令だ。

この勅令もしばらく冬眠状態だったが、東京都が一九四九年五月に「売春等取締条例」を制定した頃から、全国各地で売春防止に関する動きが活発化した。

別府市が同年八月二〇日に制定した「街頭における売春勧誘等の取締条例」は、全国市町村の嚆《こう》矢《し》となった。街頭のみに対象を絞ったのは、実務家である脇鉄一の面目躍如たるところがある。脇が通った旧別府市役所（現在サザンクロス）がある秋葉通り一帯もパンパン出没地帯であり、脇は街頭での売春勧誘の取り締まりに乗り出さざるを得なかった。

当時の状況は恐るべきものだった。一九四九年、全国の売淫検挙者数は五万六六八〇人（うち初犯二万二三二七人）にのぼった。売淫仲介者一〇四二人、届け出性病患者三八万六九九〇人（うち七二％が売春により感染）、妊娠中絶二四万六一〇四件だった（労働省婦人少年局「売春に関する年表」）。

脇が制定した条例は『性暴力問題資料集成復刻版第二二巻』（二〇〇六）に収録されている。

大分合同新聞（一九五二年四月二六日）の報道も、異様なほどに露悪的である。

「パンパンの一番多かったのは、売春条例制定前後の（昭和）二四年から二五年にかけてで、一時は警察署で取り調べを受けた者だけでも一五〇〇名を上回り、パンパンたちの住む一帯はドル稼ぎの余恵を狙い、貸間、食料品店、洗濯屋がズラリと店を張りながら、パンパンタウンといった調子。多い月には彼女たちの稼いだカネが一ヶ月で三〇〇〇万円、六年間で五億円を上回ると言われ、別府の景気を左右するという勢いで、商売人も部隊の移動即パンパンの移動に一喜一憂するというありさまだった」。この数字が正確なのかは検証しがたい。

「貸席の女給白書」

一九五二（昭和二七）年当時の地元紙報道には、数字を駆使した特集記事が目立つ。その一部を引用する。「貸席《かっせき》」とは売春用の個室である。

「別府署の調べによると、湯の町の華やかさに惹かれ、別府の貸席街に職を求めた女性が今年一月から四月までに一七〇人もいる。彼女らのほとんどは普通の家庭人であるが、経済的に全く行き詰まっている。そのうち一〇〇余人が最近の農村不況による小農の娘で、さらに操短締め出しを食らった者一三人で（中略）、炭鉱夫の娘一三人、外国人にふられた〝夜の女〟からの転向者一六人、子供を抱えた戦争未亡人六人（後略）」（一九二七年五月五日・大分合同新聞）。この記事には個人情報

が詳細に書き込まれている。警察の調書から書き写したと見られる

「A子（茨城県出身・三二歳）＝東京で知り合った米軍兵士と結婚、別府で一年半同棲していたが、夫は朝鮮戦線に行ったまま音信不通になった▽B子（大分郡出身・二〇歳）＝八人家族。約五反を耕作。一昨年、一頭しかいなかった牛を売った。『私だけ身を沈めれば』と別府の貸席に前借三万円の約束で働くようになったが、楼主は約束のカネを貸してくれず客を毎日取っている。六分四分の配分のうえ、布団代、部屋代と絞り上げられ、すでに五〇〇〇円以上の借金を負っている▽C子（南海部郡《みなみあまべ》出身・三〇歳）＝夫は戦争で行方不明。三人の子どもを抱えて別府市内の旅館で下女中として三年間働いたが、手取り一五〇〇円。子どもが学校に行くようになったので毎月三〇〇〇円は送金せねばならず、貸席で働くようになった」

同年五月一四日付け紙面にも「別府の貸席女給白書」が載っている。別府市内二五四人の調査である。動機＝親兄弟を助ける（一一四人）子を養う（四〇人）▽希望＝結婚する（九九人）子どもと暮らす（三三人）▽楼主との分配＝半分ずつ（一二三人）楼主六分本人四分（七一人）▽働く時間が自由でない（五七人）健康なとき働く（七四人）生理時は休む（三〇人）自由に休む（四〇人）。

一九五二年六月一日付け紙面は、大分婦人少年室の「別府の売春婦実態調査」結果だ。別府の貸席業者一三六軒、従業婦六二二人の調査結果だ。カフェやバーで借金が重なり売春婦に転業した者が八割を占め、子どもがあったりして家庭の生活苦のために売春婦になった者が二割である。

引揚げ者の憤懣

敗戦後の大分合同新聞の投書欄を眺めてゆくと、引揚げ者や復員者の投稿が相次いでいるのに気がつく。彼らの憤懣には手加減がない。

一九四五年九月八日。「戦災に家を焼かれて丸裸になり、着のみ着のまま南九州から日田市の知人を頼って来た親子五人であります。子供の通学に雨が降っても傘一本なく、市役所へ購入証明書をもらいに行ったところ、『他県から来た者には証明書はやれない。戦災地でもらえ』と突き放された」（日田市一市民）

一九四五年九月一四日。「私は復員帰還兵です。先日、役場へ挨拶に行ったところ、吏員のすげないことで『ご苦労さまでした』と言う者もいない。男は雑談にふけり、数名の女はキャッキャッと飛び回っていた。戦線から帰ってきた者に対し、いま少し温かい心を持ってはどうでしょうか」（西庄内村）

一九四五年一一月一三日。「朝鮮で児童教育に従事してきた者であるが、無一文で故国に引き揚げてきた。実に憤慨に耐えないことは、日本残留の鮮人が非常に優遇され、悪性インフレの原因となる闇市場を正々堂々と博多港頭に開き、タバコ一本一円、靴一足二〇〇円、食物一皿五円などの暴利を貪って平然たる事実である」（憤激生）

匿名の新聞投書のことゆえ、信憑性には疑念の余地があるが、当時の憤懣の一部を伝えて余りある。

教育と民主主義

脇市長時代の最大の業績は、一九五〇年七月一八日に交付された「国際観光温泉文化都市建設法」であり、戦後別府の振興策の総路線を提起した。

憲法九五条に規定された「個別の特別法」によるもので、別府市が他の八市町の先鞭を付けた。有効投票三万九三四五票中、賛成二万九四八七票という圧倒的多数による住民投票の結果は、「別府市民の栄誉」（脇鉄一）という評言に言う通りだ。当時、この特別法が制定されたのは他に東京都、広島市、長崎市だけだった。

教育と広報の重視が、脇市政の二大柱であった

「諸君はアメリカ人でもロシア人でもない。諸君は日本の大地に住む日本人の中の日本人である。諸君は偉大なる日本人になってほしい」

別府第二高校の新入生たちは校長・県五六《あがたごろく》の奇抜な式辞に仰天した。豪放磊落、古武士のような名物校長だった。戦後の教育界は新興の機運に燃えていたのである。現在、大分市上野丘東にある県立芸術緑丘高校（別府第二高校の後身）は、脇鉄一と県五六（前日出高校長）の熱意が結集したものだ。一九四八（昭和二三）年春、美術、音楽、外語の三学科からなる県立高校としてスタートした。

大正期に彫塑家・朝倉文夫（大野郡出身）や兄・渡辺長男《わたなべおさお》（同）らによる芸術高校新設の運動があっ

た。その意欲を受け継ぎ、旧別府高女の校舎を使って、このユニークな高校は誕生した。

バリトン歌手の立川清登《たちかわすみと》は一九歳にして津久見の中学教師だったが、音楽科のある高校ができると聞き、三年生として入学した。同高創始期の有名な逸話である。一九四九年からは家庭科、商業科も併設された。稲尾和久（元西鉄）や河村英文（同）らのプロ野球選手が生まれた。リリー・フランキー、錦野旦《あきら》もOBである。リリー『東京タワー──オカンとボクと、時々、オトン』（二〇〇五）に別府・大分時代の回想がある。

別府で発行されていた『民主新聞』（一九四八年一月一一日、四月一一日）には、県立別府中学内に一九四七年一二月、「別府外国語学校」（三カ年修学）が設立されたとの記事がある。名誉校長が脇鉄一である。開校時の在校生は五六五人もいたという。授業が午後六時からだったことから見て、夜学の成人教育校と見られる。英語教授陣に田北貢（県外事課・米南カリフォルニア大卒）原田種臣（満洲・元建国大教授）宮松治（占領軍通訳官）足立富美子（別府高女教官）がいた。

脇鉄一は一九四九（昭和二四）年七月、従来の「市報」に加えて、新たに『別府市政便り』を創刊した。市役所内に弘報室を設置し、「市政について正しく市民に知ってもらい、正しい認識を基礎にした正しい世論を市政に生かしていくことこそが、民主化の第一歩である」と考えたからだ。脇は市長就任後、校区ごとに市政報告会を開いた。「市民の声をそのまま聞く窓が必要である」と考えていた。「市政便り」によると、小中学校の校舎は別府市の場合、九割が完成していた。大分県平均は当時、四割程度であった。

白土康代『占領下の新聞』

別府で生まれた白土康代（日本文理大名誉教授）は『占領下の新聞』（二〇一五）で、戦後の大分県内で発行された新聞を紹介した。

「子供のころ、遊び場であった別府駅近くの海門寺公園には、家なき人々が小屋を作り、夕暮れ時には街娼が立っていたことを記憶します。かくれんぼの場所に窮して、公園の入り口に立ったままの体格のよかった従姉が、最後まで見つからなかったこともありました。それほど街娼の姿は自然だったのです」（同書「おわりに」）

白土『占領下の新聞』は、副題通り「別府からみた戦後ニッポン」を米メリーランド大学「プランゲ文庫」が所蔵する別府発行の新聞五二種から探究した労作だが、引揚げ者による多くの出版物が収録されているのが大きな特徴である。

戦後の別府には、満洲・朝鮮などで活躍していた人物が多数流れ込んだ。

戦前から満鉄や華北交通の保養所があり、外地の日本人成功者の中には別府に妾宅がある人もいた。白土が指摘するように、プランゲ文庫に残された別府の出版物には「別府が受け入れた多様な人々がたくましく戦後を乗り越えようとする姿、また終戦がもたらした解放感と自由を享受する姿を伝える記事も少なく」（同書「はじめに」）なかった。

プランゲ文庫に収蔵された新聞『ザ・ダンス』は、別府の「夕刊サンデー社」が刊行した特別号である。領軍専用だったダンスホールが一九四六（昭和二一）年秋ごろから日本人にも開放された。第一号（一九四六年七月一五日）には四カ所のダンスホールが広告を出している。

市長・脇鉄一の祝辞が同紙面で目立つ。「戦時中、禁止されていたダンスが自由とともによみがえり、吾々の持つ舞踏本能を満足させる機会が与えられた。食生活の不自由、何か焦燥に似た生活態度、それが今日の日本を支配している。この矛盾の日本から、美しい平和な国を生み出すものは、明朗で健康な精神でなくてはならぬ」。脇は熱っぽくダンスの効用を説いた。感心するのは、ミニ新聞用の祝辞ですら、脇が手を抜かずに自分の言葉で熱いメッセージを綴っていることだ。

別府女子専門学校の生徒新聞『別府女専新聞』によると、生徒主催のダンスパーティーが的ケ浜の旅館「錦水園」で開かれたという。かつて「米軍慰安婦」の面接会場となった場所だが、一九四八年前後には「健全化」されていたのだろうか。収益金は図書充実のために使われたという。

別府の満蒙人脈

新聞『大分民報』を刊行した三井実雄《みついさねお》や古長敏明は、満洲時代のそうそうたる文化人だった。三井の朝鮮・満洲言論界での華やかな経歴は奉天毎日新聞編集長、京城日報政治部長、ハルビン放送局長、牡丹江中央放送局長と事欠かない。彼は満洲歌壇の重鎮でもあり、満洲の芸術通として名指揮者・朝比奈隆とも交友があった。戦後日本に全国組織として存在した「満蒙引揚文化人連盟」の有力メンバーである。短命に終わったものの、別府を拠点に『九州新聞』『大分民報』を発行した。

大分県製作の文化映画『山の植林は文化のしるし』も手がけた。別府市内に住んでいた当時『私の満州歌壇史』（一九七三）『戦争のこぼれ種』（一九八一）を出版した。

『大分県畜産史』（一九六六）『大分県養蚕史』（一九六七）など数冊の著書がある農業評論家・古長敏明も、満蒙引揚文化人連盟のメンバーである。戦前は満洲日日新聞文化部の記者だった。満洲を訪問した川端康成らの座談会に同席したほか、いくつかの美術評論記事を書いた。彼らが別府で発行した新聞や著作を眺めていると、別府の「満洲コネクション」がディープであると思わざるを得ない。

欧州のパリ、東南アジアのバンコク、東アジアの別府。享楽と陰謀が渦巻いた国際保養都市と同じ匂いが、戦前戦後の別府には漂う。

大分県内には引揚げ者が約一三万人もいた。別府市役所内に「大分県海外引揚者団体連盟」（加盟八三団体）の事務所を置き『協生新聞』を発行した。鶴見園（別府市老松町）にあった明星美容専門女塾の塾長は、京城からの引揚げ者・貝沼梅子であり、権藤種男画伯（別府第一高教諭）や長田シゲ（光の園白菊寮）らが特別授業をした。

「家屋がすき間なく立ち並ぶ街の中心部は、日本最高の人口過密となりました。そのことは昭和二四年に視察のために来別した厚生次官の『別府は非戦災都市であるが、准戦災都市として考慮する』という発言にも表れています」（白土康代『占領下の新聞』）

『大分報知』（昭和二一年八月一日）創刊号のトップ記事は、「引揚者諸団体長会議開催」である。会長に首藤定《さだむ》（元大連商工会議所会頭）が選ばれた。首藤は敗戦直後の大連で、在留邦人の食糧難を救済するために、骨董品、洋画などの「首藤コレクション」をソ連軍の穀物と交換した有為の人物だ。首藤は同創刊号で「イバラの道を切り拓け」と引揚者の自力更生を説いた。

別府市長・脇鉄一も祝辞を寄せた。脇は「終戦以来二カ年を超過せんとする今日、最近引揚げた者の生活状態は食に糧なく、住むに家なく、着るに衣なき悲惨な状況に置かれている」と厳しい認識を示した。「自分は引揚者各位の大きな支持によって市長の職に就いたとは言え、あくまで市民全体の利益のために職分を尽くしたい」。引揚げ者都市の引揚げ者市長が、あくまでも市政の原則に忠実なのが印象的である。

別府の引揚げ者群像

戦後別府の教育界を調べていると、日田市の元春日造兵廠跡に作られた「太平学園女子専門部」の教授陣に、校長の元京城帝大教授・高木市之助（国文学）ら京城人脈が集結していたことがわかった。

この事実は大分合同新聞（一九四六年四月二六日）に載っている。この中には内鮮一体を推進した「緑旗連盟」主幹・津田剛（元京城帝大教授）らが含まれている。同専門部は国文、英文学科各四〇人の定員。この女専は一九四八（昭和二三）年に別府女子専門学校（別府大学の前身）に吸収合併され、同校の分校になった。

高木は拙著『日本統治下の朝鮮シネマ群像』（二〇一九）でも取り上げた。朝鮮シネマ『授業料』

の原作（朝鮮人小学生の作文）を、朝鮮総督府学務局長賞に推した審査委員会メンバーである。高木『国文学五十年』（一九六七）には、戦前の平安南道・定州を訪れた高木が「定州は朝鮮のオックスフォードである」と思ったという記述がある。定州は朝鮮の愛国啓蒙運動を主導した「五山学校」の本拠地だ。高木は戦後、広瀬淡窓の故地である「天領日田」をオックスフォードや定州に見たてて、「学都」建設を目指し、挫折したのである。

別府駅前通りに本店がある『エッチ美容室』は、京城・南大門《ナムデムン》通りから始まった店だ。創業者の林《はやし》秋《あき》は京城第一高女の卒業生。「京城モダンガール」の草分けである。朝鮮銀行に勤めていたが、一念発起して、東京の美容学校で学んだ。

敗戦で、温泉街の別府に引揚げてきた。夫の鉱太郎が病弱だったからである。しかし温泉の効用で回復すると、夫は理系の能力を発揮してコールドパーマの技術を開拓し、「婦唱夫随」の美容室経営に成功した。米軍占領時代には司令官夫人が店に来た。児童施設「光の園白菊寮」に出向いて、子どもたちの奉仕活動にも勤しんだ。

前述の新聞『ザ・ダンス』第二号（一九四七年七月一五日号）の広告欄には、「エッチ美容室」の広告が載っている。「良くかかる　ステキなウエーブ」。林夫婦の盛業ぶりが伺える広告である。

最近まで別府の引揚げ者ネットワークの中心にいたのが、夕刊紙『今日新聞』の檀上榮（前会長）である。一九二四（大正一三）年一一月、平壌生まれ。現地応召し大邱で終戦を迎えた。母と弟二人を伴って引揚げ、佐賀、大分の地方記者として活動した後、昭和二九年一一月、別府で『今日新聞』を継承した。『佐賀新聞』記者時代、朝鮮戦争の勃発（一九五〇）に遭遇し、漁船の船舶無線を駆使して海上から「玄界灘の波高し」と伝えたという。『今日新聞』は占領期以降の別府を記録してきた貴重な地域ジャーナリズムである。檀上は二〇一七年六月、九二歳で死去した。

杉目昇の著作を読む

「ダイハツ大分販売」社長を務めた杉目昇は、一九一六（大正五）年七月、満洲・奉天で生まれた。ハルビン学院を卒業し、満洲国興安北省で勤務した元官僚である。彼が別府で書き遺した『ホロンバイルにおける哈爾浜学院卒業生の足跡』（一九九六）『コサックと共に　ホロンバイルあの頃』（二〇〇〇）『興安嶺のふもとから』（二〇〇六）など数冊の個人出版は、ハルビン学院や興安省での青春時代、引揚げの悲劇を心血を注いで記録した著作である。

杉目の著作集を長男・豊や中生勝美（桜美林大学教授）から寄贈された。

『興安嶺姿なき墓標』（二〇〇二）はとりわけ痛切きわまる書籍だ。ソ連軍侵攻後、家族と逃亡中に死んだ二四人の子どもたちの惨劇が記録してある。室蘭出身の満州国官吏・竹内良知が書いた遺稿を、杉目が整理し叙述した。逃避行の途中で三六人が亡くなった。子どもたちは両親によって山中で殺害されたのである。竹内の遺稿はその苦悶と慙愧の念を伝えて余りある。

引揚げ後、東京・東中野のお寺に「二十四童子の碑」が建立された。しかし、杉目が所持していた小冊子には、慰霊碑が移転されたとのメモ書きが挟んであった。調べたところ、碑は千葉県印旛村の広福寺に移設されていた。当時の関係者はすべて亡くなった。悲劇を伝えるのは、この小冊子と慰霊碑だけである。

杉目の戦後はきわめて劇的である。

敗戦の玉音放送を、三重県内の陸軍部隊で聞いた。東京の満洲国大使館に赴いた彼は、旧知の事務官らと語らって「大陸引揚者援護会」を組織。九州に引き返すと、博多港で大陸情報をキャッチし、東京に送った。さらに占領軍に極秘で四人の「密使」を編成し、厳冬の佐賀県唐津から小型漁船を仕立てて密出国したのである。玄界灘―東シナ海―黄海を越えて、満洲・大連にたどり着き、ハルビンの実家にいた妻とも再会した。そして一九四六年九月、義母姉らとともにコロ島経由で帰還した。帰国後は福岡市で勤務した後、やがて別府に転居した。

豊によると、晩年の杉目夫妻はしばしば、「杉の井ホテル」にあったスケートリンクで華麗なアイスダンスを披露して、周囲を驚かせたという。彼の孫娘・奈央子は県立芸術文化短期大学准教授（ピアノ）であり、豊や孫の大《だい》は「大分トリニータ」の熱心なサポーター。激動期を生きた杉目一家は、別府で安息の日々を得た。

『復讐するは我にあり』

今村昌平監督『復讐するは我にあり』（一九七九）は、別府で育った連続殺人犯・西口彰をモデルにした佐木隆三の小説を映画化した作品である。

そのロケハンに協力したのが佐賀忠男だったことは、すでに書いた。今村昌平はこの元パンパンハウス経営者を「竹のような強靭な芯がある」男と評していた。脇鉄一の手記『ある市長のノート』を読んでいて、脇が西口彰の弁護活動を行った事実があるのを知った。脇は匿名で表記しているが、殺人事件を起こす前の西口が犯した詐欺事件の弁護をしたことがあるのだ。

「本人の古い詐欺事件に弁護の任に当たったことがあり、殊に父兄や妻子をよく知っておるのであって、ここでは本人の名前は遠慮する」として、脇は西口との因縁を語っている。

西口彰は一九二五年一二月一四日、大阪で生まれた。両親の故郷は長崎県五島列島である。篤実なクリスチャンで、大阪で稼いだカネでアジサバ漁船二隻を保有し、別府で旅館を経営した。息子は中学時代、福岡のミッション系学校に通わせたが、戒律の厳しい寮生活になじめず家出し、窃盗や詐欺を繰り返し少年刑務所に入れられた。

記録によると、西口は一九四五（昭和二〇）年八月二五日、横浜刑務所を仮出所した。その後、大阪の占領軍軍政部通訳養成所で三ヶ月間ほど英語を勉強した。翌年一〇月、福岡県の女性と結婚。一九四七年には長男が生まれた。一九四八年、占領軍を騙った詐欺の恐喝罪で大阪・阿倍野署に逮捕され、懲役二年六月の判決。一九五〇年二月、大阪刑務所を出所し、別府で米兵相手のバーを始めた。西口の戦後人生は米軍の街でイカサマを重ねた人生だったことがわかる。

一九五一年、米ドル不法所持で小倉署に逮捕され、別府簡裁で罰金四〇〇〇円の判決。同年一一月、長女誕生。一九五二年一二月には占領軍の制服制帽を着て「二世」になりすまし、外車を売ってやると言って籠脱け詐欺を働いた。福岡署に逮捕され懲役五年の判決。一九五七年出所。一九五九年、詐欺罪で別府署に逮捕され、翌年、大分地裁で懲役二年六月の懲役判決。一九六二年に小倉刑務所を仮出所した。

脇鉄一は一九五五年に別府市長を退任しており、地元で弁護士を開業したのはその後だ。したがって脇が「西口の詐欺事件を弁護した」と言うのは、一九五九年に別府署に逮捕された詐欺事件かと思われる。

西口は一九六三年一〇月一八日、福岡県行橋市で専売公社（当時）職員ら二人を殺害▽同一一月、静岡県浜松市の旅館で女将とその母親を絞殺▽同一二月、東京都豊島区で弁護士を絞殺▽翌一九六四年一月、熊本県玉名市で小学生の女児に発覚し逮捕された。これが悪名高き「西口彰連続殺人事件」である。

小説や映画の題名になった「復讐するは我にあり」は、新約聖書にある言葉だ。「悪人に報復を与えるのは神のみである」とされ、そこに犯行動機が画然としない西口の連続殺人の異常さが表出される。戦後期とポスト戦後期を画する東京五輪（一九六四）直前の連続殺人事件であった。

西口彰事件をめぐって一九六三年当時、松竹が『国民の目』とのタイトルで映画化を試みた。法務省人権援護局から「製作は控えてほしい」という要望書が出された。西口の両親や妻子を熟知する脇鉄一は、『ある市長のノート』で「松竹は断然この残虐な企てから手を引くべきである」と映画会社を糾弾した。

西口は一九七〇年一二月一一日、福岡刑務所拘置支所で死刑が執行された。享年四四。佐木隆三の小説『復讐するは我にあり』の刊行は一九七五年であり、今村昌平監督の同名映画の公開は一九七九年のことである。

脇鉄一『煉獄の鐘』

本章の最後に、脇鉄一が書いた戯曲『煉獄《れんごく》の鐘』を紹介する。「煉獄」とは、天国と地獄の間にある世界である。カトリックの教義に基づく想像世界だ。脇は熊本・五高校友会誌「龍南会雑誌」（一九一九年六月）に、この戯曲を発表した。

一九一九年と言えば、朝鮮で「三・一独立運動」が起きた年だ。当時、脇は京城地方法院の判事だった。戯曲の舞台は「東京郊外のさびしき町」だが、脇の故郷である別府・亀川温泉を彷彿とさせる。投稿には「独法三年」と明記されており、脇が五高時代に書いた創作を推敲して発表したのかもしれない。脇の文才ぶりを知ることができる作品だ。

主人公は靴工の為蔵（三六、七歳）。彼の後妻おはつ（二五、六歳）を中心とした一幕物だ。為蔵は教会に通った当時は「熱心なクリスチャン」と言われた男だが、本人は「天国と思った所が地獄だった」と悔やんでいる。後妻は何かと東京へ出かけて、とかくの噂が立っている元芸者の女という設定だ。夫婦仲は良くない。めかしこんで浅草に出かけようとする「おはつ」と口げんかになる。思わず小刀を構える為蔵。恐怖に立ち尽くす女。謝る為蔵。出かける女。為蔵が前妻の娘に言う。「母さまは帰って来ないかも知れないね」。教会の夕方の礼拝の鐘の音がかすかに流れる。為蔵、娘の手を取り、頭を垂れて無言の祈りを捧げる。

さびしい街、苦難の夫婦関係、愛しい娘。世俗的な物語ではあるが、脇鉄一が『煉獄の鐘』と題したことに、深い因縁を感じざるを得ない。敗戦後、彼が市長に迎えられた別府の街こそ、天国と地獄の間で苦悶した「煉獄の街」であったからだ。

脇鉄一は、占領軍と食糧難の時代と格闘した「煉獄の市長」であった。

官選市長を半年後、民選市長の職を二期八年間務めた。物欲と色欲の街で「教育」の理想を掲げて粉骨砕身したが、戦前からの政治家・荒金啓治との市長選に連敗。手記「ある市長のノート」を書き遺して、上京し弁護士業に専念した。晩年は失意の日々だったのである。一九七三（昭和四八）年六月二日死去、七七歳だった。

一九五七（昭和三二）年三月二五日、米軍は別府の接収を解除した。その二日後、映画『山口組外伝　九州進攻作戦』（一九七四）で描かれた暴力団抗争事件が勃発した。博覧会場で石井一郎（組長）を井田組員が拳銃で狙撃して重傷を負わせ、その六日後には井田栄作（組長・別府市議）系列の別府市議を石井組員が刺殺する事件が起きたのである。

荒金啓治の五期二〇年の長期市政の中で、別府の「戦後理想」は失われていった。「ポスト占領軍」の別府については、稿を改めて書くしかない。

第七章

阿南綾の戦後

一九四六年夏、別府駅。

子ども四人を連れて、混雑する列車に乗り込むモンペ姿の婦人がいた。阿南綾《あなみあや》、四八歳。自決した元陸軍大臣・阿南惟幾《これちか》の妻である。子どもたちの中には、幼い男の子も混じっていた。

「山口県下関から北九州の門司までは船に乗り、門司から大分県別府まで日豊本線に乗りました」。最年長だった四男・惟正《これまさ》（元新日鉄副社長）が語る。一家五人は東京・三鷹の家を出て、戦後疎開の旅に出たのだ（阿南綾追悼録『秋桜』一九八五）。

夫の死後、世間も阿南家も急変した。戦後の混乱の中で、米や野菜の入手が難しく、預金の引き出しには制限があった。三鷹の自宅は、東大生だった二男・惟敬《これひろ》（のち防衛大学校教授）を管理人にして、部屋を賃貸しに出した。

「別府から豊肥線で玉来町、今の竹田市に入りました」。直入郡玉来町《たまらい》に阿南家の本家がある。「子ども心にも、すごい山奥に来たものだと思いましたね」。その決断をしたのは綾である。「ものすごい決断だったと今でも思います」。惟正が言う通りであろう。

「戦後の別府」をテーマとする本書が、敗戦後の四年半を奥豊後で暮らした阿南綾一家に言及するのは、意味のないことではない。当時は、引揚げ者のほかにも戦災にあった都会の人々が、地方都市に疎開したケースが少なくなかったのである。

阿南家の戦後は、検証するに値する。侍従武官を務めた阿南惟幾は、敗戦に当たって国家に殉じた。天皇制国家は敗戦後、象徴天皇制として再構築された。惟幾の妻・綾は、戦後四年目の大分市で昭和天皇に会った。天皇は何を語ったか。「天皇と日本人」は戦後最大の国民的イシューの一つだった。それを考察するための重要な史実が「阿南家の戦後」の周辺にある。

竹田「荒城の月」

食糧難の時代だった。価値観が大変動した時代だった。米軍キャンプが設置され、米軍管理の下に置かれた別府駅の姿を見て、綾は何を思っただろうか。

子どもたちにとって、竹田は成長の地であった。「わたしは地元の竹田高校を卒業しました。今でも誇りに思っています。良き師、良き友に恵まれ、人格形成に最も大きな影響を与えられた。周囲が農家の中で暮らしましたから、食料に困ることはありませんでした」と惟正は言う。竹田での青春期は彼の生涯の支えであった。

綾とともに引っ越したのは、四男の惟正（当時一三歳）、次女の聡子（同九歳、のち王子製紙社長夫人）、五男の惟道《これみち》（同七歳、のち講談社社長）、六男の惟茂《これしげ》（同四歳、のち中国大使）の四人である。長女の喜美子（のち新東京国際空港公団総裁夫人）はすでに嫁ぎ、三男の惟晟《これあき》（陸軍少尉）は中国湖南省で戦死していた（長男は早世）。

綾一家は竹田への途上、下関の親戚である秋田三一（元貴族院議員）宅に立ち寄った。「紺色のモンペ服にいたいけな多数の幼児を連れた姿は、夫の義朝を失った常盤御前が牛若丸など幼き者三名の手を取って、雪の中をさまよう姿を彷彿とさせた」（『阿南綾追想録』）と秋田は回想している。常盤御前の例えは絶妙である。

綾が当時、詠んだ歌を紹介したい。遺詠集『秋桜歌集』（一九九五）にある。

「大み親生まれまし地に立ち返り　伸びゆく子らの基築かむ」

先祖の生まれた土地に帰り子供たちの基礎を築きたい。そういう願いが込められている。彼女の短歌は痛切きわまるものが少なくない。

阿南家の本家がある玉来町岩本は、豊肥線「豊後竹田」駅の次の「玉来」駅から約四キロ入った所にある山間《やまあい》の小集落だ。狭い土地に田んぼが広がる。阿南本家は小川の脇の二階建てで、一階に六、八畳ほどの部屋が四部屋ある。綾の親子五人はうち二部屋に住んでいた。二階には外地から引き揚げてきた親戚一家がいた。綾たちはここで約半年暮らした。

さらに玉来の町の中にある「西」村落に移って二年、次に竹田寄りの「阿蔵」の川沿いで、二年間を過ごした。いずれも子どもたちの通学の便を考慮してのことだ。

「敗れしをいきどほり行く村人の　声きくも憂し世をさくる身は」

元陸相の家族に注がれる視線には冷ややかなものが混じっていたことが、綾の歌から伺い知れる。「世を避ける」。戦後社会の中で軍人家庭が味わった悲哀の典型でもあろう。

肩を寄せ合う母子五人

「玉来時代の一番上の子供としての私は、(母の)相談相手の役割でしたが、一度として愚痴《ぐち》や不平を聞いた覚えがありません。ことさらに父の子供だからという躾《しつけ》をされた記憶もありません。その自然な立居振舞いが、子供たちに無言の教育になっていたのだと思います」(阿南惟正「竹田の頃」『阿南綾追悼録』)

五男・惟道はさらに詳細に書き残している。

「秋になると、あちこちの部落でお祭りが始まり、私たち一家は揃ってまんじゅうを食べに出かけた。近所の人がやや皮肉を込めて『どこ行きな』と聞いてきたことを思い出す。母はそんなことは気にしなかったのか、それとも私たちの胃袋の方が一層気になったのか、下の三人を連れて呼ばれた家に食べに行った」

「ことさらに威厳があったわけでもない。(戦死した)惟晟にいちゃんの思い出になると、私たちは手拍子を打ちながら、ハイッハイッと囃《はや》す。母がしまいに必ず泣き出すことを知っているからだ」

再び、綾が遺した短歌。

「折々の眺めつきせぬふる里よ　山の姿に水の流れに」

「すこやかになりつる子らの姿こそ　今日の吾が身の宝なりけれ」

短歌のひとつひとつが、ひしひしと胸を打つ。

「母は特別に明るい性格でもなかった。玉来の頃は貧乏であり、兄がパン焼釜を町で一つ打ってこなければ、晩のおかずにもありつけないことを知っていたけれど、それはみじめではなかった」

のちに講談社社長になった五男・惟道は、阿南綾追悼録『秋桜』（一九八五）で、このように淡々と振り返っている。「冬休みには、かるたを毎日数時間も読んでもらった。（中略）かるたに疲れると夜は炬燵《こたつ》にこもって、惟正兄が本を読んでくれた。母と姉と私、茂坊も大人しく聞いている」。玉来・岩本は山林が迫る寂しい集落だ。冬になると一段と冷え込む家屋の中で、母子五人は肩を寄せ合って暮らした。

戦後七〇年目の歪曲

私は大分県立芸術文化短期大学で八年間在職した。二〇一五（平成二七）年八月二二日、阿南惟幾の胸像除幕式が竹田市の広瀬神社境内で行われた。その取材で四男・惟正に初めて会った。彼は阿南家の対外窓口役だった。

「家庭では優しくて子煩悩な父親だった。現在の平和が多くの尊い命の犠牲の上に成り立っていることを忘れないでほしい」

地元紙の大分合同新聞が除幕式の翌日、惟正の除幕式での挨拶をこう報道した。私にはひどく違和感があった。彼が強調したのは「子煩悩な父親」ではなく「教育者の阿南惟幾」だったからだ。

二・二六事件（一九三六）が起きた時、東京幼年学校校長だった阿南惟幾は「統帥権の干犯である」と生徒たちに訓示し、「若きは力なり」「勇怯の差は小なり。責任観念の差は大なり」「智謀の差は小なり、しかれども実行力の差は大なり」「己に厳、人に寛、身を以て衆を率ゆべし」「徳義は戦力なり」など七項目を生徒に示した。惟正はこの訓示を除幕式で紹介したのだ。力点は「家庭人」より「教育者」にあった。新聞記事は公開中の新作映画に引きずられた解釈だった。

私はもちろん、当時上映されていた原田眞人監督『日本のいちばん長い日』（松竹製作・二〇一五）を見た。この映画は「家庭人」「平和」にフォーカスを当てていた。端的に言って「戦後七〇年風」の解釈である。「阿南惟幾の真実」がそうだったかは、遺族に聞くしかない。だが原田ら松竹側には、そんな努力はしなかった。惟正が松竹側に会ったのは「試写会の席が初めてだ」と、彼は言った。だから「竹田時代の阿南家」も、原田の映画には出てこない。

私の不満を、わかりやすく言えば、こうだ。

一九六七年公開の岡本喜八監督『日本のいちばん長い日』は、軍人としての阿南に焦点を当てた作品だ。戦後二〇余年しか経っていない。戦争を直接体験した世代が多数生きていた。いわば同時代的な映画だ。橋本忍の脚本は、和平と国体護持のはざまで揺れた「聖断政局」をリアルに再構築していた。

ところが戦後七〇年目に公開された原田監督の映画（脚本も原田）は、家庭人としての肖像をクローズアップする一方、史実としてはありえない言動を頻出させた。本物の阿南は、そうは言わなかっ阿南（役所広司）に「国を残すために軍を滅ぼす」と言わせた。

た。「軍を失うも、国を失わず」。それが真実だ。原田が参考文献とした角田房子『一死、大罪を謝す』（新潮社）に明記してある。前者は戦後七〇年の商業映画として、原田監督が創作した陳腐なセリフに過ぎない。これは日本映画の劣化であると、私は思う。

「父親役の役所広司は前作（三船敏郎）よりも良かった。しかし、映画としての出来は感心しない」。惟正は、そんな感想を私に語っていた。

阿南惟幾をモデルにした映像作品には、前述の映画二本の他に、TBSがドラマ化した今野勉演出『歴史の涙・終戦の長い一日』（一九八〇）がある。大津皓一の脚本。阿南綾役は香川京子。小林桂樹が阿南役を好演した。「家庭人」をモティーフにしており、原田映画はこのテレビドラマを参照した印象がある。

次男の惟敬《これひろ》（防衛大学校教授）の手記によれば「父と母の夫婦喧嘩も何回か経験しましたが、いつも烈しいのは母の方で、父はもてあましたように、笑っているだけでした」。四男・惟正には「父から学んだ責任感と、母の思いやりの心が、わたしの原点です」と書いた。長女・喜美子は「私が育った頃の母は『うちではいつも慈父厳母ね』というくらい厳しい母でした」と語っていた。実際の阿南夫婦は、世間のイメージや映画とも印象が異なるカップルであった。

父子の最後の対話

私は惟正の自宅に押しかけ、何度も話を聞いた。惟正のオーラル・ヒストリーの聴取にも参加した。それは彼が理事・後援会長を務めていた拓殖大学から『阿南惟正―時代と人生』（二〇一八）として公刊された。

惟正には昭和二〇年八月一一日夜の記憶が生々しい。

父・惟幾との別れになったからだ。惟幾は久しぶりに自宅に帰ってきた。「八月一一日は、九日から一五日までの激震の一週間の中で、中休みに似た空白の一日になった」（半藤一利『決定版・日本のいちばん長い日』二〇〇六）とされる日である。

夜。阿南家は訪問客が絶えず、一家の夕食もしばしば中断された。しかし、惟正には父親にどうしても聞きたい質問があった。当時、彼は旧制中学の一年生で、陸軍幼年学校の受験を間近に控えていた。

「ソ連まで敵にまわって、日本は勝てるのですか」

息子のストレートな質問に、阿南惟幾は何と答えたのか。「父の胸中は複雑だったでしょうが、いつもと変わらぬ温顔で答えてくれました」という。靖国神社の広報紙『やすくに』（平成八年七月一日号）に惟正が記している。

「日本が負ける事は決してないよ。君たちはしっかり勉強しておれば良いのだ」

親子の対話の中で、これが息子に残した阿南惟幾の最後の言葉である。

四日後の一五日早朝、惟正は母親に弟妹とともに呼び集められ、父親の死を知らされる。「母の態度はきわめて冷静でした。その瞬間、私が感じたことは、肉親を失ったという悲しみ以上に、戦争は一体どうなるのかという不安でした。戦争の最高責任者である父が、自ら死を選んだということは最悪の事態ではないか。幼い心にも理解できるような緊迫した情勢だったからです」

私見では、阿南惟幾は八月一一日の時点で、自決の意思を固めていたと思われる。阿南はこの夜、家族に最後に会いに来たのだ、と推測する。綾にはそれを示唆した可能性があるとすら、私には思える。

『昭和天皇実録・第九巻』によれば、昭和天皇はこの日午前、陸軍大臣・阿南惟幾に「謁を賜い」、阿南は戦争終結について「国体護持に大いなる不安がある」旨を奏上した。天皇からは「御諭旨《ゆし》の御言葉」があった。「御諭旨」の中身が何であったかは、想像にかたくない。天皇は阿南を諭し、戦争終結への意思を語ったのである。同日夕、天皇は玉音放送の実施を内大臣・木戸幸一に裁可した。すでに帰趨は決着していた。

昭和天皇はすでに一〇日の御前会議で、「本土決戦本土決戦と云うけれど、一番大事な九十九里浜の防備も出来ておらず、また決戦師団の武装すら不充分」（木戸幸一日記）と軍部への不信感を表明し、「今日は忍び難きを忍ばねばならぬ時と思ふ」（同）と述べていたのである。阿南綾の弟である竹下正彦中佐（陸軍省軍務課員）らが記述した『機密戦争日誌』が、「明治大帝が三国干渉の時、忍ばれたる御心を心として、将来の再興を計らむとするものなる旨聖断あり」（原文はカタカナ）と記録している通りだ。

阿南惟幾の苦悶は、その日から一五日未明の自決まで、陸軍大臣として「国軍」を治め、「国体」を護持するための綱渡りの苦闘である。そう解釈することが正当であると私には思える。〝綱渡り〟だからこそ、阿南の言動は右に揺れ左に揺れた。これが「阿南の腹芸説」を生んだ背景にあり、自死を前にして阿南惟幾が「米内（光政海相）を切れ」とつぶやいた真相であると思えるのだ。「阿南《あなん》、心配するな。朕には（天皇制維持の）確証がある」（『機密戦争日誌／八月一二日』、原文はカタカナ）。そう語った天皇の諦念を眼前にして、自決は阿南が取り得る唯一かつ最善の選択だったと言うしかない。聖断政局をめぐる分析の中では、鈴木多聞『終戦の政治史　一九四三―一九四五』（二〇〇一）が最も目配りが良い学術書である。

「父自決」の知らせに、惟正は母や弟妹とともに、陸相の仮官舎に向かった。

「対面した父の顔は安らかでした。父の死は日ごろ、武人としての信念を説いていたいくつかの言葉を、そのままの形で身をもって示したものとして受け止めることができました」

正午にラジオで玉音放送が流れた。しかし、惟正には「その記憶は全くよみがえって来ない」という。その夜、陸軍省のあった市ケ谷台で戦時の儀式にのっとり、父親の遺体が茶毘《だび》に付された。通夜に参列した陸海軍の将星たちの鎮痛な表情と、機密書類を焼く炎が夜空を赤く染めていたことを、惟正は鮮明に覚えていた。

「日本陸軍の終焉と日本の敗戦を象徴していたように思います」

その時から、日本国民のそれぞれの「敗戦後」が始まった。

綾が遺した絶唱

すでに引用した『秋桜歌集』（一九九五）は、阿南綾の遺詠集である。一三回忌を迎えて書き遺され短歌約六〇〇首を喜美子、聡子姉妹らが持ち寄り、惟正が発行した私家本である。

「教えこし言葉のままにもののふの　道をふみつつ君は散りぬる」

惟幾の自刃の知らせに接して、彼女が詠んだ歌だ。熊本出身の軍人一家に育った綾が、軍指導者としての最後を全うした夫を哀惜する心情が痛々しい。

「君を思ひ国憂いつつ皇軍《みいくさ》に　ささげし夫がいまはにぞ哭《な》く」

これは阿南の辞世に対する「返歌」とも読める。阿南の辞世はよく知られているように、次の通りである。

「大君《おおきみ》の深き恵みに浴《あ》みし身は　言ひ遺すへき片言もなし」

一九三八（昭和一三）年、阿南の中国出征にあたって、昭和天皇が見せた配慮に阿南が深い感激を表した歌だ。「陛下が直接私を居間にお呼びになり、食卓を共に遊ばされた。陛下と私だけだった。私は四年間、侍従武官を勤めたが、かつて前例のないことだ」。阿南はそう語っていた。

阿南夫妻の三男・惟晟《これあき》（陸軍少尉）は一九四三年一一月二〇日、中国湖南省漆家河で戦死した。享年二〇。惟幾に似て、絵が上手な青年だった。

惟晟は戦地に向かう前、自宅に数日間帰ってきた。久留米絣の和服を着て、二階の柱に背をもたせて、熱心に『風とともに去りぬ』を読んでいた。姉・喜美子がそれを目撃している。休暇で戻ってきた時には、トルストイの『戦争と平和』を読みふけっていたという。当時の若き軍人の精神生活を伺い知れる逸話だ。

阿南家にとって、三男の戦死は晴天の霹靂とも言うべきものであった。

「夢か否夢にはあらずかなし子が　湖南の華と散りしおとずれ」

綾は表立って泣くことは許されず、夜半ひそかに「夢であれ」と枕を濡らした。

外交官として中国に赴任した六男・惟茂は一九八三年一一月、湖南省常徳県を訪れる機会があった。暗い灯火の農家を訪問して外に出ると、満天の星空だった。「この星空を見ながら、兄はきっとお母様のことを想っていたに違いない」。惟茂は亡母の追悼録に寄せた文で、このように感慨をしたためた。

母や子の文章を読んで、強い「家族の紐帯」を感じるのは、私だけではあるまい。阿南綾の短歌は、この書籍では収容しきれない質と量があると、強調しておきたい。

阿南綾の結婚

阿南家の戦前戦後を追うために、私は阿南綾が暮らした土地を訪ね歩くことにした。地理的な空間感覚を共有しながら、過去を行きた人物たちを理解したい。

阿南惟幾をめぐる従来の著作や映画では、阿南綾についてさして言及されなかった。彼女の戦後に関する公刊本は皆無である。それが私には不満だった。角田房子『一死大罪を謝す』（一九八〇）は晩年の綾から丹念に取材した力作だが、戦後の綾自身に関しては数行の記述に留めており、きわめて自制的である。

阿南綾は一八九八（明治三一）年七月八日、東京・牛込区（現在の新宿区）矢来町で生まれた。熊本出身の陸軍中将・竹下平作と福島出身の母・うめ（明治一〇年生まれ）の二女（長女は異母姉）である。「綾」が戸籍名である。ふだんは「綾子」と呼称されることも多かった。

父親の竹下平作は、一八六四（元治元）年一二月一七日、熊本士族の生まれである。英仏蘭米四カ国艦隊が下関を砲撃した四カ月後だ。一三歳の時、西南戦争で西郷軍に味方して従軍した。熊本県俗謡「田原坂」に歌われる「馬上豊かな美少年」のモデルのひとり（諸説あり）に擬せられることもある。

ＪＲ小倉駅からモノレールに乗り、陸上自衛隊小倉駐屯地に向かった。

小倉には戦前、陸軍歩兵第一四連隊があり、乃木希典が第二代連隊長を務めた。平作は第一三代連隊長である。日露戦争に出征して、遼陽会戦や奉天会戦などに参戦し、戦地で中佐に進級した。綾が六歳から九歳だった時期だ。北九州市は阿南家にとって縁のある土地だ。四男・惟正は八幡製鉄・新日鉄で長く勤めた後、二〇〇五年から六年間は陸自小倉駐屯地の西隣にある北九州市立大学の理事長だった。

小倉の陸自史料館は見ごたえがある。立派な口ひげをはやした竹下平作の写真がある。西南戦争で軍旗を取られ切腹しようとする乃木希典を描いた絵画も展示してあった。小倉は自決した杉山元《はじめ》（陸軍大臣）の出生地でもある。剛毅な性格だった杉山夫人・啓子（自決）の写真が印象に残る。

その住居跡（小倉北区室町「リバーパーク」）には今、見落としてしまうほど小さな記念碑があった。前庭にある「乃木希典大将居住之地」の標識は戦後、倒壊され、ここに移設されたのだという。説明板（昭和五四年製作）に「乃木さんは……」と書いてある。「乃木大将」ではない。幼稚な「非軍事化」である。苦笑するしかない。

　小倉から帰京すると、神楽坂周辺を歩いた。

　阿南惟幾や綾夫人は、このあたりで生まれた。惟幾の誕生地は一八八七（明治二〇）年二月二一日、牛込箪笥《たんす》町南蔵院である。「南蔵院」は真言宗豊山派の寺院である。阿南一家は、このお寺に住んでいた。

　綾は惟幾の一一年後に、牛込矢来《やらい》町で生まれた。二人の出生地は距離的にとても近い。一キロも離れていない。箪笥町は江戸時代、幕府の武器職人の街だった。今は南北に牛込中央通りが走り、ビルやマンションが並ぶ。「南蔵院」も現存するが、阿南に関する表示はない。

　綾が生まれた一八九八（明治三一）年、神楽坂や矢来町一帯には青年時代の作家・永井荷風がよく出没していた。広津柳浪（作家・広津和郎の父）が矢来町に住んでいたのだ。荷風の回想「書かでもの記」（大正六年）に、その記述がある。柳浪の家は「神楽坂を上がりて、寺町通りをまっすぐに行」った場所にあったという。

　一方、阿南惟幾が亡き母トヨを偲んで書いた回想によると、彼は幼いころ、家から母の背におぶさって暗い通りを抜けると、明るい灯の連なる町に出たという。そこが「神楽坂《かぐらざか》のことなるべし」と阿南は書いている。

　永井荷風と阿南惟幾の人生の始発点には、「神楽坂」という意外な接点がある。だが敗戦の夜、荷風は知り合いの老女からもらった鶏肉とブドウ酒で祝杯をあげた人物である。荷風は「日本の国家に対して冷淡無関心なる態度」（一九四五年五月五日『断腸亭日乗』）をとり、阿南は自決によって国家の運命に殉じた。二人の生涯は劇的なほどに好対照の軌跡を描いた。

台南・歴史の重層

台湾の古都・台南は、竹下綾が少女時代に過ごした街だ。

北回帰線の南にある歴史文化の街である。台湾原住民―オランダ―鄭成功《ていせいこう》―清朝―日本時代―国民党―民主台湾、と主人公が変貌して来た歴史がミルフィーユ菓子のように積み重なっている。日清戦争後、台湾は清国から日本に割譲された。一九〇七（明治四〇）年、台湾歩兵第二連隊が台南に置かれた。綾の父・竹下平作が、第二代連隊長（大佐）として着任したのは、翌年一二月二一日である。

綾は日本人子弟が通う「台南小学校」に入学した。一八九八年に台南国語伝習所付属尋常高等小学校として設立された。「台南小学校」に改称されたのは、一九〇二（明治三五）年だ。この小学校は、どこにあったのか。

台南小学校の後身である花園小学校（現在の台南市立公園小）同窓会誌によると、この小学校は開校当初、台南駅の西南約五〇〇〓《メートル》にある台南孔子廟の建物を利用していた。綾が入学した一九〇九（明治四二）年ごろには、校舎は現在の国立台南第一高級中学（戦前の台南二中）の場所に移転した。

竹下一家が台南に引っ越したのは、日本の台湾領有から一〇年以上が経過した時期である。一九〇八年には、基隆《キールン》から打狗《ターカウ》（現在の高雄《カオション》）までの台湾縦貫鉄路（西部幹線）が完成した。台湾開発が本格的に始まる時期だ。当時、台南市街地には糖務局、病院、測候所、郵便局、学校、裁判所、銀行、新聞社などがあり、戸数一万四〇〇〇、人口四万八〇〇〇人を数え、うち内地人（日本人）が約五〇〇〇人いたという。

綾は台湾近代化の息吹の中で少女時代を送った。しかし、台南の治安状態は問題がなかったとは言えない。綾の四歳下の妹である芳子は「いつも兵隊さんの銃剣で守られて登校していました」と、追悼録『秋桜』に綴っている。

彼女たちが台湾を去った五年後の一九一五年、台南では大規模な宗教的抗日事件「西来庵《せいらいあん》事件」が起きた。台湾独立運動家・王育徳『台湾』（一九七〇）によれば、台湾人の抗日運動は一八九五年の領有から一九一五年までは武力抗争期である。台湾第二歩兵連隊が台南に設置された一九〇七年（明治四〇）年になっても、日本人死者五七人、台湾人死者八一人、自殺一〇人、死刑九人を出す反乱「北埔《ほくふ》事件」が起きた。「西来庵事件」は台湾平地に置ける最後の抗日武装蜂起であり、日本人九五人が殺された。逮捕者は一九五七人を数え、八六六人が死刑判決（執行は九五人）を受けた。一九三〇年、原住民族による「霧社事件」が山岳地帯で起きたのは周知の通りだ。

裕仁皇太子の記念植樹

綾の妹の芳子が『秋桜』に記述した台南の思い出は、茶目っ気に満ちている。

娘たちは連隊長官舎の広い座敷の畳のふちを、子守唄代わりの軍歌「戦友」（♪ここは御国を何百里♪）を歌いながら歩き回った。「屋根や塀の上を猿のように走り回り、龍眼肉の木を切って、食べっこをしました。一日に一回、滝のように雨が降って、道路の溝は逆巻き波をたてて流れます。雨が降り出すと、姉は門を閉めてカンヌキをします。またたく間に庭はプールになります。さっそく四人で遊びます」

「馬丁がこの遊びを知っているので、街の角あたりから、大きな声で『おかえりーっ』としらせてくれます。（父上に見つかったらタイヘン）。あわてて門を開け、カンヌキをはずして一目散。裏手に回り、着物に着替えて、兵隊さんや女中たちと一緒に『お帰り遊ばせ』をしなければなりません。その騒ぎは大変だったと思います」

綾は台南小学校を卒業すると、台北高等女学校に進学した。綾は受験のため台南から台北まで一人で出かけた。「私が落ちるなら、みんな落ちるわよ」と自信満々だったという。綾は夏休みになると、台北から帰省した。妹たちに当時流行していた「マーガレット」（三つ編みを頭に巻き上げた髪型）を結ってくれた。

台北高女が「台湾総督府国語学校第三付属学校」として開校したのは、一九〇四（明治三七）年一〇月である。一九〇九年九月、台湾総督府台北高等女学校と改称された。綾は寄宿舎（定員二〇人）住まいだった。ある日の寄宿舎の献立は、次の通りだ。質素さに驚くしかない。

朝＝大根のみそ汁、梅干し、たくあん。昼＝豚の照り焼き、生キャベツの付け合わせ、たくあん。夜＝菜っ葉のすまし汁、きんぴらごぼう、たくあん。

阿南惟幾の四男・惟正は、なんどか台南を訪れた。北九州市立大学の理事長をしていた当時、台南の国立成功大学との大学間連携プロジェクトを推進したのだ。惟正はよく「母たちが過ごした台南で、昭和天皇が植樹されたガジュマルの木を見て、感慨無量だった」と、よく語っていた。

一九二三（大正一二）年四月、裕仁皇太子（当時二一歳）が台湾を訪問した。一九一九（大正八）年に初めての文民総督・田健治郎（元参院議員・田英夫の父）が就任し、「皇太子行啓」を実現させたのである。皇太子の台湾訪問はもちろん初めてだ。台湾統治は安定期を迎えていた。

皇太子は横須賀港を四月一二日、軍艦「金剛」で出港し、基隆、台北、台中、台南、高雄、さらに台湾海峡に浮かぶ澎湖《ほうこ》島を訪問した。台南では四月二〇日、台南州庁、北白川能久親王台南遺跡地、南門小学校、台南師範学校、台南第一公学校（台湾人子弟のための小学校）などをまわった。皇太子はその記念として翌二一日、歩兵第二連隊司令部の前庭に、カジュマルの木を植樹した。

それはいま、巨木となって連隊跡地の国立成功大キャンパスに威容を見せる。巨木を下から見上げると、幹や枝が複雑にねじれ、激しく生い茂る姿に圧倒される。その形状は混乱した東アジアの戦前戦後史すら連想させる趣がある。

水戸高等女学校

竹下綾は、台北高女から水戸高等女学校に編入学した。

現在の県立水戸第二高校である。父親の竹下平作が一九一一（明治四四）年一〇月二四日、歩兵二七旅団に旅団長として転任したのだ。綾は水戸高女本科の第一四回（大正四年）卒業生だ。同校の『創立一五周年記念帖』（大正四年）の卒業生名簿に、彼女の名前が明記されているのを確認した。「竹下綾（熊本）」。女生徒の名前のほとんどがひらがな書きである中で「綾」の漢字が目立つ。「熊本」は綾の本籍地である。

綾の同級生だった加藤ちへ（旧姓・萩谷）によると、綾は優等生だった。「たぶん四年生の時に、特待生という制度ができた。私たちのクラスからは、竹下さんが第一回目の特待生になられた。いつもおしとやかで、控え目な人だった」（阿南綾追悼録『秋桜』）という。

明治四四年制定の校歌が、いかにも「水戸学」の聖地らしい。作詞は水戸の擬古文学者・市毛保家である。

「一、明治維新の源と　其の名も著き水戸の郷里　名君の徳仰ぐべし　修史のいさを称すべし」「二、弘道館の昔跡　常磐の園の梅林　その忠孝とこの花は　女子の見習ふ鑑ぞや」「三、此所に学べる教へ子の　其の責けにや軽からじ　教育の勅語六つの校訓　守り守りて務めかし」

校訓六条（明治三八年制定）も校歌と同様に、一九八〇（明治二三）年発布の「教育勅語」を重視した内容だ。『水戸第二高校七〇年史』（一九七〇）は「維新の精神、創立の精神、教育勅語の趣旨の徹底と精神教育が強調される一方、社会不安と経済不況などが反映し、教育界も大きく揺れ動き大正期を迎える」と記述している。明治四五年三月の卒業式で、池田昌久校長は「本校は（中略）結局、一家の主婦となり家政を治め、子女教養等の任に当たりて、もって其の人格を発揮すべきものである」と述べた。明確な「良妻賢母」の教育方針である。

ここまでを図書館で調べて、私は品川駅からＪＲ特急に乗り、水戸に出かけた。

県立水戸第二高校の校門のそばの木立に、ブロンズ像が静かに立っていた。水戸高女の女性教諭だった豊田芙雄《ふゆ》である。竹下綾が水戸高女の生徒だった大正初期、教壇に立っていた人物だ。母親が、後期水戸学を代表する学者・藤田幽谷の娘（藤田東湖の妹）である。彼女は一八歳で開国論者の豊田小太郎と結婚したが、夫は結婚四年目に脱藩して、京都で殺害された。すると彼女は「冬子」を「芙雄」と改名して勉学に励み、東京女子師範学校（現在のお茶の水女子大）で「日本初の保母」になるなど、幼児教育の先駆けをなした。

『水戸高女創立一五周年記念帖』に、作法室で生徒の指導に当たる芙雄の写真がある。畳の上に端然とすわり、びしっと背が伸びている。綾は彼女に国語を習った。晩年の綾は穏やかな尼僧だったが、晩年の芙雄の顔写真はあくまでも凛々しい。校門近くのブロンズ像が、後年の綾の姿にダブって見えた。芙雄は一九四一（昭和一六）年一二月一日、九七歳で世を去った。真珠湾攻撃の直前だった。

阿南綾を取材する旅は神楽坂―小倉―台南―水戸を歩き、明治中期から大正初期までをカバーした。牛込・矢来町から始まった綾の生涯は、「水戸学」の聖地で少女時代が開花する。そして女学校を卒業して二年後、一七歳で青年将校・阿南惟幾に出会うのだ。

昭和天皇と阿南惟幾。天皇が一四歳年下である。二人の紐帯が形成されたのは、阿南の侍従武官時代だった。当時の侍従長は終戦を決断した首相・鈴木貫太郎である。天皇―鈴木―阿南の「終戦トライアングル」は、この時から始まった。

阿南綾一家の戦前史はいったん、ここまでとする。記述の舞台を再び、綾が戦後の三年半を過ごした竹田に戻したい。

竹田高校の青春

竹田は奥豊後の小宇宙である。竹田高校は原石が詰まった宝箱である。

竹田高校の校歌（原作・葛原しげる）は、三番の歌詞が秀逸だ。「♪天地の霊気こるところ　山紫水明たぐいなし♪」。竹田は、この歌詞通りの美しい町だ。

竹田高校の校訓は「自立自尊」「進取研鑽」「和衷協同」である。一九四九（昭和二四）年、初代校長・大久保静平の時代に作られた。彼には「大久保天皇」のあだ名があった。『竹田高校百年記念誌』によると、校訓は校長原案が教職員会議で修正されて決まったという。意外と民主的なのである。

大久保は女子生徒の制服を決める時には、東京まで視察に行った。そして久住出身の女生徒・志賀スミ子が試着して、全校朝礼で披露した。竹田市古町の商店主・内藤昭治（竹田高ＯＢ）は、その場にいた。男女生徒が歓声をあげたという。「竹田高校のマドンナでしたからね」。内藤の青春を彩る一ページだ。「大久保天皇」は進取の気性にも富んでいた。

大久保は竹田生まれ。旧制竹田中学から五高、東大を卒業して法曹界入りし、のち七高、五高教授を務めた。敗戦を受けて依願退職し、旧制竹田中学や新制竹田高校で校長を歴任して、郷土のために尽くした。退職後は弁護士を開業し、七四歳で没した。

阿南家の四男・惟正は、大久保校長の時代に竹田高校に通い、一浪後、東大法学部に合格した。同期生六人が東大に合格した。うち三人が満洲からの引揚げ者。地元出身者は二人で、地元医師の娘・黒川万千代《まちよ》は仏文科に進んだ。竹田高校の教師陣には東京から来た元日本航空社員もいた。

中国近代史研究者・小野信爾（花園大名誉教授）の実家は、岡藩主・中川家の菩提寺・碧雲寺である。竹田高校から京都大に進学後、朝鮮戦争反対のビラまきをして逮捕された。『古都の占領』の著者・西川祐子（元京都文教大学教授）らの尽力で、獄中日記が二〇一八年に出版された。小野は「戦争は米韓が起こした」という北朝鮮の宣伝に踊らされた青年の一人である。のちに「思想の科学」会長代行になった後藤宏行とは高校の同級生。後藤は神戸から父親の出身地である大野郡朝地町（現在の豊後大野市）に戦時疎開していた。

元海将（海上幕僚長）の古庄幸一と元陸将（陸自東部方面総監）の菅博敏は、戦後直後に生まれた。二人は竹田高校の同級生である。菅は子どもの頃、映画を見に祖父と竹田の町まで歩いて行った。「途中で妻子四人が住んでおられた岩本の集落を通ると、祖父が道路脇の家を指して『有名な阿南大将の実家だ』と教えてくれた」という。

当時の阿南綾を「中宮寺の観音様のようだった」と表現した小説がある。竹田高校ＯＢの吉良幸生「露ひとつぶ」（『寒光届かず』所載）だ。吉良は戦後、玉来町岩本の阿南家の近所に住んでいた。東京の大学に進学後も、阿南家と交流があった。

栗本カツは竹田女性史の重要人物である。竹田実科女学校の卒業生で、竹田の水力発電所で働いた「働く女性第一号」だ。竹田高女や竹田高校でお茶の先生をした。戦後、阿南綾一家が東京から引っ越してくると、城北町の教室（表千家）で次女・聡子を教えた。平成六年に発刊された竹田高女同窓誌『いなば』で、当時九六歳だったカツが女学校時代の仲良し三人組と阿蘇登山をした冒険談を話している。生命力に溢れた女性だった。そういう竹田の環境の中で阿南家の子女は育った。

「B29墜落事件」

竹田高女の同窓会誌で「昭和二〇年五月五日」と題する文章を読んだ。竹田近郊の山中に墜落した「B29爆撃機事件」の記録だ。「アッ、敵機が落ちた！」。その声に皆、一斉にどよめいた。それが九州大生体解剖事件（一九四五年、九州帝大医学部で米兵八人が生体解剖された事件）のプロローグになるとは、誰も知らなかった。筆者の名は佐久間伸子（旧姓・松村）である。

「翌日の昼頃、『米兵をすべて捕らえた。竹田署に連れてくる』という情報に、黒山の人だかりだった。トラックの上に、目隠しで後ろ手に縛られた捕虜が二、三人いた。バカヤローと怒号の声。老婆が飛び出して、息子の仇だと拳で頭を殴りつけた。警察はしばらく皆がなすがままにした。やがてホースで水をかけて退散させた」

伸子は竹田郵便局で学徒動員されていて、この光景を見た。彼女は一人の自警団員の姿が忘れられない。彼はトラックの上で大きな刀を腰に下げ、皆を見下ろしていた。その人物は敗戦になるや、米軍ジープにMP（軍警）とともに乗り、捕虜虐待者摘発のお先棒を担いだ。

「戦争という非条理の世界で、社会がどのように動き、人がどう傷つき歪められ、生贄の羊となるのか」。彼女はそれを知らせるために、同窓会誌にペンをとったのだという。

この「B29墜落・九大生体解剖事件」は、地域史的にも重要な事件である。阿蘇地方では墜落した米兵士四人を殺害した村落もある。しかし竹田の捜索当事者たちは、結果的に捕虜の誰一人殺さず、食物を与え、傷を治療した。

藤井可の論文「阿蘇地方の住民によるB29飛行兵殺傷事件に関する一考察」(二〇一二)によれば、竹田一帯には三、四人の米兵がパラシュートで降下した。うち一人は農民によって猟銃で撃たれたが、駐在が制止し、治療を受けさせた。もうひとりは地元民に頭を殴られただけで済んだ。さらに、もうひとりも激高した村民約五〇人に襲われそうになったが、日露戦争の経験者である老人(大野翠)の「捕虜は殺しちゃならんのじゃ。殺るなら先に俺をやれ」という絶叫によって助けられた。

戦後のMPによる厳しい追及に、竹田の住民が耐えられたのは、これらの事実があったおかげだ。墜落現場にはいま『殉空の碑』が立てられ、日米参加の慰霊祭が行われている。

「佐久間伸子(旧姓・松村)」は、じきに見つかった。彼女は一九六六年から一四年間、竹田市長を務めた佐久間盛夫の夫人だったのだ。大分市で健在だった。「その文章のこと、忘れていましたわ」。八七歳の彼女から、私は往時の話をたくさん聞いた。その話は、前述の項目「竹田高校の青春」に一部盛り込んだ。

戦後の青年団活動で盛夫と出会い、恋愛結婚。夫は県議に当選、落選を経験し、その後上京して大蔵大臣秘書官。さらに竹田市長選挙に挑んだが、失敗。四年後に雪辱を果たす。ところが四期目の途中、ガンで死去した。「波乱万丈の人生でしたね」。

伸子は阿南綾にお茶の教室で出会ったこともあるという。「慈母観音のように、ほっこりと温かい、優しい印象の方でした」。ここにも綾を「観音様」に例える人がいた。彼女も若き日の明晰さが衰えない。話すことのひとつひとつが記録に留めたい証言だ。

竹田の近現代史を調べて驚くのは、このように高校や高女の記念誌や同窓会誌が充実しており、郷土史に対する意識が明確なことだ。筆まめの愛国者だった広瀬武夫中佐など、明治からの伝統が戦後まで生きている。「竹田の戦後史」が本格的に書かれるべきであろう。

沖縄からの疎開者

台湾―大分―沖縄には、浅からぬ因縁がある。地方の戦前戦後史を考察する場合にも、東アジアからの観点が必要な所以だ。

台湾開拓史の著作『知られざる東台湾』（二〇〇七）の著者・山口政治は、大正一三年に台湾・花蓮で生まれた「湾生」だが、本籍は竹田である。台湾からの引揚げ後、京都大学を卒業して労働省に入り、一時、大分県庁に出向した。

大分市の「仲宗根病院」理事長の仲宗根玄吉は、沖縄に戦火が迫った一九四四年、那覇から大分に疎開し、敗戦を迎えた。「私の父は沖縄戦で戦死しました。母と兄弟らと大分に残ることにした」。仲宗根は、平野久美子『牡丹社事件　マブイの行方―日本と台湾、それぞれの和解』（二〇一九）で、そう証言している。彼は戦後、東京大学を経て熊本医科大学に入り直し、精神科医になった。

私が仲宗根玄吉の名前を知ったのは、山口『知られざる東台湾』を読んだからだ。仲宗根は台湾南部で起きた「牡丹社《ぼたんしゃ》事件」関係者の末裔である。牡丹社事件とは、台湾南部に漂着した琉球民殺害事件（一八七一）と、明治政府による台湾出兵（一八七四）の総称だが、仲宗根玄吉は琉球民殺害事件で殺された仲宗根玄安のひ孫である。彼は台湾現地を訪問した際、日本側の墓標はあるのに原住民側の墓がないのに気づき、一〇〇万円を寄託した（台湾では「先住民」は絶滅した民族を指し、一般的に「原住民」の呼称を使用する）.

戦争末期、大分県内には沖縄から約七〇〇〇人の戦時疎開者がいた。東明高校（大分市）教諭の長野浩典が論文「太平洋戦末期における沖縄住民の疎開と大分」（二〇一〇）で詳述した。熊本、宮崎、大分三県で約六万人を受け入れ、台湾へも約二万人が疎開した。長野論文によると、宇目町（現・佐伯市）弥生町（同）直川村（同）で、沖縄からの学童疎開を受け入れている。

長野らの取材によると、竹田市の上原きく子（一九三〇年生）は那覇市出身だ。「母親は黒糖と交換したヤミ米を持って、大分や別府のヤミ市に行った。竹田での疎開生活は、『辛い』というより有り難かった」。戦後、竹田高校の世界史教諭だった日高傳（一九一二年生）は、元那覇第一高女の教師。「竹田周辺にいた沖縄からの疎開者は那覇や首里など都市部の人たちが多かった。竹田に残っている人はほとんどいない」と証言した。元竹田市立明治小教諭の工藤すま子（一九二三年生）は、沖縄から来た「桑江母子」をよく覚えていた。「奥さんは戦後、行商で生計を立てていた。農家の倉を借りて住んでいた。桑江さんと一緒に行商していた」と話している。

『月刊アドバンス大分』（一九七五年一月号）は戦後五〇年特集で、「沖縄からの疎開の記録」を特集した。「大分県では竹田、直入を中心に、お寺や農家に寄宿して疎開生活を過ごした」と記述されている。満洲・シベリア抑留からの引揚げ者である姫野良平（元大分合同新聞編集局長）が創刊した同誌は、挑戦的な編集で大分のジャーナリズムに一時代を画した。

昭和天皇の「お言葉」

竹田滞在中の阿南綾に、生涯忘れられない出来事が起きた。

一九四九（昭和二四）年六月八日、九州巡幸中だった昭和天皇が綾と対面したのである。場所は大分県遺族会館（大分市春日町）の母子寮前。小雨が降っていた。

『昭和天皇実録・第一〇巻』（二〇一六）にある。

「自動車に乗車され、旧大分連隊区司令部跡に設けられた大分県遺族会連合会を御訪問になる。雨の中を参集した県下二一七市町村遺族会会長に御会釈になり、お言葉を賜う。さらに授産場に進まれ、戦争により夫を失った二〇名の夫人によるミシン作業及び作品等をご覧になり、便殿において会長角山哲四郎より同授産場の概要について説明をお聞きになる。また母子寮前に並ぶ婦人部代表にご会釈を賜い、続いて角山会長より故元陸軍大臣阿南惟幾の夫人綾子の紹介を受けられ、お言葉を賜う。ついで母子寮に進まれ、一号室から六号室までを慰問される」

天皇と綾の面談場面を、さらに詳細に記録した文書がある。

「角山（哲四郎）会長より、阿南元陸相未亡人・綾子さんをご紹介申しあげると、天皇陛下はしばらくお言葉も出ないままツッと進み寄られ、小胸に下げた〝阿南綾子〟の名札を御覧になられ、しげしげと顔をみつめられつつ『ああ阿南《あなん》か、その後、お達者でしたか』とお問いかけになられた。阿南未亡人はハンカチを顔に当てて、低く頭を下げたまま『ハイ』と一言お答えすれば、さらに語を継がれ『苦しかったでしょう。元気でしっかりやってくださいね』と、やさしいお言葉をかけられた」

大分県庁弘報室発行『天皇陛下大分県行幸録』（一九五〇）の記録である。

「ああ阿南《あなん》か」。天皇は阿南惟幾《あなみこれちか》に対しても、侍従武官時代から「阿南《あなん》」と呼びかけていた。「その後、お達者でしたか」と行幸録は記録する。しかし、阿南綾遺詠集『秋桜歌集』（一九九五）には「お変わりありませんか」と書かれている。続く天皇の言葉は「さぞ苦しいでしょうね。苦しいでしょうが、しっかりやってくださいね」である。「苦しい」という言葉がリフレインされている。

当時の大分合同新聞（一九四九年六月九日）によると、「陛下は南母子寮前に居並ぶ未亡人たちとともに雨に打たれつつたたずむかつての陸軍大将、阿南惟幾氏（玉来町出身）の未亡人綾子さんの姿をみて足をとめられ『ああ、阿南か、その後お達者でしたか』と言葉をかけられた」。

これは『〝達者かね〟阿南元陸相未亡人へお言葉』という見出しの一段記事の冒頭部分である。二七行の短い記事だ。「未亡人は『ハイ』と一言、ハンカチを顔にあてて低く頭を下げたままである。『苦しかったでしょうが、しっかりやってくださいね』と言い残して、陛下は去った」とある。行幸録と大差ないのは、同行者（県庁）からの説明に基づいているからだろう。記事には綾の談話がついている。「綾子未亡人は記者に『昨夜、玉来町から出てまいりましたが、私のいまの気持ちは

大分市に巡幸した昭和天皇と面談する阿南綾（右の○印の女性、大分県遺族会提供）

みなさんとちっとも変わりありません』と言葉少なに語った」。以上である。

新聞や「行幸録」は綾の年齢を「五二歳」と誤記しているが、綾は一八九八（明治三一）年七月八日生まれであり、当時五〇歳であった。

阿南綾は、この日の感激をのちに、六首の短歌を詠んだ。「黒雲」とは、敗戦後の苦難である。陛下はいつ再び輝かれるのか、と綾は詠った。

「いつの日にこの黒雲の吹き晴れて　みいつ輝く時や来ぬらむ」

「世のなべてのこれるものにたまひつる　玉のみ声とうけまつりけり」

「思いきやつくしの果ての賤が身に　み声親しくたまはらんとは」

「夫や子遠つみおやのみ光に　かがよふ身こそかしこかりけれ」

「大君を迎えへまつりて英霊の　涙や雨と降りそそぐらむ」

「うら表変りし世にも国民の　心のうちは変わらざりけり」

これらの短歌は夫の自決後、大分の山村に避身した綾に異例の言葉をかけた昭和天皇の心中をも思わせて、胸に迫るものがある。この短歌六首は私費出版の『秋桜歌集』以外の書籍には記載されていない。「戦後の秀歌」として記憶したい。

阿南家と太宰治

阿南綾一家は一九五一（昭和二六）年一月、東京・三鷹下連雀の自宅に戻った。五男・惟道（のち講談社社長）が書き残している。

「私が中学一年の時、玉来から三鷹に戻った。極端に学力の差があって、最初のテストは八〇〇人中一六八番だった。（中略）しかし、母には怒られなかった」「母は三鷹の福祉事務所で仕事を始めた。若い男の事務員の自転車の荷台に乗せてもらって広い三鷹の町の母子世帯を訪ねてまわっていた。格好わるいから止めなさいと忠告しても意に介さなかった」（『阿南綾回想録』）

阿南惟幾が三鷹に家を建てたのは、侍従武官の当時だ。一九三〇（昭和五）年に、三鷹駅が出来て間もない時期である。北多摩郡三鷹村はススキの穂が目立つ新開地だった。戦後もまだ遊休地が周辺にあった。「子どもたちは畑で菜っ葉やトマト、茄子やとうもろこしを作っていた。草ぼうぼうの中でもそれらはちゃんと実っていた」

一九三九（昭和一四）年、作家・太宰治がすぐ近所の借家に引っ越して来た。太宰夫人・津島美知子の回想記に、戦後の綾についての記述がある。
「阿南大将が終戦の日に自決されたとき、下の令息はまだご幼少だった。楚々とした夫人は小泉中将夫人同様、隣近所といっても我々借家族の間で、評判のよい方であった」（津島『回想の太宰治』一九七八）
小泉中将というのは、小泉恭次（山形出身）のことだ。小泉も昭和二一年一二月一〇日に自決した。阿南家の隣家には、綾の実弟の竹下正彦（敗戦当時・陸軍参謀本部中佐）が住んでいた。

三鷹空襲の夜

一九四五（昭和二〇）年四月二日午前一時ごろ、三鷹・下連雀の阿南家一帯は米軍による爆撃の急襲を受けた。十数人が死んだ。一番の被害を受けたのは小泉中将宅である。防空壕に逃げていた中学生の息子と隣家の女の子が生き埋めになって死亡し、小泉夫人も重傷を負った（津島『回想の太宰治』）。

金川富美子（当時二四）が当時を証言する（三鷹市編『いま語り伝えたいこと　三鷹戦時下の体験』一九八六）。「（防空壕から住民が）圧死状態で掘り出され、空き地に寝かされた。一七、八人亡くなった。一人一人、お線香を上げました。（中略）二五〇キロ時限爆弾が初めて落とされたそうです。（中略）まだ薄暗いものですから、向かい側に阿南大将のお宅がありまして、家族の方がコンロに火を入れて『お寒いでしょう』と持ってきてくださったので、ありがたく思いました」

「家族の方」とは、綾夫人と推測できる。空き地に死体が並べられたのは、四男の惟正も目撃している。彼は死んだ小泉中将の息子と同年齢だった。四月一日は日曜日である。同夜、航空総監だった阿南惟幾は三鷹の自宅にいた。それは当時、三鷹町役場に勤めていた栗山魏《たかし》（当時三四）の証言で明らかだ。

「その頃、陸軍大臣の阿南さんが三鷹に住んでおられた。阿南さんの家にも（爆弾が）落ちていることで、六時、七時ごろだと思いますが、町長と一緒にお見舞いに行きました。阿南さんの庭の方から入っていって、町長がお見舞いを申し上げると『申しわけありません。私どもが行き届きませんで……』と大臣自身が謝られました。実際に大臣にお目にかかってあいさつを受けたのが初めだったので、非常に印象に強く残っております」

栗山は阿南を「陸軍大臣」と誤記しているが、彼が陸軍大臣に任命されるのは、この空襲から六日後の四月七日のことである。綾といい、惟幾といい、戦時下の二人の沈着冷静な言動には感嘆せざるを得ない。惟正によると、遺体を空き地に並べ線香を上げて弔ったのは、惟幾自身の指揮によるものだった。

空襲の夜、太宰夫人と幼児二人は甲府の実家に帰っていた。太宰宅には太宰と彼に心酔する作家・田中英光と同・小山清しかいなかった。その夜の恐怖を書き記したのは田中英光である。太宰は「大空襲の朝、爆死体を眺め、実に異様な、それだけに、限りなく懐かしい微笑を浮かべていた」という（田中『生命の果実』一九四九）。

太宰は政治思想の振幅が激しい作家である。戦後直後の一九四五年一二月、『河北新報』に連載した小説『パンドラの匣《はこ》』では、登場人物に「天皇陛下万歳！この叫びだ。昨日までは古かった。しかし、今日に於いては最も新しい自由思想だ」と言わせた。ところが一九四七年六月の双英書房版では「天皇陛下万歳！」を削除し、「既に昨日の日本ではない。実に、全く新しい国がいま興りつつある」と書いた（斉藤利彦『作家太宰治の誕生』〈二〇一四〉）。近所に住んでいた将軍二人が自決したことに太宰は動揺したのかも知れない、と思えるほど一時的に興奮した様子が伺える。

昭和天皇と別府

一九四九（昭和二四）年六月七日から一〇日まで行われた昭和天皇の大分巡幸で注目すべきは、宇佐神宮が行幸先から除外されていることだ。原武史が『「昭和天皇実録」を読む』（二〇一五）など、一連の著作で明らかにしてきた。

昭和天皇は敗戦直前の一九四五年七月、勅祭社である宇佐神宮と香椎宮（福岡県）に勅使を参向させ「有らむ限りを傾竭《かたむけつく》して敵国を撃破《うちやぶ》り事向けしめむ」と祈った。この参拝には皇太后節子の意向が反映している、というのが原武史の見立てだが、それはともかく、敗戦後の九州巡幸で昭和天皇が宇佐神宮にも香椎宮にも立ち寄っていないのは、やはり異様である。日豊本線宇佐駅で降りて駅前の奉迎場に現れたのに、昭和天皇は宇佐神宮には向かっていない。

最近のＮＨＫ『拝謁記』報道でも明らかな通り、戦後期の昭和天皇は敗戦責任をめぐって苦悶していた。キリスト教関係者との面会も多く、「カトリックに天皇が改宗する可能性があった」（原武史）時期でもある。

この時期の昭和天皇について「解放された個人」という天皇観を書き遺した人物がいる。本書で再三言及した戦後別府の初代市長・脇鉄一である。脇『ある市長のノート』の「天皇の印象」の項に、関連する記述がある。

昭和天皇が別府を巡幸した際、脇は三日間お供した。別府滞在二日目の昼過ぎ、天皇は高崎山山麓にあるカトリック系「小百合愛児園」を訪問した。ここには乳児から六歳位までの孤児が収容されていた。

「殊《こと》に印象的であったのは礼拝堂の中で、園児が輪を作って陛下をお迎えする歌を合唱するのを見られては、実にあふれるような笑みをたたえておられ、その終わりの『もう一度みんなで叫ぼうよ、天皇陛下万歳……』というところに来ると、もうたまらぬといったお顔をされたことであった」（脇『ある市長のノート』）

ところが、その後に思わぬことが起きた。園長のソラリ・カルメラ女史が天皇を「礼拝堂の奥深く聖像の正面までご先導してしまって、あわや礼拝をおすすめ申し上げそうなのである」。予定されていないことだった。「僕はあわてた」。脇は率直に驚きを記録している。「お付きの宮内省の鈴木（菊男）総務課長に急を告げると、鈴木総務課長も驚いて人垣をかき分けて近づき、比較的大きな声で『陛下どうぞこちらへ』と申し上げる」。天皇はきびすを返した。「僕は全くホッとしたのである」。

以上である。この記述は波紋を呼んだ。

「別府事件」として拡大解釈したのは、別府の作家・鬼塚英昭だ。彼は脇の「ノート」を恣意的に省略しつつ引用した上で、上下二巻の『天皇のロザリオ』(二〇〇六)を書いた。カトリック勢力は天皇を改宗させようとした陰謀があったのだと鬼塚が妄想を広げたのは誇大すぎるが、当時の天皇家の状況がいささか微妙な時代であったのは事実である。詳しい研究成果は原武史などの関連書を読むしかない。

小百合愛児園で起きた「ハプニング」の目撃者だった脇鉄一は、次のように書き遺している。

「日本ではやっぱり天皇は人民のものであるらしい。それは君臣といった格式めいたものではなく、日本人は心から天皇が好きであり、天皇も国民がお好きなのである」。この感想は呆れるほどシンプルだが、それ故に時代を超えて普遍的な力がある。

「天皇と国家」は戦後社会の最大論争点の一つであった。その問題に阿南惟幾、重光葵らの大分県人が深く関わり、別府という被占領都市が考察する場所を提供した。そういう史実を私達は軽視すべきではないと思われる。

「満ちたりて心にかかる雲もなし　いざ分け入らん法の山路に」

阿南綾は一九七一(昭和四六)年、仏門に入り得度した。末っ子の六男・惟茂が結婚すると、自分の務めは終わった、夫や三男の惟晟《これあき》(陸軍少尉)、さらに多くの戦死者の霊を弔おう、と出家したのである。

綾(善信尼)は、晩年を長野県蓼科湖畔の聖光寺で過ごした。

「思わざる蓼科湖畔のみ仏に　仕えまつらくかしま立つ今日」

一九七二年、蓼科に向かう朝、綾が詠んだ歌だ。聖光寺はJR中央本線茅野《ちの》駅からバスで約三〇分の場所にある。「綾さんは武士の妻であり、武家の娘でした」。その寺で松久保秀胤《まつくぼしゅういん》住職（八九）＝元薬師寺管主＝は、彼女の思い出を語ってくれた。

元毎日新聞外信部長・大森実も『戦後秘史①天皇と原子爆弾』（一九七五）で聖光寺を訪ねて、綾にインタビューした。注目すべきは、自決四日前の八月一一日夜に帰宅した阿南惟幾が、「阿南、朕には確証がある」と語った昭和天皇の言葉を綾に伝えたことを、大森に明らかにしていることだ。綾は「（それが）忘れられません」と強調して話したのだが、大森はその言葉の重大さに気づかなかったようである。「驚くほど美しい尼僧であった」。大森の感想は、彼女の生涯を追った私の感慨に等しい。

綾は一九八三（昭和五八）年二月一二日、死去した。享年八四。

帝国軍人だった阿南惟幾家の家族史を理解するためには、三男・惟晟の中国戦線での戦死を考察することが不可欠である。今回はそこまでの紙数がない。

第八章

「新生」の別府女性史

意外な「別府女性史」を最終章としたい。

山田洋次監督の母・寛子《ひろこ》と、水上勉（作家）の妻・叡子《えいこ》である。満洲からの引揚げ者である山田寛子は戦後、夫を捨てて「新生」の道を歩んだ。水上叡子は愛児のために尽くし、夫とは隔絶した。さらに、敗戦直前に津久見市保戸島国民学校の米軍爆撃で負傷し、度重なる手術の末、爆撃から六九年後に亡くなった伊東フミ子の生涯を取り上げる。

女性史は「敗戦後史」を理解するために、不可欠のアプローチであると信じる。

山田洋次の母親

二〇一六年三月、私は山口県宇部市の旧炭田地帯を訪ねた。

ここには山田洋次一家が引揚げ後に住んだ住居跡がある。その家を初めて見た時、強い衝撃を受けた。今にも崩壊しそうな廃屋だったからだ。彼らの住家だった蔵にはツタが生茂り、家屋の九割ほどを覆っていた。

当時の私は、阿南惟幾（自決した敗戦時の陸軍大臣）一家の戦後史を追っていた。綾夫人と子どもたち四人は一九四六（昭和二一）年夏、阿南家の本家がある大分県直入郡玉来町（現在の竹田市）に戦後疎開した。その苦難の日々を月刊誌（『正論』二〇一五年一一月号）に発表した。大分に巡幸した昭和天皇から慰労されて、綾夫人が詠んだ秀歌を紹介した。その後も取材を続け、阿南家は山田一家と遠い縁戚関係があることが分かった。だから宇部まで足を伸ばしたのだ。

山田洋次一家は、満洲・大連からの引揚げ者である。引揚げ体験が彼の映画の底流にある。山田は「家族とは何か」にこだわってきた映画監督だ。「寅さん」は両親がいない擬似家庭の物語である。一九七〇年の公開作『家族』は、長崎の炭鉱から北海道の開拓地まで移住した一家を描いた映画だ。これは日本人の引揚げ体験そのものだ。東京で幼い娘が死に、北海道に着いた翌日、祖父（笠智衆《りゅうちしゅう》）が死ぬ。

宇部取材でわかったことは、山田の母親・寛子が駆け落ちして、夫と離婚していたという衝撃的な事実だった。元満鉄職員の夫と離婚し、英語教師と行動をともにした彼女が別府に転居したことも、その後の調べでわかった。だから今回の別府取材で、その点を確認しようとした。

引揚げ女性が愛した

山田寛子が愛した相手は、元別府大学英文科教授の藤本勇である。

私は今回の別府取材で、夫妻と親しかった人たちの話を聞くことができた。寛子は息子の映画監督としての成功を喜び、山田は晩年の母を暖かく見守ったことを知った。山田寛子の戦後は別府で再生し、自由に向かって飛躍した人生である。山田洋次の映画のいくつかに、その家族史を色濃く反映した作品がある。映画『小さいおうち』（二〇一四）には、山田一家の謎を解くカギがある。

山田洋次は、日本人の戦前戦後を映像化した映画監督である。一九三一（昭和六）年九月一三日、大阪で生まれた。父親の正は九州大学を卒業後、大阪の会社で働いていた。満洲生まれの寛子と見合い結婚し、一九三三年に南満洲鉄道（満鉄）に移った。洋次は三歳で日本を離れ、奉天（現在の瀋陽）、ハルビン、新京（同・長春）を転々とした。小学四年の時、父が満鉄東京支店に転勤し、内地に戻った。東京で小学六年生になるまで三つの小学校を変わった。都立八中に入学したが、再び満洲に戻り、大連一中に転校する。

「転入生はつねによそ者であり、差別されるべき存在であり、やさしいまなざしで迎えられるなどということは、まず決してなかった」（山田洋次作品集八「友情よ興れ」一九八五）。このような生い立ちは「故郷に疎外され続ける風来坊」（切通理作）としての「寅さん」を彷彿とさせる。

敗戦後、父親は失業し、家族は「リュックサック一つで難民のように」博多港に帰国した。着いた場所は、山口県宇部市藤山の「親戚の家の納屋みたいな」家屋だった（山田『こんなふうに生きている—東大生が出会った人々』二〇〇一）。この廃虚を見て、私は衝撃を受けたのである。

宇部での家庭生活について山田は詳細を語っていないが、母親の不倫は田舎町で大きなスキャンダルであったに違いない。地元の近現代史研究者・堀雅昭が『宇部日報』に連載した「山田洋次と秋富家物語」（二〇〇七）にその顚末《てんまつ》が描かれている。

堀によると、山田の伯母（洋次の父・正の姉）は、地元の富豪・秋富久太郎（一九七二年死去）の後妻だった。大連から引揚げてきた山田洋次一家は、秋富家に転がり込んだ。一緒に引揚げた父の兄・高《たかし》も満鉄技師である。父の弟・富男は満洲の官吏だったが、シベリアに抑留され、帰国後まもなく他界した。

父親・正の遺稿集『呟き』に、以下の記述がある。「終戦を満洲で迎えて、宇部市の姉を頼って、各自一個ずつリュックサックを背負って引揚げた時は、中学五年生を頭に三人の男児を引き連れていた」。長男・正巳《まさみ》、次男・洋次、三男・正三《しょうぞう》である。洋次は当時、中学三年だった。「この子たちの学費を作るためには、当然、自分の生活費は極端に節約の工夫をしなければなりません。引揚げ当初は、この田舎町の場末に小さい食料品店を開き、その日の食を稼いでいた」「この小さな店では食うことだけはできても、送金の学資はかせげない。そのため市役所の臨時嘱託となって、薄給をもらって送金の足しにした。採用二年目に課長職を与えられた」

山田洋次「青春紀行」

父親が開いた雑貨店「トミヤ」については、山田自身の回想がある。「店といっても闇で仕入れたさつま芋をふかして輪切りにして、一皿いくらで並べたり、アンモニアのにおいがつんとするような竹輪やかまぼこ、粗悪な石けん、ろうそくなどといった雑貨まで、手当たり次第に置く貧しい商い」だった。洋次兄弟が「店の食料品をこっそり口に入れてしまう」ことも多かった（山田

『映画館《こや》がはねて』一九八四)。

この記述は上掲書の「青春紀行」と題された文章中にある。山田は学資稼ぎのために様々なアルバイトをした。夏休みには近所の沼地の埋め立て仕事をした。その工事の掘立小屋に「金さん」という朝鮮人の親方がいた。労賃を渡した後、ドブロクをなみなみと注いだ丼を「ゴクロウサン、ヤマタ、コレ呑メ」と差し出した。山田は「今でも懐かしく想い出す」という。

冬休みには、兄と闇屋をやった。キビナゴやアミの干物を仙崎(山口県日本海側の漁港)まで、美祢線に乗って仕入れに行った。買い出しグループに「ハルさん」という敏捷で剽軽《ひょうきん》な若者がいた。「寅さんの姿の向こうに、常にあの闇屋の時代のハルさんがオーバーラップされている」。宇部や山田映画ファンの中では伝説的な逸話である。

両親の離婚

山田洋次の両親が離婚したのは、山田が東京大学法学部に入学した一九五〇(昭和二五)年のことだ。「正確に言うと、母が家を飛び出したのだが、東京ならともかく宇部の田舎町では〈事件〉だったので、父の傷つきようは並大抵でない」(山田『私の履歴書』一九九六)。相手の男性教師にも、家庭があり娘がいた。

山田家の戦後を地元で探究した堀雅昭は、なかなか慧眼である。「戦後的家族はイエ制度の崩壊した家族にほかならず、その象徴こそが山田一家そのものであった」。堀は寅さんの創作をめぐって、山田が記述した次の一節を引用した。「『男はつらいよ』というのは、血のつながりの薄い人たちが、一つの家族として生きることを目指す物語なのです」（山田『「生きる」を考えるとき』）。これらの諸事実から、堀は「母・寛子の離婚がトラウマとなり『血のつながりの薄い』人間ドラマを作り上げる結果となった」と考える。

山田の父・正は、のちに宇部市交通局長にまで昇進する。しかし「トミヤ」時代の約三年間は「店番をするだけの魂の抜けきった男に過ぎなかった」（堀雅昭）。寛子が恋に落ちた藤本勇は早稲田大学の学生時代、浅草演劇に入り浸っていた元演劇青年である。宇部工業専門学校（山口大学工学部の前身）で教鞭を取る英語教師だった。学校の寮歌「蛍窓の歌」を作曲する才人でもあった。秋富家の横に「秋富商事」の事務所があり、勇の遠縁の文学好き夫婦が住み込みで働いていた。事務所は彼らが集う「文学サロン」になり、寛子も出入りするうちに、勇と恋仲になったとされる。

「戦争ですべて失った夫にくらべ、勇は輝いて見えていた」。堀雅昭の考察は、戦後の日本人男女の一般的な関係を考えても、首肯できる推論である。女性が「飛翔する時代」を迎えていたのである。

寛子の別府時代

「藤本勇」の名前を、別府大学の学内論文で確認した。二人は引揚げ者が殺到した戦後の別府に誕生した「別府女子大」（別府大の前身）に身を寄せていたのだ。炭鉱町・宇部で巻き起こった「不

別府大学教授時代の藤本勇（中央）田口幹治氏提供

倫の醜聞」を避けるように、藤本はおりから新規教員の採用を図っていた別府女子大に応募したのだと見られる。

「別府大学の回想」と題する教え子の文章で、藤本勇教授は「先生なくして英文科は語れないと言われるほど、重要な立場におられた」と記述されていた。そして「奥様と言えば、国内外に知名度の高い山田洋次監督の実母である」と明瞭に記載されていた（別府大学英語英文学会編『英語英米文学論叢・第四二号』二〇一〇年三月）。

藤本夫妻の薫陶を受けた田口幹治（元別府大学附属高校教頭）が執筆した文章である。田口は学生時代、学内にある藤本宅によく招かれた。「昼食や夕食をご馳走になった。飲み騒ぎ、時には議論する一幕もあった。思えば随分、勝手なことをしたものである」。藤本はアイルランド英語に精通していた。演劇論も講じており、大学文化祭では英語劇を指導した。

寛子は別府大学に入学し、若い女子学生たちと席を並べて勉強した。快活な寛子は学生たちに人気があった。英語劇の打ち上げには、夫と一緒に参加した。

一九五〇（昭和二五）年、別府女子大学が発足した当時の教官名簿（『別府大学の三十年』一九七八）によれば、藤本勇は「演劇論」担当の専任講師である。当時の教授陣には「宗教学・倫理」の専任教授として津田剛（元京城帝大教授）がおり、「文学概論・日本文学史」の兼任講師として元京城帝大、九州帝大教授の高木市之助（当時・日本大教授）がいた。

別府時代の山田洋次監督の母・寛子（隣は写真提供者の田口幹治氏）

「私は後悔していない」

二〇一九年七月下旬の暑い日、私は田口幹治に会いに出かけた。

田口は別府大学近くの閑静な住宅街に住んでいた。彼は寛子と一緒に撮った写真を準備して待っていた。メガネをかけた背広姿の謹厳実直そうな男性が田口であり、その横でカーディガン姿の寛子が、両腕を組んで微笑していた。昭和三四年ごろに大学官舎で撮影された写真である。快活な田口夫人は寛子とも仲が良かったという。

一九九八年、東京・成城の山田洋次宅で世話になっていた寛子を、田口夫妻が訪ねた際の記念写真もあった。寛子は上品なおばあちゃんである。二〇〇〇年一二月一九日死去。九二歳。洋次ら三兄弟が葬儀後、関係者に送った手紙が私の胸を打った。

「ご存知のように、母の生涯は波乱に満ちたものでした。その人生を終えるにあたっては、さまざまな思いがあったに違いがありません。晩年に何度か『私は決して後悔していない』と、自分に言って聞かせるように呟くのを聞いたことがありますが、今思い出せば胸が痛む思いもいたします」

「私は決して後悔していない」。寛子の人生を締めくくるのにふさわしい言葉だ。

山田洋次は人付き合いが丁寧な人物のようだ。田口夫妻が寛子の命日に香典を送ると、彼からお礼の手紙が届いた。「母のことをおぼえて下さっていて、とても嬉しいです。頂いたお金でさっそく花を求め、写真の傍らに飾りました。母が少し笑ったようでした。心よりお礼申し上げます」。洋次から届いた別の私信には「別府で過ごした日々の暮らしは、母にとって格別の追憶だったようです」という文章もあった。

取材の最後になって、田口が発した言葉とハガキに驚かされた。

「これは新しいご主人と住んでいた桐生から届いたハガキです」。藤本勇の死後に上京した寛子は、群馬県桐生市の実業家と再々婚していたのだ。その「海野寛子」と書かれたハガキを見ながら、私は呆然とするしかなかった。「やっと晴れたと思ったら、寒くなって、ストーブを入れました」。寛子が書いた気候のあいさつには、別府とは異なる佇まいが記されていた。寛子の人生流転は、満洲―宇部―別府―東京―桐生―東京と場所を変えた。それは時代の荒波を精一杯に乗り切った戦後女性のたくましい姿を想起させるものでもある。

山田洋次は著書で、断片的に「母」を語っている。

「私の母は満州育ちで若い時から外国人のように解放された華やいだ雰囲気を持っている人だった」。既出『映画館《こや》がはねて』の中にある山田洋次の「母とわたし」と題したエッセーの一節だ。「戦争中でも母はモンペを絶対にはかなかったし、パーマをかける女は非国民だ、などと云われた時代でも平気でパーマをかけているような人だった」。このくだりは山田の母を語る時に、よく引用される。

注目されるのは、山田が「父親との離婚は、子供から見てもやむを得ないと思った」と書いていることだ。「あまりにも相性の悪いふたりで、当然別れるべくして別れたという感じ」を持っていたという。「あの年で人生を御破算にして、もう一度新しい生活を始めようという母のジャンプ力の凄さに、私は今でも感心している」

「母のジャンプ力の凄さ」という山田洋次の評言は的確だ。満洲育ちの寛子は旧炭田の陰湿さを逃れて、戦後別府の混沌とした自由を享受したと言える。戦後の別府には、彼女のようなパワフルな「昭和の女」が少なくなかった。夫の自決後、奥豊後の竹田に落郷した阿南綾には「明治の女」の強さがあったが、「昭和の女」には配偶者の意思を超えた別の強さがある。

別府大学の「自由」

藤本勇と寛子がキャンパス内の官舎で新生活を始めた当時、学内には女学生たちの明るい歓声が

「別府女学院」開校後の記念写真（1946年5月、別府大学提供）

響き渡っていた。それを象徴するような一枚の写真がある。

一九四六（昭和二一）年五月一五日に行われた「別府女学院」開学式の記念写真だ。一〇〇人近い女子学生と前列に教職員が勢揃いした集合写真である。絣のモンペ姿、手作りのワンピース、女学校時代の制服と、新入生らの服装はばらばらであり、年齢にもばらつきが見られる。朝鮮や満洲などから引揚げてきた女性たちも少なくなかったという。戦後の自由と混沌を象徴するかのような写真だ。

撮影場所は、旧「鶴見園」本館の正面玄関である。第二章（戦前編）で言及した少女歌劇と温泉で有名だったレジャーランドだ。戦争のために一九四三（昭和一八）年に閉園していたが、敗戦後、大分市にあった私立「豊州高等女学校」が別府移転を決め、この場所で各種学校「別府女学院」として開校したのである。

建学の精神は「真理はわれらを自由にする」。創設者・佐藤義詮《さとうよしあき》が打ち出した理念は、このリベラルな大学人と戦後別府の出発にふさわしい言葉だ。

佐藤は一九〇六（明治三九）年一〇月一一日、大分郡諏訪村（現在の大分市）に生まれた。竹田中学から中央大学予科を二年修業後、神田駿河台にあった「文化学院」二年に編入学した。「国の学校令によらない自由で独創的な学校」を掲げ、建築家・画家の西村伊作、歌人の与謝野鉄幹・晶子夫妻らによって創設された日本初の男女共学校である。その伝統を受け継ぎ「真理」「自由」を掲げた佐藤の建学理念は、今日にあっても新鮮である。

「真理がわれらを自由にする」。国立国会図書館目録ホールに、ギリシャ語銘文とともに掲げられている言葉だ。別府大学の「建学の精神」と酷似している。「は」（別府大）「が」（国会図書館）の違いだけだ。この点を別府大に問い合わせると、数日後に回答があった。それは創設者・佐藤義詮の独創性を立証する逸話だった。

一九八七年に佐藤瑠威（当時・文学部助教授）が、この問題を調べていた。それによると、佐藤が参照したのは『ギリシア・ラテン引用語辞典』と見られる。ここに「真理は我々を自由にす」というボーデンハム（Bodenham）というエリザベス朝時代のイギリスの編集者の言葉が収録してあった。そして佐藤の蔵書から引用語辞典（昭和一七年印刷）の現物が見つかった。つまり佐藤義詮は戦時中に読んで感銘を受け、一九四六年の「別府女学院」創学の精神に採用したというわけだ。

国会図書館の言葉は、国会図書館法（一九四八年制定）前文に由来する。法案の起案に参画した歴史家・羽生五郎がドイツ留学中にフライブルグ大学図書館で見た銘文を採用したものだ。もともとは新訳聖書にある言葉なのだが、なんと別府大学の方が二年早いのである（佐藤瑠威「Veritas liberat出典探索始末記」一九八七・別府大図書館報）。

ところが好事魔多し。別府に進駐した占領軍は旧「鶴見園」周辺を米軍キャンプの適地に選定し、乙女らの学園は追い出される羽目になった。窮地に立たされた佐藤を救援したのが、カトリック大分教会の神父マリオ・マレガである。マレガは最近、大分県臼杵市の中世クリスチャン文献の収集者として脚光を浴びているが、佐藤義詮とは「豊州高女」時代から親しかった。マレガは別府の米軍司令官に働きかけた。そしてキャンパス移転先として「華北交通保養所」跡地の現在地に白羽の矢が立った。別府中心街の北郊にあるが、温泉も湧く緑地帯であった。

開校当時の別府女専は、旧華北交通の部屋に病人が残っており、実際に使用できる部屋は小さな八畳の間一つしかなかった。しかし新入生は二〇〇人近くもいる（『別府大学の三十年』一九七八）という有様だった。別府女学院は翌年、別府女子専門学校に昇格し、別府女子大、別府大学へと発展してゆく。このような戦後のダイナミズムには、今日ではとうてい得られない自由さがある。「寛子の自由」も、そんな時代環境とあわせて理解すべきだろう。別府女子専門学校の校歌（草野心平作詞）がエスペラント語に翻訳された時代である。

『家族』『小さいおうち』

阿南家と山田家（秋富家）が遠い親戚だ、と本章冒頭に書いた。阿南惟幾・綾夫妻の長女・喜美子が秋富公正《あきとみきみまさ》（海軍将校、のちに新東京国際空港公団総裁）に嫁いだのだ。二人は終戦直前に結婚していた。山田洋次は新作映画の試写会があるたびに、秋富夫妻に招待券を贈呈していたようだ。

『家族』（一九七〇）は、大阪万博を背景にした時代色豊かなロードムービーの傑作である。その遠景には山田一家の引揚げ体験がある。映画の出発点が長崎県の炭鉱だったのは、山田に宇部炭田時代の思い出があるからだ。

『小さいおうち』（二〇一四）は、美しい夫人（松たか子）と若手デザイナー（吉岡秀隆）の密かな不倫を、女中（黒木華）の目を通して描いた秀作である。山田の個人史が色濃く投影された作品である。山田一家が大阪・豊中時代に住んだのも、映画に出てくるような「山小屋風の赤い三角屋根の一軒家」だった。

映画を見て、私は仰天した。夫人の不倫相手（吉岡）が山田の父親・正の満洲時代の写真にそっくりなのである。極めつけは、映画のエンディングで年老いた息子（米倉斉加年）が母親を回想するシーンだ。「（母親は）おしゃれでねえ」とつぶやくのだ。驚くことに、それは山田がＮＨＫで語った母親像（『ラジオ深夜便／母を語る』（二〇〇九）と全く同じ言葉であった。

「お母さまのいちばん好きだったところは」と聞き手（遠藤ふき子）に問われて、山田洋次は答えた。「そうですねえ、おしゃれだったことかなあ」（二〇〇一年一二月一八日放送）。この放送日は母親・寛子の死去（二〇〇〇年一二月一九日）から丸一年の前日だ。映画『小さいおうち』と共鳴する哀切きわまる回顧なのである。

山田によれば、離婚後の母親を探して姫路まで行ったという。母の友人が住んでいたからだ。しかし、そこに彼女はすでにいなかった。のちに九州にいることがわかった。山田は母に会いに行った。「別府にできたばかりの女子大で、四〇代なかばながら、二〇歳前後の若い学生と一緒に、四年間英文学の勉強をして、教員免許を取ったんです」

母親思いの山田より、寛子の人生がより足早だった。次のドラマが始まる。藤本勇が一九六〇（昭和三五）年、脳内出血で急逝したのだ。寛子の新生活は一〇年足らずで終わった。山田は母を東京に呼び寄せた。松竹の助監督時代で、結婚して狭い団地で暮らしていた頃だ。母が暮らす小さな部屋を近所に借りた。すると「再婚の話がきましてねえ。（中略）『こういう男性と一緒になりたいんだけれど』と言うので、いわば、ぼくの家から嫁に出したわけです（笑）」。

「八〇歳を超えてからも、自分より一〇歳くらい若い男性が近くにいると、急にシャキッとしたりして。ばかだなぁと思ったこともありましたが、今ではむしろいいところだと思ってやりたいです」。山田は微笑ましく、ラジオでの回顧談を締めくくっている。

別府大学の卒業生名簿を確認したところ、昭和三〇年の英文科卒業生に「海野寛子（旧姓藤本）」の名前があった。「海野」は三番目の夫の苗字である。

水上勉の結婚

続いて、水上勉の妻・叡子《えいこ》について書きたい。

彼女は大分県三重町（現・豊後大野市）で生まれた。三重町には「真名野長者伝説」がある。顔に痣《あざ》がある姫君が炭焼き男と夫婦になり、数々の奇跡によって長者となり、美しい般若姫が生まれる

水上勉の妻・叡子（遺影から）

物語である。柳田國男が注目して有名になった。

野上弥生子の短編『縁《えにし》』は三重町が舞台である。彼女の母マサがこの町で生まれた。色彩感覚が鮮やかな小説だ。若冲、森、小動物に、母親の婚礼当時のエピソードが織り成される、夢のような明治の世界だ。三重町は豊肥線の大分と竹田の中間にある、交通の要所だった。元外相・重光葵《まもる》の生家もある。水上勉の妻・叡子《えいこ》（旧姓・西方）は、古刹「正龍寺《しょうりゅうじ》」の三男五女の三女として生まれた。この三ヶ所が一〇〇メートルの距離内にある。地霊の存在を予感させるような何かがある。

正龍寺は西南戦争の「三重市の戦闘」で、薩軍と官軍が争奪戦を繰り返した名刹である。その当時の住職・円精は土足で仏殿に乗り込んできた薩軍を怒鳴りつけた。叡子は幼い頃から、この逸話を聞いて育ったに違いない。彼女の少女時代には、この戦闘を「田んぼの中に生首が転がっていた」と回想する老女が存命していた。『三重町史』にそんな記述があるのだ。

水上と叡子の間に生まれた直子には、脊椎破裂症などの障がいがあった。叡子は実家に帰った時、娘を「別府整肢園」に連れて行った。直子は中村裕《ゆたか》医師の尽力で歩けるようになった。それが中村の社会福祉法人『太陽の家』の創設（一九六五）につながった。『太陽の家』は戦前戦後の別府の伝統と歴史が結実した新時代のシンボルである。私たちは叡子と直子の努力を記憶したい。

二〇一九年は水上勉の生誕一〇〇周年だった。『水上勉の時代』（田畑書店）が刊行されたが、その内容が私には不満だった。叡子の貢献が記録されていないからだ。

三重高女を卒業した叡子は、姉を頼って上京し体育短大で学んだ。叡子が水上勉と結婚したのは、一九五六（昭和三一）年三月だ。水上は再婚の三七歳だった。「いまの妻（叡子）のくる頃は、洋服の行商人になっていたが、幼稚園の教師だったこの妻は当時二一歳。世話する人があって、私のところへまるで鳥のように転げ込んできた」（水上『わが華燭《かしょく》』一九七一）。呑んだくれで女たらしの水上は最悪の亭主に近いだろうが、叡子はけなげに母親の務めを果たした。水上の実家・若狭に預けられていた前妻の娘・蕗子《ふきこ》を引取り、育てた。蕗子は叡子を「お姉ちゃん」と呼んで慕った。

一念発起した水上は、共産党の非合法活動を題材にした推理小説を書いた。河出書房の編集者・坂本一亀（坂本龍一の父）から四回の書き直しを命じられた末、それは『霧と影』の題で一九五九年に出版された。初版三万部がたちまち売り切れて、水上初のヒット作となった。

当時、叡子は水上の頼みを受けて生活を支えるため、昼も夜も働いていた。夜の店へ原稿料を届けた際、坂本が「奥さん、長い間ごくろうさまでした。これで水上は作家になりました」と言ったという逸話がある。真偽のほどは確かめようもない（ウイキペディア「水上勉」／NHKラジオアーカイブス「水上勉」二〇一三年三月五日放送）。

水上直子と母・叡子

直子が生まれたのは、水上勉が『雁の寺』で第四五回直木賞を受賞した一九六一（昭和三六）年七月の二ヶ月後だった。それが彼女の名前の由来だ。水上は「拝啓　池田総理大臣様」（『中央公論』

一九六三年六月号）で障がい者支援政策の貧困を糾弾した。私小説『くるま椅子の歌』（一九六七）を出版し、のちに評論集『生きる日々　障害の子と父の断章』（一八九〇）も刊行された。

だが、直子の障がいに親身になって向き合い、彼女を支えたのは、父親の水上勉ではなく、母親の叡子だった。

窪島誠一郎（美術評論家）が、水上夫妻の機微について記録している。窪島は水上が極貧時代の一九四一年、同棲した女性との間に生まれた。彼が「父」と再会するのは、三五歳になってからだ。窪島『父　水上勉』（二〇一二）に、水上勉に対して叡子や直子が抱いた不満が吐露されている。

「作家はね、周りの人を平気で犠牲にしちゃうのよ」。叡子の夫への批判は本質的である。「娘も私もね、本になんか一行も書いてもらわなくていいの。ただ父親がそばにいてくれれば、それでいいの。自分の子を一度も抱いたことのない人でも、本の中で子どもを愛してるって書けば、人はそう受け取るかも知れないけれど、それは間違いよ。あの人、書くこととやってること、大違いなんだもの」

叡子が書いた随想「くるま椅子をおりた直子と歩んで」を紹介したい。『中央公論』（一九六六年三月号）に載っている。叡子と『別府整肢園』園長・中村裕《ゆたか》との初めての対面を記録した文章として重要である。水上勉の饒舌すぎるフィクションより信憑性がある。

叡子が中村に会ったのは、父の法事で大分に帰郷した際、姉の夫（外科医）の勧めで『別府整肢園』を訪問したのがきっかけだ。「中村先生はちがった。私が直子の話をしたときには、自分も私と直子の世界に飛び込んで、それにとけ込み、私が納得のいくように説明して下さった。私は、直子も私も身柄の全部を中村先生に預かっていただきたいと思ったほどだった」。ここには新しい時代を作る二人の貴重な「出会い」が語られている。

もちろん、社会福祉法人『太陽の家』命名の親である水上勉の貢献は評価すべきだが、叡子が窪島に漏らした「愚痴」の切実さにも、関心を払うべきだと私は思う。

窪島によれば、水上勉の臨終（二〇〇四年九月八日）に叡子と直子は立ち会っていない。なぜなのか。そのことの意味を考えるのは、「水上文学」の本質を考察することと関連すると思われる。ここで論述して行く余裕はない。叡子は二〇一五（平成二七）年、八一歳で亡くなった。

パラリンピックの源流

中村裕が整形外科医長として勤めた「国立別府病院」の前身は、戦前期の「別府海軍病院」である。この病院や「小倉陸軍病院別府分院」では傷病兵による運動会が行われていた。安部巌（元別府市図書館長）が編集した『写真集明治大正昭和別府』（一九八〇）に、それを裏付ける二枚の写真が載っている。

一枚は一九三八（昭和一三）年秋、別府公園グラウンドで行われた南小学校運動会に白衣の傷痍軍人が参加して樽ころがしをしている写真であり、もう一枚は一九四一（昭和一六）年初夏、別府公園グラウンドで行われた傷病軍人運動会である。

いずれも「レクレーションとしての身障者運動会」であったが、これは一九六一（昭和三六）年一〇月二二日に行われた大分県身体障害者体育大会の源流をなす。この大会は日本初の試みであり、体育官出身の県厚生部長・平田準と国立別府病院の中村裕の努力によって開催された（日本身体障害者スポーツ協会『創立二〇年史』一九八五）ものである。パラリンピック二〇二〇東京大会の「日本的源流」と言っても良い。

別府の開業医の息子として生まれた中村裕は、九州大医学部で天児民和教授に学び、英国でルートヴィッヒ・グットマン医師に師事した。彼は「日本パラリンピックの父」であり、『太陽の家』や「大分国際車いすマラソン大会」を創設した。中村は医療保養都市・別府の伝統の中から生まれた「ポスト戦後の逸材」であり、二一世紀を切り開いた別府の先駆者である。

中村の生涯については、水上勉らが編集した『中村裕伝』（一九八八）のほか、いくつか優れた評伝がある。佐野慎輔『中村裕——オリンピック・パラリンピックにつくした人びと』（二〇一九）は、イラスト付きで平易な文章で書かれた良書である。

中村病院に死す

最後に、中村病院（別府市秋葉町）で亡くなった伊東フミ子について書きたい。

彼女は終戦直前の一九四五（昭和二〇）年七月二六日、大分県津久見市沖で起きた「保戸島国民学校爆撃事件」の犠牲者の一人である。米軍機による爆撃・機銃掃射で一二七人の小学生や教職員らが死亡し、七五人の児童が重軽傷を負った。伊東はその生き残りだ。彼女は爆撃による身体損傷が癒えることなく、二〇一四（平成二六）年四月一二日に亡くなった。

私は県立芸短大に在職時代に保戸島を訪れ、この空襲を知った。事件の概要は知られており、地元マスコミでも夏になると、定番記事のように取り上げられた。しかし、どの米軍機がこの蛮行を行ったのか究明する取材がないのが、元新聞記者の私には不満だった。事実は事実として、解明されなければならない。

今回、巻末の「戦後史年表」を作っていて驚いた。

一九五四（昭和二九）年三月、ビキニ環礁の米水爆実験で被爆した静岡県焼津市のマグロ漁船「第五福竜丸」の乗組員二四人の中に、保戸島出身の高木兼重（当時三〇歳）と安藤三郎（同二八歳）の二人が含まれていたのである。これは大分県民の記憶にどの程度留められているのか、まことに疑問である。その記憶は継承されたのか。「戦後史の穴」に埋め込まれてしまったのではないのか。

伊東フミ子の空襲体験記録は、ネットで公開されている。ＮＨＫ『戦争証言アーカイブス／爆撃された教室─大分・保戸島』は貴重な映像記録だ。伊東が病床のベッドに腰掛けて語る姿が痛々しい。

伊東フミ子の証言

「他の生徒がなんかな、窓拭いたりしよったんやな、校舎の。ほしたら、そんな時にな、ものすごな、大きなな、飛行機の音がしたんよ、日ごろせんのに。ヤマグチ・アヤコ先生がな、国語とか、算数とかな、色々な宿題を、黒板に書きよってな、『先生、敵機って言いよるでえ』ってったらな、アヤコ先生が『何が敵機じゃ、それは、日本の飛行機じゃあ』っちたらなあ、爆弾が落ちてなあ」

映像と肉声の記録が持つ力に、圧倒される。私は保戸島に学生を連れて、何度も行った。学生と一緒に短編映画も作った。美しい島だ。津久見港から連絡船で三〇分。豊後水道に浮かぶ光彩に満ちた小さな島である。

戦争の始まる前の昭和一〇年代は、マグロ延縄漁で賑わう豊かな漁村だった。米軍機が爆弾を投下したのは、五〇〇人の子どもが通う保戸島国民学校の校舎だった。小さな島の東端にある。米軍機は爆弾を投擲し、逃げ惑う子どもたちに機銃掃射を浴びせかけた。米軍が戦争末期に行った無差別爆撃の典型である。

伊東フミ子のNHK証言は三回にわたって記録されている。後遺症に苦しみ続けた体験は、聞くに耐えないほど辛い。毎日新聞大分版（一九八五年八月）の戦後四〇年企画「ふるさとに戦争があった／保戸島空襲②」（八月二三日）も読み応えがある。

爆弾の破片が右股関節を直撃した伊東フミ子は、三五回もの手術を繰り返してきた。自力で校舎のガレキの下から脱出した。島の医師のもとに担架で運ばれたが、赤チンだけでは手当てのしようがない。ひとまず帰宅したが「血がジャプジャプ止まらず、母が体をふくと、飛び上がるほど痛かった」。療養を続けた。発熱の上に一週間後からはウミが止まらくなった。佐伯の海軍病院でも治療は無理。国立別府病院へ入院できたのは一カ月も後だった。診断は骨髄炎。医師は傷口を見るや「破片がのぞいとる」と言い、取り除いた。一〇円玉より少し大きかった。手術を繰り返したが、傷口はなかなかふさがらない。
「島の空気を吸った方がよかろう」との父の考えで、通院に切り替えた。ところが傷が膀胱に届き、三カ所から尿がもれ出す。膀胱炎を併発した。昭和三五年、別府市内の病院に入院し、三度の手術を行ったが、膀胱炎は腎臓炎を誘い、昭和四〇年には左腎を摘出した。七年後にやっと傷口はふさがった。軟骨や膀胱が痛み、松葉ヅエなしではほとんど歩けない。

私たちは戦後七五年の今でも、その気になりさえすれば、伊東の体験を今でもリアルに感知し追体験できるのだ。以下は毎日新聞記事の全文引用である。

《もし空襲がなかったら、すぐに適切な治療を受けていたら、「何もかんも手遅れ」と伊東は吐き捨てるように言う。「帰島は年一回。楽しみはテレビと冷水浴くらい。両親と兄は逝《い》った。津久見と島に妹が一人ずついるが、甘えられん」。つねづね「国家補償が欲しい」と口にする伊東。だが「本当は足を元通りにして」と憤る。

大分文化会館で伊東は負傷後初めて、人前で自らの体験を語った。ハンカチで目頭をぬぐいながら「生きていてよかったことは何もなかった」。参加者も目を赤くする。しかし、病院に帰れば、伊東はまた一人である》

戦争犠牲者を追悼する

この記事が書かれてから、伊東フミ子は二〇一四年に亡くなるまで、さらに二九年間を生き抜いた。時代の呼称は「昭和」から「平成」に変わった。それが彼女にとって何だったのか。

佐倉吹雪は保戸島空襲を演劇化した地元劇団の主宰者である。彼女は中村病院に入退院を繰り返す伊東を励まし、その晩年を見つめてきた。伊東を追悼する佐倉の文章を記録しておく。

「どんな一生だったのだろう。戦争の生き証人、被害者……。言葉は簡単ですっぺらい。少女のように愛らしく爛漫な笑顔をもつ女性だった。こちらが何を聞きたがっているか、どう感じているかを察するかのように、先回りして助け舟を出してくれるような、繊細で聡明な女性だった」

「施設を住まいとしておられたその女性は、肉ではなくおからを食べたい、私はおからが大好きと言って、ちょっとはにかんだような、いたずらっぽい笑顔を見せた。昔食べていたものが、たまらなく恋しいのだそうだ」

「あの空襲によって奪われたものは計り知れない」

「公演を終えて二度目に訪ねた時、彼女は私たちの顔を見つけ、パッと花が咲いたように笑ってくれた。その笑顔にどれだけ救われたことか。訪問にあたって緊張する心をやさしく包む、それでいて無垢な少女のような笑顔だった。もっと早く、三たび彼女を訪ねればよかった」

伊東フミ子、享年八二。戦中戦後を生きた一人の女性が天に召された。戦後の別府が受け入れてきた多くの戦争犠牲者の最後の人物に近い。

米軍機はなぜ無辜の生徒たちを爆撃し、さらに機銃掃射まで加えたのか。

その答えは、NHKスペシャル『本土空襲全記録』(二〇一八)に書いてある。

要約すると、①米陸軍航空軍司令部の指揮官がカーチス・ルメイに変わり、「無差別爆撃」に作戦を転換した②一九四五年七月以降、米軍は中小地方都市への空襲を強化した③「臨機目標」を設定したことで、パイロットの裁量で攻撃対象を決められた④九州上陸作戦を前に、特攻基地（秘密飛行場）が急造された九州への爆撃を強化した⑤日本側は三月、全国民を対象にした「義勇兵役法」を制定した⑥米側は女子供でも日本国民の全員を殺戮対象にした――。

このような経緯があったことが分かる。「日本人を殺すのが私たちの仕事でした」と元米パイロットが証言する通りなのだ。第一章で言及した日本側の秘密飛行場の急造と、米軍機による無差別爆撃が相互に影響しあい、破局（原爆投下）に向けて突き進んだことが理解できるのだ。

どの米軍機部隊が保戸島を爆撃したのか。

民間調査によると「ベローウッド戦闘機・攻撃機隊」が有力である。一九四五年七月二五日に新居浜空襲を行った部隊だ。ホームページ『連合国海軍による日本本土攻撃』に調査結果が掲載されている。米側報告では「戦闘機三機の第一小隊が佐賀関銅製錬所を攻撃し、本館建物の三分の一を破壊した」とされているが、同精錬所の空襲記録に該当する爆撃は見られず、保戸島空襲との多くの一致点が指摘されている。

別府の歴史的伝統とは何か

別府の戦前史は全国有数のモダニズム都市であり、国際的な温泉医療都市であった。そのたくましい伝統は占領期の困難を生き延び、最近のインバウンド観光の高揚によって、再び息を吹き返しつつある。この街のアイデンティティ（存在意義）を再確認し、未来世界に対処したい。そのためにも戦前・戦後史を通貫した現代史研究が不可欠である。

傑出した作家・小郷穆子《しずこ》は、『別府と占領軍』（一九八一）を書いた佐賀忠男を「混沌の世に生きた同期の桜」と呼んだ。小郷の父は、この街で生まれた混血児のための施設を作り「全私財をはたき、あげく、その生命まで捨てた」。娘の穆子は別府の戦前戦後史を記録し、父母の偉業を継承した。彼女は大分の戦後は「戦時中の者は全て悪いと、教科書すら全部その人々を抹殺してしまった」と批判した。

佐賀の遺児によると、佐賀は熊本生まれの同じ年の女性と結婚した。美男美女の夫婦だったという。妻は「骨肉腫」で片腕を切断した挙げ句に亡くなった。その後、佐賀は再婚したが、五四歳で急逝した。雑誌『シナリオ』一九七六年一二月号に掲載された佐賀「わがシナリオ修行　混沌の船出」は、混沌の別府で格闘した男の苦闘の回顧録である。文中に登場する「I監督」は今村昌平にほかならない。

敗戦後七五年。私たちは日本列島と東アジアで起きた出来事を、忘却の穴から掘り起こし、改めて「戦後史」として記録したい。記録されなかったことは「事実」ではない。記録されなかったことは、歴史に記憶されない。

本書の終わりに、佐賀忠男の「宣言」をいま一度、掲げたい。

「長い長いトンネルだった。敗戦により日本人はひたすら戦うことから、ひたすら生きることへと変わった。よし、それが屈辱に満ちたものであれ、日本人が体験したことに変わりはない。これは、そうした占領下時代の不明と空白の部分を掘りおこし、埋めるためのひとつの試みである」

大分県の戦後事件史（一九四五―一九五六）

大分県警教養課編『大分県警察史』（一九六三）から、敗戦後の大分県で起きた主な刑事事件、公安事件をピックアップして要約する。占領軍が別府から撤退した一九五六年までを対象にした。同書は事件ごとに数ページにわたり概要を記述しており、「事件を通じてみる戦後世相史」の観を呈している。◆は事件現場や犯人の住所が別府市内の刑事事件。◇は別府以外の刑事事件。●は別府市内で起きた公安事件。○はそれ以外の公安事件である。

◇一九四六・九・一五　中津市の朝鮮人一家四人強殺

午前五時半ごろ、自見川河口で妊婦（三一）の死体が見つかった。急行した警察が、畑のあぜ道で男（四七）の刺殺体を発見。さらに近くの民家で男児二人（七歳、五歳）の絞殺死体が見つかった。四人は朝鮮慶尚北道英陽郡出身の一家とわかった。聞き込み捜査から慶尚南道蔚山出身の男（四四）が浮上。朝鮮に帰国しようとしていたところを二六日、博多駅で張り込み中の刑事が逮捕した。

男は大分市坂ノ市から四年ほど前に転居し、戦後はヤミ商売で北九州方面に往復していた。男は被害者宅で夕食中にけんかになり、その妻が短刀やハンマーを持ち出したので、ハンマーを取り上げ、逃げ出した二人を強打し刺殺した。子ども二人が泣いていたので絞殺した。飯台の上にあった財布から現金二万九千円を盗み、都城、鹿児島を経て博多駅に着いたところを逮捕された。大分地裁中津支部で死刑判決を受け、福岡高裁で確定した。

◇一九四七・八・二〇　大分市室町のピストル強盗

午前一一時一〇分頃、大分郡農業会の会計係（三五）が大分合同銀行から引き出した五〇万円を持ち帰る途中、大分市竹町通りの南側に併行する室町横丁で、後ろから自転車を押していた二三、四歳ほどの男が、ピストルを乱射。男は三〇万円入りの大型カバンを奪って逃走した。午後零時半ごろ、大道の峠付近で男を発見、逮捕した。会計係は背中から四発が命中しており、翌日死亡した。

男は、銀行前の旅館から飛行隊用の大型双眼鏡で偵察し、銀行を出た会計係を襲った。現場は空襲の後の焼け瓦の中に細い道が雑草に覆われて続き、中心街なのに意外に目につきにくい場所だった。男は高崎山の南側の資産家宅に生まれ、東京・中野中学から早稲田大専門部を卒業し、陸軍中尉だった。「敗戦時、戦友の何人かは琵琶湖で自殺した。生き延びてみると、世の中は無政府状態で癪《しゃく》に障ることばかりだ。どうせこんな世の中だから、南方に出かけて一旗揚げようと思った。別府あたりで同志を集めて会社を経営したいとも思った。どうしてあんなことをやったのか、自分でもわかりません」と述べた。

三ヶ月ほど前、大分市中島七条の佐伯組社長（五三）方で、庭から強盗が侵入しブローニングピストルを突きつけて「七万円を出せ」と脅し、発砲した事件があった。この事件もこの男の犯行だった。大分地裁では死刑の判決だったが、福岡高裁で無期懲役となり確定した。

◆一九四七・一二・四　八坂村の母娘殺し

午前八時、八坂村（現在の杵築市）駐在所から農家の女性（五一）と娘（一七）が殺害されていると報告があった。二人は猿ぐつわをはめられ、手足を縛られ絞殺されていた。聞き込み捜査から時計修理商の別府の男が捜査線上に浮かび、別府市のラジオ時計修理業（二六）を逮捕。さらに別府市の住所不定・無職（二〇）、同・朝鮮人の男（二三）を逮捕した。母娘が小金をため込んでいるのを知り、仲間を誘っての犯行だった。大分地裁は三人に死刑判決を下した。

◇一九四八・三・二四　由布岳のバラバラ殺人事件

速見郡南端村天間の杉山で長い髪の女の死体が見つかった。両足を付け根から切断し、頭は首から切断し、俵に入れて枯れすすきの中に埋めていた。さらに近くで、オーバーで包んだ両手のついた胴体入りの俵が見つかった。オーバーにはネームがついていた。近所の十文字開拓団の娘（一八）だった。

彼女の父親（六一）は一六歳で朝鮮に渡ったが、長男や次男は事故死や変死。敗戦後、無一物となって開拓地に入ったが、妻（四六）を殴打し、三男（一七）長女(一三) 四男(一〇）も乱暴に耐えかねて家出した。朝、娘とワラ縄をゆっていた父親は、ささいなことからかんしゃくを起こし、投げた縄が娘の首に巻き付いた。父親はその端をつかんだまま娘の背中を刃物で突いた。娘は死んでいたという。大分地裁は殺人、死体損壊、死体遺棄罪で懲役一五年を判決し、福岡高裁で確定した。

◆**一九四八・四・九**　別府毒モナカ事件

別府市瓦町の関屋旅館から「近くの『つづみや食堂』の者が客から毒を食べさせられ苦しんでいる」と別府市署に電話があった。被害者は食堂経営者（四八）と妻（四三）、女中（二一）の三人。命はとりとめたが、犯人の男は手提げ金庫などを荒らし逃走していた。

三月二六日に来た男は「大阪府庁衛生事務所の者だ。温泉研究のため別府に来た」と現金三万五千円を預けた。男は「元軍医大尉だ。温研に電話してくる。市内の福永医師も知り合いだ」と言明。四月八日に精算した時は、一六〇〇円の不足になっていた。外出した男は「おみやげだ」と言いながら、モナカ六個を包んだ紙を広げて、自分で一個食べた上で、食堂の三人に一個ずつ与えた。異様な味で、のどに強い刺激があり吐き出した。毒物は昇汞《しょうこう》だった。男は九〇〇〇円などを奪って逃走した。

前科一犯のブローカー（二七）が浮上したが、男は新聞報道に驚き、名乗り出て無関係。五月七日、福井県で逮捕された男（三五）が護送中、昇汞粉で自殺を図り、照会の結果、別府毒モナカ事件の犯人とわかった。

男は山口県宇部市生まれ。三歳で父と死別し、養子に出された。東見初《ひがしみそめ》炭鉱で採炭夫をしているうち、養母が死亡。養父と大阪に働きに出たが、養父が実子に引き取られたため、夜間中学を中退して宇部に戻った。二一歳で入隊し、衛生兵として二年半従軍。二五歳で再応召し、中支方面を転戦。二七歳で肺湿潤のため兵役免除になり、帰郷療養中に終戦になった。

療養費に困り恐喝罪を犯し、山口区裁で懲役五年の判決を受け、山口刑務所で服役中に脱獄した。すぐに逮捕されたが再び脱走。北陸一帯を転々とし、富山県でタバコ店の女（三五）と同棲中、駐在巡査に発覚することを恐れ、現金などを盗んで逃走。大阪を経て別府に現れ、浜脇温泉の女給と遊興を続けるうちに、所持金を使い果たした。東京の帝銀事件にヒントを得て、持ち歩いている昇汞で毒殺し金品強奪しようとした。

事件後は大分駅から延岡まで行き、人相書のチョビひげを理髪店で剃り落とし、東京行きの列車に乗った。上野の地下道で浮浪者二人と出会い、うち一人と石川県小松市に行き、覆面強盗に押し入ったが、騒がれて一文も取らずに逃げ、福井市内の旅館に潜伏していて逮捕された。大分地裁で無期懲役の判決を受け、福岡高裁で確定した。

◇**一九四八・五・三〇**　女祈祷師の人妻解体事件

午前五時半頃、久留米絣の上下モンペ姿の若い女性が、日田市警を訪ねてきた。女は「一番偉い刑事を呼んで」と言い、「従姉妹がお面をかぶっていたから、神様のお告げにより、元の美しい姿に戻してあげた」と、犯行を自供し始めた。女の案内で広手川下流の民家に着くと、布団の中に変色し、膨張し、腐敗した女の死体があった。顔や身体は切り裂かれ、内臓はつかみだされたまま腐敗していた。

加害者の女は一八歳ごろから、岡山県の権現不動明王信仰を狂信していた。祈祷行為中に女を殺害し、死体解体を父や兄、被害者の母、信者が手伝っていた。大分地裁は祈祷性精神喪失病者として無罪判決した。戦後の生活不安の中で迷信や邪教が各地に横行。宮崎県ではコックリ（狐）を狂信した者が、我が家に放火し、子どもを火中に投げ込み焼殺した事件があった。

◆**一九四八・七・一一**　別府の久恒別荘番殺し

午前八時一〇分頃、別府市楠湯通りの久恒別荘から

「番人のおばあさんが押入れの中で死んでいます」と別府市警に電話があった。現場は「久恒鉱業療養所」の本館七畳の部屋。押入れの中には、二人の女性（六四歳、五五歳）の絞殺死体があり、部屋を物色した形跡があった。被疑者として以前、同別荘の前に住んでいた台湾引揚者の無職の男が浮上。長野県に逃走しているところを逮捕され、犯行を自供した。

男は昭和二〇年三月、台南工業高校を卒業後、台湾戦車隊に入隊。翌年三月に実母、祖母と引き揚げて、別府で自動車の助手として働いた。その後、長崎県や福岡県で働いたが長続きせず、各地を流浪しながら窃盗や詐欺を働いた。別府には度々戻っていたが、内部事情を知る「久恒別荘」から金品を盗もうと侵入したが、二人に見つかったため殺害したという。大分地裁で死刑判決を受けたが、福岡高裁では犯行時に少年だったため、無期懲役に減刑された。

◆一九四八・八・一二　伊予銀行別府支店の白昼ギャング事件

閉店間もない午後三時過ぎ、別府市流川通り二丁目の「伊予銀行別府支店」に、横の通用口から六人組の男たちが乱入した。ピストルを持った男が一五人カウンターの前に立ち「動くと撃つぞ」と銃口を行員に向けた。他の五人は手にダイナマイトとマッチを持ち、「動くと火を付ける」と脅迫した。うち二人が出納係の机上にあった一〇〇円札の札束七九万円をワシ掴みにすると、持ってきた風呂敷に包み込み、侵入口から逃亡した。

翌一三日午前一時ごろ、別大国道の大分市宝崎で二人の男（二三歳、二〇歳）が捕捉され、犯行を自供した。午前四時ごろ、「東別府」駅下の空き地の草むらに潜伏していた男（一七歳）が逮捕された。かれらの供述から主犯（四三）を午後八時四〇分、別府市富士見区の潜伏先で逮捕。残る二人も次々と出頭してきた。

六人は柳ヶ浦町の「星野組」飯場で知り合い、一日八〇円の日当では生活できない、大金を得ようと銀行襲撃を計画した。所持していたピストルは別の飯場で手に入れたが、壊れていて役に立たないものだった。本ダイナマイトは柳ヶ浦の工事現場で使った残りで、本物だった。最後に自首した男（二〇歳）は、別府市行合町の特殊喫茶店「喜楽」に登楼した後、松原公園の映画館「世界館」で同じ映画を三度も見て、思案の末に自首した。大分地裁の判決は、懲役五年―一二年の懲役刑だった。

◆一九四八・八・二二　八坂村の強盗・消防団員殺し

鹿児島本線「折尾」駅の国鉄職員（二九）は休暇をもらって、速見郡八坂村の郷里に帰るため夜行列車で「杵築」駅に着いた。午前一時ごろだった。駅から一キロほど歩いたガード下で、後ろから追いついてきた男二人が短刀を突きつけて「金を出せ」と脅し、所持金六三八円を強奪した。男たちは国鉄職員を案内に立て、近くの知り合いのタバコ屋（五四）を起こした。男たちは座敷の金庫から、現金二万円などをわしづかみにして逃げた。

男たちは警官らの職務質問にひっかかったが、短刀を浴びせて逃亡し、消防団員が死亡し、巡査が瀕死の重傷を負った。二人は翌二三日夜になって捕捉されたが、いずれも朝鮮出身で別府・浜脇温泉の旅館に居住していた。カネ目当ての犯行で、無期懲役刑になった。

◇一九五〇・三・一八　湯布院のドル買い殺し

湯布院町若杉の農業者の妻から「夫（四四）が牛を買うための現金六万六〇〇〇円を持ったまま帰ってこない」と警察に届けがあった。日出生台演習場から約一キロの現場付近では、米兵相手の夜の女が多数出入りし、同家では女たちに自宅の部屋を貸してドルの売買をしていた。四月五日になって、後頭部を猟銃で撃ち抜かれた夫の惨殺死体が見つかった。

元町民の容疑者四人のうち、少年を除く三人が逮捕されたのは、翌年三月である。容疑者の一人が東京・上野署内の留置場で、ドル買い殺しの自慢話をして足がついた。殺された夫は、売春婦三人からドル買い資金として六万六〇〇〇円を借りていた。少年は全国手配されたが、逮捕されないままだった。

○一九五〇・一一・六　大分電報局事件

レッドパージのさなかに起きた事件。大分電報局労組は内部分裂し、支部長ら七人が追放された。これに抗議して共産党員ら支援部隊の六〇人が電信業務通信室を占拠し、出動した警察官隊と衝突して四五人が検挙された。

◇一九五一・八・二一　県庁内郵便局の金庫破り事件

マージ台風が襲来していた二一日未明、大分県庁西門前の庁内郵便局に何者かが侵入し、現金約二万円、郵便切手、収入用紙など六八万円相当が盗まれた。犯人は窓枠をのこぎりで切り破って侵入し、課長の机の中にあったカギを使って金庫を開いた。

翌日、神戸市山本郵便局に「臼杵高校教官」を名乗る男が現れ、小為替で現金二万六〇〇〇円の振り出しを求めたが、不審に思った局員が質問を重ねるうちに逃走した。男は前歴のある鳥取県出身者とわかり翌年八月、山陽本線倉敷駅で逮捕された。男（二八）は臼杵高校、別府女子大、上野丘高校などで総額二〇万円窃盗の余罪がある学校荒らし専門だった。

昼間は「作家」として原稿用紙に向かって創作に没頭する様子を見せ、秘書役の女性（二八）を情婦にしていた。昭和一六年に同志社大学新聞学科を卒業後、大阪の新聞社で学芸記者になり、海軍予備学生から復員後は二つの詩誌の同人として詩作活動もした。別府市内には先妻と娘が居住。逮捕時はボストンバックなど七個を赤帽に持たせ、白リンネル（亜麻布）の背広上下にパナマ帽という紳士風で、女は一八金台のダイヤ入り指輪をはめ、数個の装身具をつけていた。判決は懲役二年であった。

◯一九五一・一一・二〇　「鎌城山解放同盟」事件

下毛郡下郷村（耶馬渓付近）で起きた共産党の山村工作事件。「鎌城山」と呼ばれる共有林の立木売却を巡って、共産党細胞の支援を受けた共有者が恐喝罪などで逮捕された。最高裁まで争われ、最高一年六月の懲役刑が確定した。

◯一九五二・四・一八　大分地裁臼杵支部における公判闘争

津久見市の失対労働者（共産党員）が現場監督に暴行を加え、津久見市署に検挙された。初公判以降、共産党員らの怒号の渦に包まれ、裁判所外も混乱した。民戦系朝鮮人四〇人は臼杵税務署に押しかけ「密造酒取締り中止」を要求した。判決は懲役三月が言い渡された。

○一九五二・六・二　菅生事件

直入郡菅生村の巡査駐在所がダイナマイトで爆破され、共産党員二人が現行犯逮捕された事件。第一審で懲役一〇年、同八年の判決が言い渡されたが、国警大分県本部警備課勤務だった戸高公徳（巡査部長）が「市木春秋」と名を変え、二人と一部行動をともにしていた事実が控訴審で明らかになり、二審判決（一九五八）では無罪判決、最高裁（一九六〇）も検察側の上告棄却を言い渡した。

●一九五三・二・二一　朝鮮人被疑者の警察署内変死事件

別府署に留置中だった強盗被疑者の朝鮮人（三二）が、留置場で変死したことに端を発し、左派系の朝鮮人団体「民戦」が警察官による虐殺だとして、大規模な抗議闘争を行った。共産党も同調し「治安上憂慮すべき事態にまで発展した」（大分県警察史）。民戦による棺桶《かんおけ》を担いだ市中行進が行われた。国会の法務委員会でも取り上げられ、社会党代議士の木下郁《かおる》（のち知事）が調査のため帰県するなど、政治的な要素を含む展開を見せた。

事件は一九日、別府市北野口の輪タク業の民戦別府支部員Kが飲酒泥酔の上、通行中の婦人の羽織を強奪し、次々と通行人に因縁をつけているという届け出を受け、急行した別府市署員がKを逮捕した。Kは二一日午前一一時一二分、留置場内で死亡したというものである。看守は泥酔による意識不明と思い、医師の往診を求めたが、急性アルコール中毒という診断で、その後突然、症状が悪化し急死した。

二一日は民戦県委員会の開催日であり、民戦系朝鮮人は続々と市署前に集合。警官がKを撲殺したと宣伝し、午後二時頃六、七〇名が署内に乱入し、警察署内の道場で「通夜」を行った。二二日は宣伝ビラを市内各所で配布し、市署前では民戦幹部や共産党員が演説を繰り返した。大分地検は民戦側の要求を受けて、Kの検視に人権擁護委員や自由法曹団の弁護士、民戦代表などの立ち会いを許可した。解剖の終わった死体を署内に再搬入しようとした一〇〇名と警備の警察が対立し、険悪な空気になった。二四日に万松寺で行われたKの「人民葬」には、民戦系朝鮮人約三〇〇人が参加。この後、棺《ひつぎ》を担いで市内目抜き通りを行進した。別府支署前に着いた葬列は、民戦幹部や共産党員らが演説し、棺を担いで署内に乱入しようとして、警備側と衝突したが、地元穏健派の制止もあり大事には至らなかった。

民戦側は大分市で開かれた「三・一平和大会」で大々的に取り上げ、抗議文を知事らに提出した。二三日には民戦による別府支署員告発に発展し、生命侵害による損害賠償請求訴訟も起きた。しかしKの死因は九州大医師の鑑定などから、逮捕前に占領軍警備兵がKの暴行に対して背負投げを加え、Kが通行人に行った頭突きなどをした競合による外圧による脳内出血および吸引性窒息と認定された。告発は不起訴となり、警備員の行為も正当防衛と判定、損害賠償請求も棄却された。

○一九五四・一・二一　大在事件（朝鮮人団体同士の抗争事件）

旧北海部郡大在村の朝鮮人集落は、戦後、陸軍造兵廠の宿舎が住宅として解放され、形成された。事件当時は民戦（北朝鮮）系一一一人、民団（韓国）系二一七人、中立系五〇人が密集して居住。隣接の坂ノ市町でも民戦系二八〇人、民団系二〇〇人が住んでいた。

同地では一九四八年「鈴木乱闘事件」、一九五二年「坂の市事件」など同民族同士の対立事件が頻発していた。「大在事件」も朝鮮人同士の殺人未遂事件が両組織の抗争事件、さらに警察の行動をめぐって対権力闘争に発展したものである。

一月二一日午後七時ごろ、大在村のL（民戦系）方に民団系のK（二三）ら三人が「五年前の事件（鈴木乱闘事件）の落とし前をつけに来た」と殴り込みをかけた。三人は駐在所に自首したが、民戦系三〇人が押しかけて全治一ヶ月の重傷を負わせる一方、民団側の密造酒製造所を襲撃。民団側はKに対する暴行被疑者の即時逮捕を警察に要求した。警備本部を設置した大分県警は民戦系二五人の検挙に着手。民戦側は「不当弾圧」と抗議闘争を展開する一方、民団側は民戦と再衝突した。一九五五年五月、Kは懲役二年の判決を受け、民戦側の被疑者も有罪が確定した。

◇一九五四・六・一三　カービン銃ギャング・大津健一事件

大分市出身の大津健一（二八）ら四人が、保安庁技術研究所の経理係長夫婦をカービン銃で脅し、一五七〇万円の小切手を強奪した事件。共犯の三人はまもなく捕まったが、大津は湯平温泉（由布市）に愛人とともに逃亡し、一ヶ月後に逮捕された。大津は大分経専（大分大経済学部の前身）出身のインテリで、愛人も準ミス銀座の元女優だったため、護送された東京駅には五〇〇〇人が集まり、一時パニックになった。

大津は「日本独立のため資金が必要だ。その捨て石になろう」と仲間に言い、中国人一家を襲う計画もあった。大津は前年、銀座の貿易会社社長をピストルで脅して殺害し現金八三万円を奪い、懲役八年の判決を受けたが、母の病気で保釈中だった。東京地裁では死刑判決、控訴審で無期懲役になったが、一九七五年に仮釈放された。

◇一九五四・八・一　大分市の帝国カーボンKK強殺事件

大分市金池町の会社事務所で、若い工員の絞殺死体が見つかった。終バスに乗り遅れ事務所でごろ寝していて、金品目当ての強盗殺人事件の被害者になった。聞き込み捜査の結果、事務所から盗まれた靴下を所持していた男（三〇）が捜査線上に浮かび、自供を得た。弟（二二）との共犯だった。前科三犯の男は日雇い労働者として「大分復興連盟」書記長になり、活動。弟は一時、占領軍労働者として働いていたが、ともに金繰りに困り、かつて男が働いていた会社に忍び込んだ。事務所で寝ていた工員に顔を見られ、二人で殺害した。死刑判決後、高裁で無期懲役になった。

◇一九五四・八・三　竹田市の強盗殺人事件

竹田市上殿町の食料品店が強盗に入られ、夫（五三）は頭を鉄棒で滅多打ちにされ死亡し、妻（四八）は重傷を負った。凶器は広瀬神社に奉納されていた軍艦のマスト付属品の鉄器だった。聞き込み調査から住所不定の男（二〇）が浮かび、身柄を押さえた結果、犯行を自供した。男は幼い頃両親に死なれ、遠縁宅で働きながら被害者宅にも出入りしていた。犯行後は竹田高校東校舎で夜を明かし、市内の飯場に潜伏していた。死刑判決後、二審で無期懲役になった。

◆一九五四・一〇・一三　大分市のパチンコプロ強殺事件

大分市春日町の大分工業高校近くの田んぼに、別府市泉町の旅館に宿泊しているパチンコプロの男（二三）の死体があるのが見つかった。同宿のパチンコプロ二人を追ったところ、別府市行合町の貸席に登楼した際、「人を殺した」と口走っていることが分かった。二人は被害者の男を浜脇海岸に誘い出して、現金四五〇〇円を巻き上げた上、工業高校グラウンドで殺害していた。犯人の一人は、父が県教育委員という恵まれた家庭に育ったが、遊興の味をおぼえて犯行に及んだ。二人は無期懲役刑になった。

◇一九五五・八・一六　中津市大新田の強殺事件

中津市大新田の畑の中の一軒家で、米や密造酒のヤミ商売をしていた婦人（五二）の撲殺死体が見つかった。同家から盗まれた銀行通帳から足がつき、東京に逃げていた同市内の男（二三）が逮捕された。男はふだんから被害者宅に出入りしていた。初審で無期懲役の判決を受けた。

◇一九五五・八・一七　南野津の強殺事件

大野郡野津町の農業者宅で夫（六二）の刺殺死体と、重体の妻（六一）が見つかった。同夕刻、別府市内の質店に被害者宅からの盗品が見つかり、入質した親戚の前科二犯（二三）の行方を追ったところ、日出町で男を発見し、逮捕した。男は高校卒業後、建設省九州地方建設営繕出張所に勤めたが、半年後には人夫になり、窃盗などを重ねていた。犯行後は別府市内の貸席を転々としていた。男は死刑判決を受け、一九五八年三月に執行された。

◇一九五五・一一・二五　佐伯鶴城高校の宿直員殺し

未明に校門で宿直員の刺殺死体が見つかった。近くの南海部郡漁連事務所や佐伯幼稚園、佐伯東小学校も荒らされており、佐伯東小で盗まれた白ズック靴が鶴城高校の現場に残されていたことから、学校荒らしの犯行と推定された。午後三時頃、近くの切畑村番匠橋で手配の人相に似た男（二二）を職務質問すると、犯行を自供した。男は熊本県玉名郡生まれ。中学卒業後、少年院入りを繰り返し、この事件の際も指名手配中だった。無期懲役の判決がくだされた。

◇一九五五・一二・一八　山香町の坑木商殺し

速見郡山香町の材木商（五九）と妻（五四）、さらに近所の坑木商（三三）の死体が見つかった。坑木商は代金など一二万五〇〇〇円を持って出かけたまま、行方不明になっていた。犯人は材木商夫婦の親戚の男（二二）だった。カネを奪おうと伯母夫婦を殺害したところに、坑木商が訪ねてきたのである。ナタで頭部を切りつけて殺害し、現金を奪った。男は逃亡先の八幡で映画『不良少年の母』（望月優子主演）を見て、改心し自首した。死刑判決を受け、一九六二年二月に執行された。

◇一九五六・八・二〇　竹田の安藤警部補殺害事件

旧盆の一五日夜。「刺身包丁を窃取した酔っ払いが広瀬神社方面に逃走した」との連絡を受けた安藤常弘巡査（二二）が捜索中、酔漢（二七）を見つけ逮捕しようとしたが、逆に刺殺された事件。男は懲役一〇年の刑に処せられた。

◆一九五六・九・六　別府・死体のない殺人事件

西日本相互銀行別府支店の外務員（三四）が「仕事に出たまま帰宅しない」と家族から届け出があった。内偵の結果、別府市内の借家で外務員が使っていた自転車用書類かごが見つかり、家を借りていた男（三三）を追及したところ、殺害と共犯者（二三）の存在を自供した。男は広島市内でタクシー運転手をしていたが、離婚し、別府に来た。カネに困りパチンコ仲間の男と銀行員殺害を実行した。死体は小舟で別府湾に運び、遺棄したと自供したが、見つからなかった。男には死刑判決が確定し、共犯は無期懲役になった。

◆一九五六・一一・二六　別府鶴見の三人殺し、放火事件

午前二時頃、別府市鶴見で火事が起きた。火元は小さな掘立小屋だ。隣家の女性（四七）が刺殺され、縁先では息子（一九）ら二人が心臓を一突きにされ、死んでいた。犯人は火元の男（五二）で、男と主婦が知り合ったのは、湯布院の塚原開拓団で働いている時だった。女性は離婚した夫が歯科医だったため歯科の技術があり、無許可で治療に当たっていた。

男は開拓農協の組合長。二人は別府の男の家で同居するようになったが、女の一家は次第に男を疎んじるようになった。男は女に貸したカネの返済を要求し、その息子たちとけんかになった。女が持ち出した短刀を男は奪い取り、次々と刺し、自宅に火をつけた。これが事件の経過である。

男は神戸一中から大阪外国語学校に進み、卒業後は外務省書記生として中国各地で勤務した。昭和二〇年五月、妻子とともに帰国。中津市の工業学校の教員として国漢科、支那語科を担当していた。敗戦後、正規の教官たちが復員してきたため、日出生台の開拓団募集に応募して入植した。しかし翌年、占領軍の命令で開拓団が解散になると、県の斡旋で塚原開拓団に入植した。電灯もない開拓団の暮らしに耐えかねた妻子は、男を残して家出した。男は焼いた掘立小屋の出入口に「地獄荘」「青空剣法」などと書き、源氏の流れを組むと豪語していた。元インテリの異常な犯行である。

大分地裁で精神異常や正当防衛は認められず、懲役一五年の判決を受けた。福岡高裁で控訴棄却、いったん上告したが、これを取り下げて実刑が確定した。

◇一九五六・一二・二八　工場誘致をめぐる漁民の集団暴行事件

兵庫パルプと鶴崎市、大分県の間で一九五六年一一月三〇日、工場進出の仮調印が行われた。設立予定地の大野川河口一帯は海苔の養殖場であり、地元漁協は反対運動を展開した。一二月二八日、漁協組合員のピケに市議会建設委員会のメンバーらが乗った乗用車が阻止され、海に突き落とされた。漁協関係者八三人が自首したが、警察は首謀者の組合員（三一）ら六二人を検挙した。

◆一九五七・三・二七　石井組・井田組の対立抗争事件

別府市下野口・別府温泉観光大博覧会の会場で石井組首領の石井一郎が、井田組員（二九）に米軍用拳銃で狙撃された。戦後に台頭した石井組と戦前からの井田組は博覧会の利権をめぐって対立していた。北九州、四国、関西から友誼団体が入り込み、別府は暴力団抗争の街になった。井田組に近い別府市議が殺害された（三月三一日）。井田組長宅を襲った石井組員らは、石井一郎が入院中の中村病院に逃げ込み逮捕された（四月八日）。これらの事件を契機に凶器準備集合罪が新設された。

別府・大分の戦後史年表（一九四五―一九五六）

大分合同新聞社『おおいた戦後五十年』（一九九五）、安部浩之『別府歴史資料デジタルアーカイブ・別府市年表（昭和）』、神田文人『昭和・平成現代史年表』（一九九七）などを参照した。

一九四五年（昭和二〇年）

八・一五　阿南惟幾陸相が東京・永田町の仮官邸で割腹自殺
　　　大分海軍航空基地から第五航空艦隊司令部長官の宇垣纏中将らが戦闘機一一機に搭乗して、最後の特攻機攻撃に離陸
一六　九州総監部が老幼婦女に避難命令。大分・別府の市民が郡部に避難し交通機関が混雑
一七　重光葵（杵築市出身）が東久邇内閣の外相に就任
二一　草鹿龍之介中将が県下各部隊に即時休暇命令、将兵混乱
　　　戸次の旧海軍航空基地で吉田正良中尉が自決
二二　灯火管制解除。映画演劇を再開。
九・二　重光葵外相（杵築市出身）と梅津美治郎参謀総長（中津市出身）の両全権が東京湾の米艦ミズーリ号上で降伏文書に調印
九・一〇　県義勇隊解散
一七　枕崎台風。県内死者一〇三人
二五　復員第一船「高砂丸」、飢餓のメレヨン島から一六二八人乗せて別府湾に帰港
一〇・四　占領軍先遣隊のベーカー大尉らが中村元

治知事に面会
一〇　別府の清風荘、占領軍の接収ホテル第一号として接収される
一三　連合軍三〇〇人、旧陸軍大分連隊の兵舎に入る
二七　中村元治知事退官、後任に細田徳寿（四一）が任命される
三〇　別府市長、ドングリ食糧化の通達を出す
県外務課通訳、待遇改善を要求してスト
一一・八　占領軍、大分航空隊基地を接収
一七　県民所有の武器引き渡し指令。五万五九九四点を供出
二六　横綱双葉山（宇佐市出身）が引退
一二・一　別府海軍病院が国立亀川病院になる
一〇　中津市に占領軍五七〇人が進駐
（八・一五　天皇、戦争終結の詔書を放送（玉音放送）／八・三〇　連合国軍最高司令官マッカーサー厚木に到着／九・二　降伏文書に調印／九・二七　天皇、マッカーサーを訪問／一〇・九　ＧＨＱ、東京の五大新聞の事前検閲開始）

一九四六年（昭和二一年）

一・七　マクレアリー県占領軍司令官、治安維持などで「大分県民に告ぐ」声明書
一五　占領軍、初の閲兵式を旧大分連隊練兵場で行う
二〇　占領軍大分軍政部を大分市南新町に設置（六月、金池町に移転）
三・五　関西汽船の阪神航路再開
四・一〇　戦後初の衆院選。全県一区に四八人立候補、七人当選
一八　県下初の男女共学・国東農学校で始まる
五・一　戦後初のメーデーが大分市春日公園で行われる
日豊・豊肥・久大線の運休列車が復活
一〇　大分師範学校の生徒大会で校長退陣要求
二二　第一次吉田内閣に一松定吉（豊後高田市出身）が逓信相として入閣
六・一　一万田尚登（野津原町出身）、日銀総裁

に任命される
七・一四　別府市野口原で占領軍キャンプ兵舎の建設が始まる
八・二七　杵築町で放火により一三戸二二棟全焼。犯人は割腹自殺
　　三一　県下の隣組勤労作業の全面廃止を決定
九・　一　コメの遅配に悩む県下市町村に政府米を配給
　　一二　県知事、供麦未完納の市町村に強権発動を通達
　　一五　中津市で朝鮮人親子四人が惨殺される。朝鮮人の知人を逮捕
一一・一三　別府市長に脇鉄一が就任（官選）
一二・一五　別府市野口原に占領軍キャンプ・チカマウガ完成。米第一九連隊が大分市から別府市に移駐
（一・一　天皇、神格化を否定する詔書／一・四　GHQ、軍国主義者等の公職追放を指令／二・一九　天皇、神奈川県を皮切りに全国を巡幸開始／四・二七プロ野球、ペナントレース復活／五・三　極東国際軍事裁判、開廷／五・一九　食糧メーデー／一一・三　日本国憲法公布）

一九四七年（昭和二二年）

一・二七　県内の国民学校でララ物資によるミルクなどの学校給食を開始
四・　二　第二三回総選挙告示。女性を含む三三人が立候補
　　　五　戦後初の公選で別府市長に脇鉄一当選。県知事は細田徳寿、大分市長は上田保
五・　一　県議選開票。女性県議の長田シズ、佐藤テイも当選
　　　三　新憲法施行。県内で多彩な行事
六・一八　別府市で全国衛生大会開催
　　二九　県議会議長に荒金啓治（別府市）を選出
七・　一　県下飲食店一〇九二店が食糧危機に対応し一斉に臨時休業
　　二二　別府市議会で助役三人制承認
八・二〇　大分市でピストル強盗事件。大分合同銀

行から帰る途中の大分郡農業会会計係を県銃乱射男が襲い、現金五〇万円を奪う。被害者は死亡。元航空少尉の犯人を一時間後に逮捕

九・一二　別府市が「国際観光港」促進市民大会を開催

二一　占領軍主催の鶴崎盆踊り大会を野口原で開催

一〇・一　別府市人口（臨時国勢調査）九万六六八五人。昭和一五年よりも約三万二〇〇〇人も急増

二　県中学校校長会議で、全公私立中学を新制高校とする方針を伝達

六　不祥事続出の別府市議会に社会党別府支部から解散要求の動議。同党議員二人は除名

（一・三一　GHQ、二・一ゼネスト中止を命令／五・三　日本国憲法施行／六・一　片山哲社会党内閣成立／一一・二五　全国の街頭で共同募金始まる）

一九四八年（昭和二三年）

一・二〇　占領軍大分軍政部が食糧危機打開のため、コメの超過供出を農家に要請

二・一　日本銀行大分支店開店

七　県立病院従業員組合が病院長の不信任を決議

一〇　警察官四〇〇人の大異動を発令し、国家地方警察、自治体警察の新陣容を編成（三月七日・県警察長に青木誠を任命）

三・一〇　県全労働組合会議が結成大会を開き労働戦線の統一なる。加盟組合員数四万三〇〇〇人。（一九四九年、分裂）

二四　速見郡南端村の山中で若い女性のバラバラ死体を発見。父親の犯行と判明

四・一　別府第二高校（現在の芸術緑丘高校）創立。新制高校、二三校で発足。私立高校一〇校は五月発足

九　別府毒モナカ事件。食堂の三人に毒モナカを食わせ九〇〇〇円を盗み逃走

一二　新制高校長を発令（二二日、女性校長と県視学が誕生）
二七　畳表のヤミ事件で県議会議員ら四人に逮捕状
五・六　シベリア引揚げ再開の第一船が舞鶴に入港し、県出身二四人が帰国
一四　大分地検、軍需物資の不正処理容疑で県庁などを捜索
二一　岡本忠夫（別府星野組）寄贈の大分球場が完成
二八　日田市で女祈祷師が人妻を解体する事件が発覚
七・一八　大分機関区助士五一人が待遇改善を要求し集団欠勤したため列車が動かず（二四日、一週間ぶりにダイヤ復旧）
八・一二　伊予合同銀行別府支店に白昼七人組強盗。ピストルやダイナマイトを突きつけ現金七九万円を強奪
一〇・二四　別府商工会議所の初総会が開かれ、会頭に八阪眞兵衛
二五　別府市堀田で超満員のバスが転落し五七人が死傷
一一・一　県教育委員会が発足
三　初の文化勲章を彫刻家・朝倉文夫（朝地町出身）受賞
一二　東京裁判判決。県出身の南次郎（元陸相）梅津美治郎（元参謀総長）が終身禁固。重光葵（元外相）が禁固七年
一九　第一回県民体育大会、三日間の日程で開かれる
二三　大分交通、夏以来の争議解決
一二・一一　引揚援護運動の県協議会を結成
一九　別府で物価安定主婦大会開かれる
（一・六　ロイヤル陸軍長官「日本を反共の防壁にする」と演説／五・一　美空ひばりがデビュー／五・二四　ソ連、西ベルリンを封鎖／六月　昭電疑獄事件／七・三一　政令二〇一号公布／一一・一二　東京裁判、二五被告に有罪判決）

一九四九年（昭和二四年）

二・三　日教組第四回臨時大会が別府市で開かれる

三・七　経済九原則の抑制策で県下は三万人の失業者

二八　農林省発表による県供出米状況は全国最下位から二番目と不振

四・一九　別府署、大分市公安委員を詐欺容疑で留置

仏崎（大分市）の農家で人妻絞殺事件。迷宮入り

五・一三　高崎山で猿狩り

三一　大分大学が発足。教授陣の選考などが遅れ、八月四日に新学長着任

六・七　昭和天皇が大分巡幸。二日間、別府・日名子旅館に宿泊。阿南綾と面会（八日）。三日目は宇佐・中津から日田へ

八・一四　第二〇回都市対抗野球で星野組が優勝

九・六　豊田副武（元連合艦隊司令官・杵築市出身）、BC級裁判で無罪判決

一〇・一一　日本勧業銀行の前大分支店長ら三人、別府で接待を受け不正貸付し逮捕

一一・一四　県衛生部の試験問題漏洩事件が発覚。美容師試験をやり直し

二六　一〇年ぶりに別府「温泉市」が復活

一二・一〇　県全労を脱退した全逓、富士紡などが県労連を結成

一一　県教祖、臨時大会で県全労を脱退

二七　保戸島（現・津久見市）の「第一恵保丸」が漂流一五日。フィリピン船に救助される

（四・一八　古橋広之進、全米水上で世界新記録を連発／四・二三　GHQ、一ドル三六〇円の単一為替レート設定／七・六　下山事件／七・一五　三鷹事件／八・一七　松川事件／八・二六　シャウプ勧告発表／一〇・一二　米国プロ野球チーム、戦後初の来日／一一・三　湯川秀樹博士に日本人初のノーベル賞）

一九五〇年（昭和二五年）

一・　五　県に日出生台の森林伐採の許可（六月二四日オノ入れ式）

二五　県衛生部課長と同課会計主任がＤＤＴ売上げ横領を自供

二六　警察、ヤミ米ブローカー四八人を日豊線列車で検挙

二九　ソ連引揚げの県人六〇人が「高砂丸」で帰国

三・一四　別府女子専門学校が別府女子大に昇格。一九五四年に別府大学と改称

四・　五　由布院町のドル買い行方不明事件で惨殺死体発見

七　別府国際観光温泉文化都市建設法が国会を通過。六月一五日、住民投票で圧倒的多数により成立

五・一七　別府市営競輪、開設

二〇　東別府駅付近で急行バス転覆、三一人が重軽傷

六・一五　別府市乙原「ラクテンチ」が新装し、開園祝賀式

七・一三　大分市で母子四人が心中を図り母が死亡。東別府駅近くの日豊線で若い男女が列車飛び込み心中（九月）別府市内で精神障害の子どもを持つ家庭で無理心中（一二月）別府市内の旅館で若い男女客が服毒心中（同）

一八　「アカハタ」とともに、県内の共産党機関紙八紙を発行停止

別府競輪で不正発覚。八月六日、助役や四人起訴

八・　一　別府国際観光温泉文化都市建設法の施行記念式

八・一〇　警察予備隊が発足し、県内で一万二三〇八人が応募（競争率約六倍）。幹部募集には三一七人が志願し、村長一人が合格

一一・　七　レッドパージに抗議して大分電報局員ら武装警官隊と衝突、四五人検挙

一一　氷詰め死体を佐世保から別府に運び埋め

た強盗殺人事件が発生。一三日、別府市内で容疑者を逮捕

二一　重光葵、仮出所

一二・二〇　県労働組合評議会（県労評）結成。中道・右派系が統一

（六・二五　朝鮮戦争勃発／七・二四　レッドパージ始まる／八・一〇　警察予備隊令公布）

一九五一年（昭和二六年）

二・　四　警察、共産党系機関紙発行停止のため県下一四ヶ所を捜索

四・三〇　県知事に細田徳寿、再選

七・　五　興国人絹パルプ佐伯工場の起工式

九・一〇　別府で講和条約調印記念式。別府駐屯軍のマクレアリ司令官や細田知事が出席

九・二〇　大分市春日公園の忠魂碑取壊しを中止し、慰霊塔として残置決定

二七　大分市税務課職員四人が税金一一〇万円を横領

一〇・　一　一一町自治体警察署の統合に伴う国警地方警察本部幹部の人事異動発令

三　別府国際観光港の起工式

一四　ルース台風が縦断し戦後最大の被害。県内で死者行方不明三二人

一一・二四　日豊線に急行「高千穂」登場

一二・　三　海外同胞救出県民大会が大分市で開かれ一〇〇〇余人参加。八月の全国行動では県代表・河野道彦（六三）が八日間の断食闘争。河野の子息はソ連に抑留されたまま一九五九年に死去

二五　大分市荷揚町小でＮＨＫテレビ初公開。四日間で観客八万人

（四・一一　マッカーサー解任／九・八　対日講和条約調印、日米安保保障条約調印／九・一〇　黒澤明監督『羅生門』がベネチア国際映画祭でグランプリ／一〇・二四　社会党分裂）

一九五二年（昭和二七年）

一・二〇　第一回別府マラソン（三五キロ）開催。浜

村秀雄（山口・秋穂陸協）が優勝
二八　阪神—別府航路の関西汽船「るり丸」が丸亀沖で座礁。全員救助
三・一三　県未亡人会の結成大会
二〇　トキハが別府グランドフェア跡地の買収を申し出
四・二八　対日講和条約・日米安保条約が発効。県内で一万八〇人恩赦
三〇　県、久住高原の米演習地設置反対の陳情のため上京（六月一八日、日米合同委本会議で接収せずと決定）
坂ノ市町（現・大分市）で朝鮮人団体の乱闘事件
米軍機、長谷川村（現・豊後大野市）の山腹に墜落
六・一二　菅生村（現・竹田市）の菅生駐在所が爆破される。共産党員ら五人を逮捕（菅生事件）。二人に懲役刑（一九五五）。八年後に無罪確定
七・　五　重光葵・改進党総裁が郷土入り。八日、改進党県連が発足
一五　別府で国鉄労組全国大会
九・二四　別府の児童福祉施設「栄光園」が全焼
二五　オックスフォード大学ラグビーチームが別府へ
一〇・一三　アルフレッド・コルトーが別府で演奏会
一一・二七　高崎山でサル寄せに成功
（三・六　吉田首相「自衛力のための戦力は合憲」と国会答弁／五・一　メーデー事件／五・一九　ボクシングの白井義男、日本人初の世界チャンピオンに／七・一九　第一五回五輪ヘルシンキ大会、日本が戦後初の参加／七・二一　破壊活動防止法公布／一〇・一五　保安隊発足）

一九五三年（昭和二八年）

一・　四　由布院ダム問題で鮎川義介（元満州重工総裁）が知事と会談。地元住民はダムに反対
二・二一　朝鮮人被疑者の別府署内変死事件

三・一五　大分市の高崎山自然動物公園が開園
四・四　春祭り中の玖珠町で大火。二四世帯四九棟が消失し、一六四人被災
六　合理化に反対して大分銀行従業員労組がスト、地労委に提訴。一一日に解決
二二　安芸沖の旧海軍伊号潜水艦の引揚げ調査を開始
二四　安心院高校が全焼。かまどの火が薪に引火
二九　九州電力地熱発電研究所が飯田村（現玖珠町）で進めていたテストボーリングに成功
五・二〇　佐伯市の興国人絹パルプが操業開始
六・二五　豪雨被害で被害続出。死者五三人、行方不明一四人、重軽傷者五三九人。久大線が寸断され、夜明ダムの工事現場は全滅状態
七・二　玖珠鉱山が水害で再建不能となり全従業員一三五人を解雇して閉山。日田バスは路線が壊滅し従業員九四人を整理
一四　日出沖で巡視船「かえで」が小舟で漂流中の二豊学園園児ら九人を救助
二四　大野川流域の一一町村を潤す昭和井路が通水
八・一二　朝鮮戦争の休戦協定調印で失業者が相次ぎ、占領軍別府キャンプで全駐労大分地本がスト突入
九・二　大分別府青年会議所が発足
二七　三佐青年団の演劇「肖像」が全国コンクールで第一位
一〇・一　ラジオ大分が発足
六　占領軍別府キャンプで従業員一〇〇人を整理
一一・四　大分大生四〇〇人が登録漏れから選挙権を失い、異議申し立て
一三　県教委が高崎山のサルを天然記念物に指定
一五　日出生台で一万二〇〇〇人を動員して保安隊（現・自衛隊）が大演習
一二・一三　県立上野丘高校の乱脈経理が暴露され、

会計係の五〇万円使い込みが発覚。校長が辞任
（三・一四　バカヤロー解散／五・一九　ヒラリーとテンジンがエベレスト征服／七・一六　伊東絹子がミス・ユニバースで三位／七・二七　朝鮮戦争休戦協定調印／一一・一七　日本自由党結成）

一九五四年（昭和二九年）

一・　八　興国人絹の廃液問題で補償折衝が開かれ、見舞金七〇〇万円を提示
二一　大在事件（朝鮮人団体同士の抗争事件）
三〇　大分市金池のヒロポン製造所を大分警察署が急襲
二・一一　密造酒の疑いで大在村、坂ノ市町の在日朝鮮人居住地を捜索
一五　別府署が麻薬容疑などで二四ヶ所を捜索、一三人を逮捕
一七　別府─由布院間の「防衛道路」が完成
三・　一　ビキニ環礁の米水爆実験で焼津「第五福竜丸」が被爆し、津久見市保戸島出身の高木兼重と安藤三郎も「死の灰」を浴びる
六　家出娘ら三二人を売り飛ばした一一人を大分地区署が逮捕
三一　市町村合併により竹田市、鶴崎市、豊後高田市が発足
四・　八　野上町（現九重町）の豊後中村駅前で大火。二四棟を焼失
六・一三　大分市出身の大津健一が東京で保安庁職員をカービン銃で脅して一五〇〇万円を強奪し逃走。七月二二日、愛人と湯平温泉に潜伏中を逮捕
七・　一　国家地方警察と自治体警察が一本化され、県警本部が発足
二三　姫島沖で深夜一三〇隻が密漁。姫島漁民の自警船が一五人を捕まえる
八・　一　大分市で帝国カーボン殺人事件
二六　鶴崎市桃園地区の住民代表三〇人が大分市への合併を要求し、県庁で徹夜の座り

込み
九・一　町村合併のもつれから、神崎中学生一二六人が坂ノ市中学に押しかけ転校。四日後に調停を受け入れ復校
三〇　別府で米軍歩哨が通行中の九州大温研所員に発砲
一〇・一　豊肥線大分―熊本間に急行「火の山」号が登場。一時間半短縮され三時間台に
六　大分市・舞鶴橋の完工式
一八　大分市への自衛隊誘致を大分商工会議所が決定。県労評が反対運動
一二・一〇　鳩山内閣が成立し、重光葵（杵築市出身）が副総理・外相、一万田尚登（野津原町出身）が蔵相で入閣
（二・一九　力道山のプロレスをＮＨＫと日本テレビが初中継／三・八　日米相互防衛援助協定調印／六・九　自衛隊発足／七・一　自衛隊発足／九・二六　洞爺丸転覆）

一九五五年（昭和三〇年）

一・一三　県立国東高校北校舎が全焼。復旧工事をめぐり国東町の分町問題に発展
二・五　大在村（現・大分市）で合併問題の紛糾から大在村議が総辞職
一五　別府市南町の路上で市民が米空挺部隊員に殴られ死亡。六月五日にはタクシーが米兵に放火された
三・七　大分市坂ノ市の旭化成工場で爆発事故。作業員四人が死亡
一二　別府市流川一丁目に県物産観光会館が完成
二五　ビキニ環礁で放射能をかぶった第五福竜丸の県出身者二人が帰郷
二七　大分市の大道トンネルが完成
四・一　杵築市発足。人口三万六四五人
二四　県知事選で社会党右派の木下郁が当選。県政史上初の革新系知事誕生
五・一　別府市長に荒金啓治が初当選（以降五期二〇年）
一六　撤退を前に米軍別府キャンプで一四八人

に解雇通告
一八　日鉱佐賀関精錬所が無期限ストに突入。六月一七日解決
七・一　日豊線の急行列車「高千穂号」に寝台車が登場
七・二　菅生事件の被告二人に懲役一〇―八年の一審判決
二八　大分市今津留で農民が落下傘で降下した米兵の下敷きになって負傷
八・一五　三重町の大分少年院から二三人が集団脱走
一七　野津町の一軒家で老夫婦が殺害される強盗殺人事件
一八　別府の十文字演習場で不発弾が爆発し、薬莢拾いの少年が死亡、一人重傷
九・九　大分経済同友会が発足
一五　大分刑務所の独房で日田の巡査殺し未決囚が自殺
一九　別府湾で旧日本軍のイベリット弾引き揚げ作業が始まる
三〇　別府市で県内初の騒音防止条例を制定
一一・一五　知事が県職員三六〇人の人員整理を発表。反対の県職組が知事と団交
二二　第三次鳩山内閣で重光葵外相、一万田尚登蔵相、村上勇郵政相が入閣
二五　佐伯鶴城高校で宿直職員が侵入者に殺害される
三〇　大分市のトキハ百貨店でテレビ放映実験
一二・一八　県高教組が「先生の宿直」を来年度から拒否する声明
山香町の一軒家で材木商ら三人が殺される
（七・二七　共産党、第六回全国協議会／一〇・一三　社会党統一大会／一一・一五　自由民主党結成）

一九五六年（昭和三一年）

一・五　左右両派の社会党県連が統一。会長に木下哲

七　自民党県連の結成大会。会長に一万田尚登蔵相
二一　陸上自衛隊が湯布院町に駐屯
二・六　荻町で戦時中の米軍不発五〇〇キロ爆弾が爆発。民家一一戸が全半壊し一人死亡、重軽傷九人
二・二四　白昼、別府市立青山小学校を焼く。生徒は無事
三・一九　県外への集団就職の第一陣が船出
三〇　別府市の児童福祉施設「小百合愛児園」の本館と礼拝堂が全焼
三一　別府のホテルで米兵が天井に向けて拳銃を発射
四・一九　別府市議会、米軍キャンプ跡地への自衛隊駐屯に反対
二九　別府市の市営温泉プール開き
五・一四　別府占領軍キャンプの米軍先発隊第一陣が引揚げ。占領軍が日本人労働者を全員解雇
六・二九　大分市が府内城址からの県庁移転を要求
七・六　別府の米空挺部隊四七六人が引揚げ。第二陣一〇一三人は一二日に撤退。残務処理組八〇人を残して全員が引き揚げた。
一八　自衛隊機が別府の山腹に激突し、隊員二人が即死
二七　別府米軍キャンプ跡地の使用が許可され、別府博覧会会場が本決まり
八・一〇　木下知事が防衛庁に米軍キャンプ跡地の自衛隊駐屯地の設置反対を申し入れ
九・六　九重町嫁田に自衛隊の実弾射撃の流れ弾が落ち、民家が壊れ老人が重傷を負う
一一　別府の西日本相互銀行集金人の行方不明事件（五日）で容疑者一人を逮捕。計画的な強盗殺人事件と判明
一七　三重町菅尾駐在所が拳銃狙いの賊に襲われる
二三　国体水泳で大分県高校が初優勝、青年も二年連続優勝
一〇・一八　大分交通、別府駅―北浜間軌道の撤去工事に着工

一一・三〇　菅生事件の謎の男「市木春秋」は県の警官・戸高公徳と判明
一二・一七　清川村で分離問題から役場職員が総辞職し、村はマヒ状態に
二〇　防衛庁が米軍別府キャンプ跡地に自衛隊の駐屯を別府市に通告
（一・二三　石原慎太郎『太陽の季節』芥川賞を受賞／二・六　『週刊新潮』創刊／五・二四　売春防止法公布／七・一七　経済白書「もはや戦後ではない」／一〇・一九　日ソ共同宣言／一〇・二三　ハンガリー事件／一〇・二六　興安丸、ソ連からの最後の引揚げ者を乗せて舞鶴に入港／一二・一八　国連加盟）

おわりに

本書は「被占領都市」「引揚げ者都市」だった大分県別府市を舞台に、戦後ゼロ年代の人物史、時代思想を再構築した著作である。国際保養都市・別府の「占領・引揚げ時代史」であり、その学術研究を促すための試論である。

一九五四（昭和二九）年発行の住宅地図を複写して、別府の街をうろついた。日本最初の住宅地図は、別府で作られたのである。地図と証言と史料が交錯した空間に、占領軍と引揚げ者がひしめいた戦後の「ＢＥＰＰＵ」が浮かび上がった。聖と俗、ソドムとゴモラ、……。マーティン・スコセッシ監督『ギャング・オブ・ニューヨーク』（二〇〇二）を思い出しながら、取材した。レオナルド・ディカプリオが主演した一八六〇年代の民族抗争劇であった。

戦前の別府は「欧州のパリ」「東南アジアのバンコク」に相当する東アジアの諜報都市であり、軍人休暇都市だった。敗戦後には三万人以上の引揚げ者が押し寄せ、米軍ドルのシャワーの中で、庶民の混沌《カオス》と再生のドラマがあった。

「戦後史の空白」を埋めなければ、現代の意味を理解できない。

筆者は二〇〇六年以来、大分県立芸術文化短期大学（大分市）教授として八年間を過ごした。別府市で「日韓次世代映画祭」を開催し、ディレクターを務めた。本文でも触れたように在職中に、戦前の別府モダニズムに驚愕し、別府の戦後には「占領軍」「引揚げ者」の時代があることを知った。別府はいわば「日本の縮図」だったのである。しかし、その現代史記述は「一九四五年八月」で止まっていた。第一章（戦後史へのアプローチ）で指摘したとおりだ。

地域の戦後史研究は、西川祐子『古都の占領　生活史からみる京都一九四五―一九五二』（二〇一七）のような一部の例外はあるものの、総じて貧困である。福岡市史、高知市史、山口県史など、一部の自治体史に見るべき成果があるのは幸いだが、敗戦後七五年が経つというのに、今のままでは知的怠慢のそしりを免れない。

なぜ、地域の戦後史が重要なのか。

西川が指摘するように、外交史、政治経済史に偏重した東京中心の戦後史では、「個々の住民が体験した戦後」が見えないからだ。一方、行政史中心の地域戦後史では「大日本帝国」時代の国際的広がりが見えず、東アジア規模で人間の大移動があった「個々の住民が体験した戦後」がカバーできないのである。

韓国現代史の虚構を冷笑する暇があるなら、「日本戦後史の空白」を探究すべきだ。元ソウル特派員の筆者としては今、そういう心境だ。本書にいくらかの意義があるとするなら、①地域戦後史から日本の戦後史を再照明した②地域戦後史を東アジアの視野から再検証した③日本戦後史の空白が朝鮮戦争期にあることを指摘した――点にあると思われる。しかし、いかんせん「試作」に過ぎない、と白状しておく。大分・別府の「ポスト戦後期」は積み残しだし、戦後ゼロ年代の研究を九州・山口全域に広げることが、人生の半分近くをこの地域で過ごした私の義務だと思っている。

本書の脱稿後、『別府と占領軍』の著者・佐賀忠男の夫人（後妻）と遺児にお目にかかることが出来た。佐賀は他者に優しい人物だったことを確認できた。その取材の一部は本文とカット写真で生かした。ありがとうございました。

取材・執筆においては、多くの人々にお世話になり、激励をいただいた。とりわけ大分・別府在住の友人の皆さんに厚くお礼を申し上げたい。戦後別府の精密地図を作成していただいた高野壽穂さん、取材対象を紹介していただいた姫野裕一さん、適切な助言をいただいた鶴田浩一郎さんのご尽力なしに、本書は完成できなかった。阿南惟幾・綾夫妻に関する貴重な資料を提供いただいた四男・阿南惟正氏は二〇一九年三月、八六歳で逝去された。ご冥福をお祈りします。

本文中で言及した方々以外にも、次のような皆さんにお世話になった。

東京都立中央図書館、大分県立図書館、別府市立図書館、赤松大、芦刈茂、麻生栄作、安部浩之、蘭信三、飯沼賢司、李相進、石川万実、市村真一、井手得郎、伊藤田雄三、浦辺登、江崎道朗、岩見圭祐、小野弘、片桐慶太、桑田龍太郎、児玉憲明、後藤國利、佐々木稔、佐藤栄宏、佐倉吹雪、志手一夫、柴田真由美、白井幸光、島村恭則、菅健一、曽根周子、田口幹治、田崎純子、橘木薫、田中淳一、崔吉城、張良澤、土居昌弘、直山たかし、中生勝美、野崎哲史、花田潤也、羽鳥直之、廣瀬孝三、原田義昭、平野芳弘、福本敏弘、藤島公典、藤田和久、藤田洋三、祝部幹雄、松井義信、松本行央、松原勝也、間島康子、三浦由紀、宮添奈央子、宮明健児、宮明透、三浦祥子、水野貴子、林承緯

本書は、大分県立芸術文化短期大学時代に筆者が行った「日韓次世代映画祭」（別府市）など、数々のプロジェクトに協力していただいた皆さんへのささやかなお礼でもある。併せてお礼を申しあげたい。

本書へのお問い合わせは下川 sentense502@yahoo.co.jp にいただきたい。弦書房の小野静男氏には、今回もお世話になりました。ありがとうございました。

二〇二〇年四月吉日

著者

主な参考文献

本文中に引用したもののほか、参考になった書籍の一部を列記した。大分合同新聞、毎日新聞、朝日新聞の引用記事は、本文中に掲載日を明記した。

◇戦後通史

別府市『別府市誌』（別府市、二〇〇三、一九八五、一九七三）

大分県総務部総務課『大分県史・現代編二』（大分県、一九九一）

大分市史編さん委員会『大分市史（下）』（大分市、一九八八）

湯布院町誌編集委員会『町誌「湯布院」』（湯布院町誌刊行期成会、一九八九）

豊田寛三ほか『大分県の歴史・第二版』（山川出版社、二〇一一）

富来隆『大分の歴史（第九巻）戦争から繁栄へ』（大分合同新聞社、一九七九）

柳本見一（毎日新聞西部本社）編『激動二十年　大分県の戦後史』（毎日新聞社、一九六五）

大分合同新聞社『おおいた戦後五十年』（大分合同新聞社、一九九五）

大分県警察史編さん委員会『大分県警察史（第二巻）県警察三十年のあゆみ』（大分県警察本部、一九八五）

◇第一章

ポール・ファン・デン・ボッシュ『われら不条理の子』（加藤周一訳・紀伊国屋書店、一九五七）

佐賀忠男『別府と占領軍　戦後ドキュメント』（「別府と占領軍」編集委員会、一九八一）

寺山修司歌集『空には本』（的場書房一九五八、復刻版・沖積舎二〇〇三）『寺山修司青春歌集』（角川文庫、二〇一三）

寺山はつ『母の蛍　寺山修司のいる風景』（東京新書館、一九八五）

角田房子『一死、大罪を謝す　陸軍大臣阿南惟幾』（ちくま文庫、二〇一五）

松下竜一『私兵特攻　宇垣纏長官と最後の隊員』（新潮社、一九八五）

吉田紗知「八月一五日の特攻隊員」（新潮社、二〇〇七）

神戸輝夫編『おおいたの戦争遺跡　要塞化された大分の全貌』（大分県文化財保存協議会、二〇〇五）

三重町企画商工観光課『三重町誌・総集編』（三重町、一九八七）

大神回天会『青春の賦　鳴呼大神回天隊』（大神回天会、一九九〇）

海軍機関学校出身戦後殉国者遺芳録刊行委員会編『海軍機

関学校出身戦後殉国者遺芳録』（海軍機関学校・海軍兵学校舞鶴分校同窓会、一九八四）
安永弘『予科練魂―艦隊水偵隊死闘の記録』（今日の話題社、一九八九）
永原慶二追悼文集刊行会編『永原慶二の政治学』（吉川弘文館、二〇〇六）
宮入巳年『茜雲の果に』（自費出版、一九九二）
湯布院町誌編集委員会『町誌「湯布院」』（湯布院町誌刊行期成会、一九八九）
藤田洋三『別府ゲニウス・ロキⅡ（上巻）』（クリエイツ、二〇一八）
別府市立南立石小学校『創立百周年記念誌』（一九七五）
別府商工会議所設立五〇年記念誌委員会編『豊かな故郷の礎』（別府商工会議所、一九七九）
大分合同新聞社編『大分年鑑・昭和二四年版』（大分合同新聞社、一九四九）
小郷穆子『MY WAY「私の歩んできた道」第三巻・小郷穆子』（大銀経済経営研究所、二〇〇〇）
吉田守男『京都に原爆を投下せよ・ウォーナー伝説の真実』（角川書店、一九九五・のち朝日文庫）
毎日新聞社『一億人の昭和史・日本占領①降伏・進駐・引揚』（毎日新聞社、一九八〇）
防衛庁防衛研究所戦史室編『戦史叢書・中部太平洋陸軍作戦②』（朝雲新聞社、一九六八）
朝日新聞社編『メレヨン島 生と死の記録』（朝日新聞社、一九六六）
森萬壽夫『人間の極限 メレヨン島海軍軍医長の記録』（恒友出版、一九七六）
一瀬春駒『濤聲 群青と市井の医に生きる』（自費出版、一九八一）
千田夏光『銃殺』（汐文社、一九八六）『黙示の海』（汐文社、一九八八）
藤原彰『餓死（うえじに）した英霊たち』（ちくま文庫、二〇一八）『中国戦線従軍記 歴史家の体験した戦場』（岩波現代文庫、二〇一九）
桑江良逢『幾山河―沖縄自衛隊』（原書房、一九八二）
秦郁彦『旧日本陸海軍の生態学―組織・戦闘・事件』（中公選書、二〇一四）
藤井非三四『日本軍の敗因―「勝てない軍隊」の組織論』（学研パブリッシング、二〇一二）
辻野功『大分学』（明石書店、二〇〇八）、『大分学Ⅱ』（明石書店、二〇〇九）、『大分学・大分楽Ⅲ』（明石書店、二〇〇六）
清原芳治『慟哭の大分群像 昭和二十年』（大分合同新聞社、二〇〇五）

◇第二章
関戸明子『近代ツーリズムと温泉』（ナカニシヤ出版、二〇〇七）
畔柳昭雄『海水浴と日本人』（中央公論新社、二〇一〇）
松田法子『絵はがきの別府　古城俊秀コレクションより』（左右社、二〇一一）
橋爪紳也『瀬戸内海モダニズム周遊』（芸術新聞社、二〇一四）
小郷穆子『虹の中のふるさと』（梶原三郎、一九七九）
倉橋滋樹・辻則彦『少女歌劇の光芒　ひとときの夢の跡』（青弓社、二〇〇五）
エドウィン・Ｔ・レイトン『太平洋戦争暗号作戦　アメリカ太平洋艦隊情報参謀の証言』（毎日新聞外信部訳・ＴＢＳブリタニカ、一九八七）
森史朗『ミッドウエー海戦』（二〇一二）
重光葵『隻脚記』（重光族、一九三七）

◇第三章
阿久悠『瀬戸内少年野球団』（岩波現代文庫、二〇一三）
五島勉編『続・日本の貞操』（蒼樹社、一九五六）
鬼塚英昭『海の門　別府劇場哀愁編』（成甲書房、二〇一四）、『天皇のロザリオ』（成甲書房、二〇〇六）、『日本のいちばん醜い日』（成甲書房、二〇〇七）、『石井一郎の生涯』（私家版、二〇〇三）
古庄ゆき子『大分おんな百年』（ドメス出版、一九九三）、『ふるさとの女たち―大分近代女性史序説』（ドメス出版、一九七五）
八木澤高明『ストリップの帝王』（ＫＡＤＯＫＡＷＡ、二〇一七）
南博ほか編『芸双書・第三巻「さらす・ストリップの世界」』（白水社、一九八一）
水上勉『木綿《ゆふ》恋い記』（文藝春秋、一九七〇）
日出生台演習場関係補償工事期成会事務局編『日出生台演習場関係補償史　三』（日出生台演習場関係補償工事期成会事務局、一九六二）
湯布院町誌編集委員会『町誌「湯布院」』（湯布院町誌刊行委員会、一九八九）
野口智弘『由布院ものがたり　「玉の湯」溝口薫平に聞く』（中央公論新社、二〇一三）
マイク・モラスキー編『街娼　パンパン＆オンリー（紙礫二）』（皓星社、二〇一五）
平林たい子『平林たい子全集　五』（潮出版社、一九七七）
茶園敏美『パンパンとは誰なのか―キャッチという占領期の性暴力とＧＩとの親密性』（インパクト出版、二〇一四）
平井和子『日本占領とジェンダー　米軍・売買春と日本女

性たち』（有志舎、二〇一四）
◇第四章
金賛汀『非常事態宣言一九四八』（岩波書店、二〇一一）『朝鮮総連』（新潮新書、二〇〇四）『在日義勇兵帰還せず―朝鮮戦争秘史』（岩波書店、二〇〇七）『関釜連絡船―海峡を渡った朝鮮人』（朝日選書、一九八八）『拉致』（ちくま新書、二〇〇五）
大沼久夫編『朝鮮戦争と日本』（新幹社、二〇〇六）
兵本達吉『日本共産党の戦後秘史』（新潮文庫、二〇〇八）
林えいだい『海峡の女たち　関門港沖仲仕の社会史』（葦書房、一九八三）
青木深『めぐりあうものたちの群像―戦後日本の米軍基地と音楽1945―1958』（大月書店、二〇一三）
田中未知『寺山修司と生きて』（新書館、二〇〇七）
松本清張『黒地の絵　短編傑作集二』（新潮文庫、一九六五）
山口県編『山口県史・史料編（現代二）県民の証言聞き取り編』（山口県、二〇〇〇）
西村秀樹『朝鮮戦争に「参戦」した日本』（三一書房、二〇一九）
江崎道朗『朝鮮戦争と日本・台湾「侵略」工作』（PHP新書、二〇一九）
李鐘泌《リジョンピル》『私の見て来た大分県朝鮮民族五十年史』（李鐘泌、一九九二）
山辺健太郎『社会主義運動半世紀』（岩波新書、一九七六）
習説同窓坂渓会編校『誰か母校を思わざる』（坂渓会事務所、一九九二）
神谷不二『朝鮮戦争―米中対決の原形』（中公文庫、一九九〇）
◇第五章
阿久悠『愛すべき名歌たち』（岩波新書、一九九九）
辻英武『大分県の社会福祉事業史』（大分県社会福祉協議会、一九七三）
小郷穆子『敵主力見ユ　小説帆足正音』（大分合同新聞社、一九九二）
荒金学『まなぶ先生の教育物語』（二〇一一）
大分経済経営研究所編『MY WAY 私の歩んできた道』第三巻（大分経済経営研究所、二〇一五）
◇第六章
是永勉『別府今昔』（大分合同新聞社、二〇一〇）
下川正晴『忘却の引揚げ史　泉靖一と二日市保養所』（弦書房、二〇一七）『日本統治下の朝鮮シネマの群像―戦争と近代の同時代史』（弦書房、二〇一九）
穐吉敏子『ジャズと生きる』（岩波新書、一九九六）

島村恭則ほか『引揚者の戦後』（新曜社、二〇一三）
鬼塚英昭『海の門　別府劇場哀愁編』（成甲書房、二〇一四）
脇鉄一『ある市長のノート』（脇事務所、一九六四）
リリー・フランキー『東京タワー―オカンとボクと、時々、オトン―』（新潮文庫、二〇一〇）
白土康代『占領期の新聞～別府からみた戦後ニッポン』（弦書房、二〇一五）
杉目昇『ホロンバイルにおける哈爾浜学院卒業生の足跡』（杉目昇、一九九六）『コサックと共に：ホロンバイルあの頃』（杉目昇、二〇〇〇）『興安嶺のふもとから』（杉目昇、二〇〇六）杉目昇編『興安嶺姿なき墓標』（杉目昇、二〇〇一）
佐木隆三『復讐するは我にあり』（文春文庫、二〇〇九）
高木市之助『国文学五十年』（岩波新書、一九六七）

◇第七章

阿南綾追悼録『秋桜』（私家本、一九八五）
阿南綾遺詠集『秋桜歌集』（私家本、一九九五）
角田房子『一死、大罪を謝す』（ちくま文庫、二〇一六）
半藤一利『決定版・日本のいちばん長い日』（文春文庫、二〇〇六）
鈴木多聞『終戦の政治史　一九四三～一九四五』（東京大学出版会、二〇〇一）
宮内庁編『昭和天皇実録・第九巻』『昭和天皇実録・第一〇巻』（東京書籍、二〇一六）
大分県庁弘報室『天皇陛下大分県行幸録』（大分県庁弘報室、一九五〇）
王育徳『台湾』（弘文堂、一九七〇）
平野久美子「牡丹社事件　マブイの行方」（集広舍、二〇一九）
津島美知子『回想の太宰治』（講談社文芸文庫、二〇〇八）
三鷹市戦時下の記録編集委員会編『いま語り伝えたいこと三鷹戦時下の体験』（三鷹市、一九八六）
田中英光『生命の果実』（一九四九）／田中英光全集（第四）（芳賀書店、一九六五）
斉藤利彦『作家太宰治の誕生　「天皇」「東大」からの解放』（岩波書店、二〇一四）
原武史『「昭和天皇実録」を読む』（岩波新書、二〇一五）
鬼塚英昭『天皇のロザリオ』（成甲書房、二〇〇六）

◇第八章

切通理作『山田洋次の〈世界〉幻風景を追って』（ちくま新書、二〇〇四）
川人博監修、東京大学教養学部「法と社会と人絹ゼミ」出版委員会編『こんなふうに生きている―東大生が出会った人々　山田洋次』（花伝社、二〇〇一）

山田洋次『映画館（こや）がはねて』（講談社、一九八四）
NHK出版会編『「生きる」を考えるとき　わが一〇代アンソロジー』（日本放送出版協会、一九九九）
三十周年記念誌編集委員会編『別府大学の三十年』（別府大学、一九七八）
遠藤ふき子編『ラジオ深夜便／母を語る・山田洋次』（日本放送出版協会、二〇〇九）
中村裕伝刊行委員会編『中村裕伝』（中村裕伝刊行委員会、一九八八）
水上勉『わが華燭』（朝日新聞社、一九七一）『くるま椅子の歌』（中央公論社、一九六七）
窪島誠一郎『父　水上勉』（中央公論社、二〇一三）
佐野慎輔『中村裕　日本のパラリンピックの父』（小峰書店、二〇一九）
日本身体障害者スポーツ協会編『創立二〇年史』（日本身体障害者スポーツ協会、一九八五）
安部巌編集『写真集明治大正昭和別府』（国書刊行会、一九八〇）
NHKスペシャル取材班『本土空襲全記録』（KADOKAWA、二〇一八）
大石又七『ビキニ事件の真実　いのちの岐路で』（みすず書房、二〇〇三）

〔著者略歴〕

下川正晴（しもかわ・まさはる）

一九四九年七月、鹿児島県国分市（現在の霧島市）生まれ。大阪大学法学部卒。立教大学大学院博士課程前期（比較文明論）修了。毎日新聞西部本社、東京本社外信部、ソウル支局、バンコク支局、編集委員、論説委員等を歴任。韓国外国語大学言論情報学部客員教授、大分県立芸術文化短期大学教授（マスメディア、現代韓国論）。「日韓次世代映画祭」（別府市）ディレクター。二〇一五年定年退職し、近現代史、韓国、台湾、映画を中心に取材執筆中。東京都在住。

著書『私のコリア報道』（晩聲社、二〇一六）、『忘却の引揚げ史　泉靖一と二日市保養所』（弦書房、二〇一七）、『日本統治下の朝鮮シネマ群像—戦争と近代の同時代史』（弦書房、二〇一九）、同韓国語訳『植民地朝鮮のシネマ群像』（プリワイパリ出版社、二〇一九）。

報告「体験的に見た慰安婦報道論」（毎日新聞社「アジア時報」）、「隻脚の外交官・重光葵が韓国を撃つ」（産経新聞社『正論』）、「文政権が引き起こした反乱　韓国の新聞社で勃発した『記事削除事件』」（月刊誌『Ｖｏｉｃｅ』）、「ジャーナリストが見た日韓関係五〇年」（拓殖大学海外事情研究所『海外事情』）ほか多数。

占領と引揚げの肖像・ＢＥＰＰＵ　1945—1956

二〇二〇年四月三〇日発行

著　者　下川正晴

発行者　小野静男

発行所　株式会社　弦書房

（〒８１０・００４１）

福岡市中央区大名二—二—四三

ＥＬＫ大名ビル三〇一

電　話　〇九二・七二六・九八八五

ＦＡＸ　〇九二・七二六・九八八六

組版・製作　合同会社キヅキブックス

印刷・製本　シナノ書籍印刷株式会社

ISBN978-4-86329-203-1　C0021

江戸という幻景

渡辺京二　人びとが残した記録・日記・紀行文の精査から浮かび上がるのびやかな江戸人の心性。近代への内省を促す幻景がここにある。西洋人の見聞録を基に江戸の日本を再現した『逝きし世の面影』著者の評論集。〈四六判・264頁〉【8刷】2400円

満州国の最期を背負った男 星子敏雄

荒牧邦三　甘粕正彦の義弟・星子敏雄。満州警察のトップとして国家運営の一端を担い、満州国破綻後も逃亡せず、最後まで責務をまっとうした清廉の人。満州国終焉後、ソ連軍に逮捕され、シベリア抑留11年を生き抜いた壮烈な生涯。〈四六判・224頁〉2000円

占領下の新聞 別府からみた戦後ニッポン

白土康代　温泉観光都市として知られる別府（大分県）で、占領期の昭和21年3月から24年10月までにGHQの検閲を受け発行された52種類の新聞がプランゲ文庫から甦る。様々な世相を報じる紙面から当時のニッポンを読み解く。〈A5判・230頁〉2100円

靖国誕生 幕末動乱から生まれた招魂社

堀雅昭　靖国神社は、創建にいたる歴史にほとんどふれられていない。「靖国」と呼ばれるに至った明治12年までの創建史を、長州藩の側からまとめた一冊。「靖国神社のルーツ」をたどり、浮びあがってくる招魂社としての〈靖国〉の実像。〈四六判・250頁〉1800円

放浪・廻遊民と日本の近代

長野浩典　かつて国家に管理されず、保護もうけず、生き方死に方を自らで決めながら、定住地というものを持たない人々がいた。彼らはなぜ消滅させられたのか。非定住は不当なのか。山と海の漂泊民の生き方を通して近代の是非を問う。〈四六判・310頁〉2200円

＊表示価格は税別